徳間文庫カレッジ

高倉健と任侠映画

山平重樹

目次

第一章 人生劇場 飛車角

「映画は当たらなきゃダメ」

平成13年10月12日、京都市内の病院で、一人の伝説的な映画プロデューサーが肝不全のため世を去った。

1960年代から70年代にかけて一大ブームを巻き起こした「日本俠客伝」「昭和残俠伝」「緋牡丹博徒」シリーズなど数多くの任俠映画の傑作を生みだし、鶴田浩二、高倉健、若山富三郎、菅原文太、藤純子（現・富司純子）らスターの育ての親としても知られる俊藤浩滋その人である。享年84だった。

プロデュースした作品は、昭和37年「アイ・ジョージ物語　太陽の子」から亡くなる直前に製作された「修羅の群れ」のリメーク版まで、実に289本。まさに東映任俠路線の生みの親であり、〝任俠映画のドン〟として紛れもなく一つの時代を築いた名プロデューサーであった。

東映の岡田茂会長がこう振り返る。

「俊ちゃんはあの時代の任俠路線を築いた中心人物。ああいう本格的な任俠映画のつくり手となると、彼の右に出る者はいなかった。日本の任俠映画は彼を抜きにして語れません」

岡田会長は当時、京都撮影所長として俊藤プロデューサーと二人三脚で任俠映画ブームを築いた立役者であるだけに、盟友の「俊ちゃん」こと俊藤浩滋の訃報に接したときには、感慨ひとしおのものがあったようだ。

「体が悪いとは聞いとったが……。彼との思い出は尽きないから、胸に万感迫るものがありました。でも、最後に僕が葬儀委員長をやってあげられてよかったと思っている。『オレが死ぬときは葬儀委員長をしてくれよ、頼むで』と言われていましたから。うちは任俠路線で大いに潤ったけど、俊ちゃんがいればこそのこと。映画に対する考えかたも、僕と彼は同じだった。いかにお客さんを呼べるか、いかにお客さんに喜んでもらえるか。映画は当たらなきゃダメ——そういう考えを僕らはつねに持っとった」

東映任俠路線の始まりは、東京撮影所長時代の岡田会長が企画した昭和38年3月の「人生劇場　飛車角」(沢島忠監督、鶴田浩二主演)といわれ、翌39年7月には、俊藤プロデューサー初の任俠映画「博徒」(小沢茂弘監督、鶴田浩二主演)、続いて同年8月には「日本俠客伝」(マキノ雅弘監督、高倉健主演)がつくられ、いずれも大ヒットを飛ばしてシリーズ化され任俠路線が確立。以後、高倉健の「昭和残俠伝」「新網走番外地」、鶴田浩二の「関東やくざ」「博奕打ち」、村田英雄、北島三郎の「男の勝負」「兄弟仁義」、若山富三郎の「極道」などの人気シリーズが生まれ、量産体制に入っていく。43年には藤純子の「緋牡丹博徒」シリーズが始まり、ブームは頂点に達する。

この年の映画興行成績ベストテンのうち4本が東映任俠映画で、この前後に年平均約25本の任俠映画が製作されているのだ。

これらの任俠映画がどれだけ熱狂的に受けいれられたか、当時を知らない若い世代には想像もできないことに違いない。

映画はパターン化されていて、暴虐の限りを尽くす悪玉ヤクザに対し、あくまで任俠道を貫くヒーローは我慢に我慢を重ね、最後の一線を越えたとき、決然と起ちあがるのである。ラストの怒濤の殴り込み。その道行きのシーンにかぶさる主題歌。これほど観客が主人公に同化でき、感情移入が容易な映画もなかった。「情念劇」とも「我慢劇」とも称された、男の美学、任俠浪漫を高らかに謳いあげた世界が任俠映画であった。

「あのパターンはみんな俊藤さんが確立したもんですよ。殴り込みの道行きのシーンで歌が入るのも、男同士、相合傘で殴り込みに行くとき、『お伴させていただきます。どうか男にしてやっておくんなさい』なんていうセリフも、俊藤さんでなきゃわかりません。いってみれば俊藤節であり、俊藤美学といっていいものでしたね」（関係者）

それがいかに一世を風靡したか。なにしろ土曜日のオールナイトだけで、盛り場の3軒の東映映画館には1万2000〜1万3000人の客が押しかけ、映画館のドアが閉まらなかったという、いまでは到底考えられないような話も残っている。

館内の熱気もすごかった。

「ヨォッ！」「待ってました！」「健さん、うしろ危ない！」「異議なし！」

といった掛け声やら歓声、拍手、口笛が飛びかって、ある種のお祭り騒ぎであった。客とスクリーンとが一体化していたのである。

岡田茂会長も、

「あれはすさまじかった。なかでも新宿東映が圧倒的だった。徹夜の興行なんて、あの時代だけのこと。ちょうど学生運動華やかなりしころで、大学や街頭で学生たちが機動隊と盛んにやりあう。それが終わるとみんなで新宿に観に来ていた。徹夜で朝まで観て、終わると肩をいからせて出てくる。昼間は大学でドンパチやって、夜はまた映画館でドンパチを観る。翌日また高揚してデモに出かけていくという時代だった。あの時代背景なくして任侠映画の盛りあがりもなかったな」

実際、深夜映画で高倉健や鶴田浩二に最も熱い声援を送ったのが、全共闘など、新左翼学生運動の担い手たちであったことはよく知られている。任侠映画で鼓舞された彼らは、ドスならぬゲバ棒を手に、自らを高倉健に擬して機動隊へと立ち向かっていったのである。

ヘルメットの裏に緋牡丹お竜さんのブロマイドを貼りつけて闘いに出かける者までいたほどだった。

そんな全共闘世代のビジネスマンが当時をこう振り返る。

「左翼の公的な集会の場ではインターナショナルを歌ってたけど、四畳半の自分のアパートに戻れば、健さんや藤純子のポスターを貼っていたし、〽やがて夜明けがくるそれまでは　意地で支える夢一つ　背中で呼んでる唐獅子牡丹――って、唐獅子牡丹を歌ってました。当時の僕らの心情にピタッと来たんですね」

東大の駒場祭に、東映任侠映画調のポスターが登場し、橋本治の有名な、《とめてくれるな　おっかさん　背中のいちょうが　泣いている　男東大どこへ行く》とのコピーが掲げられたのも、このころである。

もとよりあの時代、任侠映画が影響を及ぼしたのは、左に対してだけではなかった。

民族派の学生運動に参加した経験を持つ会社員は、

「左翼の連中が任侠映画に入れこむなんて甚だ笑止千万、それこそ欺瞞《ぎまん》的だと思ってました。あれは右の映画ですよ。義理人情や任侠道を否定する近代派の天津敏、安部徹の悪玉親分こそ、イコール左翼であってね、鶴田浩二が三島由紀夫なんだと。私なんか『傷だらけの人生　古い奴でござんす』という映画の予告編で、ヘルメット学生たちにとり囲まれゲバ棒でバンバンやられてる一人のじいさんを助け出す鶴田を観て右翼になったようなもんです」

三島由紀夫といえば、当時の作家や文化人のなかでも、任俠映画の最も良き理解者の一人として知られ、「博奕打ち 総長賭博」（昭和43年、山下耕作監督、鶴田浩二主演）を絶賛したのは有名である。大の任俠映画ファンの三島は、最後の割腹自決の際も、楯の会会員4人とともに市ヶ谷の自衛隊駐屯地へ向かう車中で、

「これがヤクザ映画なら、ここで唐獅子牡丹といった音楽がかかるのだが……」

といって唐獅子牡丹を皆で合唱したというエピソードも残っている。

そんな熱く昂揚した時代に、任俠映画は右にも左にも多大なエネルギーを注ぎこんだということであろうか。

三島由紀夫とも親交があったという岡田茂会長は、

「三島さんとは任俠映画を通じて深くつきあいました。彼は本当に任俠映画のファンだった。試写室へ来ては『岡田さん、これ、すごいよ。最高の傑作だよ』と感心してね。しばらく喋って帰って行った。実は三島さん、任俠映画に出たがっとったんだ。『岡田さん、役者としてオレ出ようか』というから、僕は、まあ、待って、やめたほうがいいよ、と止めたんだけど、三島さんは本気だったたな」

高度経済成長をひた走るなか、大学紛争が燎原の火のように全国に燃え広がり、ベトナム反戦、日大闘争、新宿騒乱、赤軍派のよど号ハイジャック事件、三島由紀夫割腹事件、あさま山荘銃撃戦と連合赤軍大量リンチ殺害事件といった社会を揺るがす過激な大事件がたて続けに起きた時代——。任侠映画がヒットしたのはそんな時代であった。

では、なぜ東映任侠路線は約10年間もファンに支持され、人気を保ち続けたのだろうか。

正月と盆に2本だけ製作して10年間というのではない。年間20本も30本も量産したうえでの10年間というのだから、すさまじい。しかも、同じパターンの繰り返しなのだ。10年間も続いたということ自体、ほとんど奇跡に近いことではあるまいか。

なぜ任侠映画がそんなにもヒットしたのか。岡田会長はこう語る。

「一つは、日本人にはヤクザ、というか任侠精神が息づいているからでしょう。男性ばかりではなく、女性も好きな人は多いですからね。ただし、つくるのは難しい。ニセ物、格好だけではすぐにバケの皮がはがれてしまう。役者も同じ。わからないまま演じたのではダメなんです。その点、うちには俊藤浩滋という本物の世界を知っている、うってつけのプロデューサーがいましたからね」

昭和39年の東京オリンピックの年から40年にかけて製作された「日本侠客伝」「日本侠客伝　浪花篇」「日本侠客伝　関東篇」の3本を中学生のときに観て感動、任侠映画の虜

になったという某週刊誌記者氏は、

「私にとって任侠映画は教育映画でもあったわけです。なぜかというと、主人公はすべて弱い者の味方で、自己犠牲を貫く。『男が体を張るのは一生に一度だ』という台詞があったけど、男は何かギリギリのところで弱者救済のために体を投げ出さなきゃいかん。そこに男の最高の値打ちがある、というような美学。あれを観たら、弱い者いじめなんか恥ずかしくてできない。そういう難しい理屈はあとだけど、子供心にズシンときて、やっぱり劇的に変わったですね」

それは筆者とてまったく同様であったし、時代の気分とも任侠映画はぴったりリンクしていた――。

「ここは最低の撮影所だ！」

昭和38年3月16日に封切られた「人生劇場　飛車角」は爆発的にヒットし、東映任侠路線のスタートとなる記念碑的作品となった。

東京撮影所長である岡田茂の企画であった。

折しも、片岡千恵蔵、市川右太衛門らの戦前派大スターと、中村錦之助（のち萬屋錦之介）、東千代之介ら戦後派若手スターによって築かれた東映時代劇黄金時代に陰りが見えだし、低迷はいかんともしがたい時期でもあった。

まさにそんな転換期に、岡田茂は時代劇に代わる任俠映画という新たな鉱脈を掘りあてたわけである。

岡田が京都撮影所長から東京撮影所長へと異動になったのは、これより1年半前、昭和36年9月のことだった。このとき、岡田は練馬区大泉の東京撮影所へ着くなり、全スタッフを集めてこうぶちあげた。

「ここは日本で最低の撮影所だ。何を撮っても全部赤字しか出しとらんやないか。みんな、どうするんだ？　このままでは東映からもういらん撮影所だといわれてしまうぞ。やる気があるなら、オレが日本一の撮影所にしてみせる。どうだ、やるか！」

新所長が就任するなりそんな檄《げき》をとばさなければならないほど、東京撮影所でつくる作品は興行的にほとんど当たっていなかった。岡田はその現状を打開すべく大ナタを振るう決心で東撮に乗りこんできたのだった。

実際、試写室において未封切の東撮作品をラッシュで何本観ても、どれもこれも、

〈ダメだ、こんな映画ばかり撮ってたんじゃ……〉

と失望せざるを得ず、思わず途中で、

「もうやめろ！」

と席を立ってしまいたくなるような代物もあった。

そこで岡田はそれらの作品にタッチした古手監督を残らず切ることに決め、その契約を解除した。

代わって起用したのが、深作欣二、佐藤純彌、降旗康男といった新進気鋭の若手たちであった。後年、それぞれ「仁義なき戦い」、「新幹線大爆破」「冬の華」などの傑作を撮り、第一線で活躍する監督たちである。

と同時に、倒産した「新東宝」から石井輝男、渡辺祐介、瀬川昌治ら俊才をスカウトし、若手との混成旅団で推し進めていく態勢をとったのである。

本格時代劇中心の京都撮影所と違って、東京撮影所はもっぱら現代劇で、サラリーマン物、警視庁物、文芸作品などがつくられていたが、主流を占めたのはアクションであった。とくに岡田が所長となってから力を入れるようになったのが、ギャングアクションシリーズであった。井上梅次、石井輝男、深作欣二らの監督によるもので、俳優陣は鶴田浩二、高倉健、丹波哲郎、江原真二郎、梅宮辰夫などの主演、客演が多かった。「ギャング対ギャング」「ギャング対Gメン」「暗黒街最後の日」「十一人のギャング」といった作品群である。

だが、ギャングシリーズは最初はそれなりに当たったが、ずっと人気を維持することは難しく、岡田は、

〈ギャングだなんていってても日本にはないものだからな。アメリカの模造品みたいなものをいくらつくっても、なかなか客は来ねえな。同じギャング物でフランスのジャン・ギャバンの映画と似たようなものをつくるのもいいが、これは限界があるなあ〉

といまひとつ日本の土壌に馴染まぬものを感じていた。

結果、思いはいつも、

「何かないかなあ……」

と新しい映画のネタ、客を呼べる斬新な企画――ということに行きつくのだった。東撮を日本一の撮影所にするとの一念で、使命感に燃えていたのだ。そんな岡田にとって見るもの聞くもの、すべてが映画のアイデアと結びついた。

昭和37年も押し迫ったころ、岡田は石原裕次郎主演の日活映画「花と竜」を観た。火野葦平の小説を原作にした任俠映画で、都内の日活封切館は超満員だった。

観終わったあとで、岡田に閃くものがあった。

〈これだ！　任俠物だ！　これこそそむしろうちが得意とするものじゃないか〉

ずっと模索していたものに行きあたったような気がした。

岡田は思いをめぐらした。

〈「花と竜」か……これはいってみれば、時代劇を現代劇にしたものだな。時代劇のような現代劇――任侠映画をやろう……そうだ、うってつけのものがあるじゃないか〉

このとき、岡田の脳裡に浮かんだのは、尾崎士郎の「人生劇場」であった。

〈あのなかの「残侠篇」だけにスポットを当ててやればいいんだ。あの侠客・飛車角の物語をつくろう〉

岡田はそう決めるとすぐに動いた。部下である入社5年目の若手プロデューサー・吉田達に、

「おい、今度、尾崎士郎の『人生劇場』をやるぞ。あの小説、全部読め」

と命じ、数日後、所長室に吉田を呼んだ。

「どうだ、読んだか」

「ええ、読みました」

吉田は昭和22年に発行された新潮文庫版の「人生劇場」全11冊（「青春篇」上下、「愛欲篇」上下、「残侠篇」上下、「風雲篇」上下、「離愁篇」、「夢現篇」、「望郷篇」）を読破してきた。

「ストーリーをざっと説明してくれんか」

「はあ」

吉田は「青春篇」から物語のあらすじを話し始めた。三州横須賀村をあとに上京した主人公青成瓢吉の早稲田大学時代を描く「青春篇」から昭和に入っての「愛欲篇」、さらに俠客の世界に舞台が移る「残俠篇」……。

その間、岡田は所長室の椅子にすわり、目をつむって聞きいっている。

吉田は「残俠篇」のストーリーを話し続ける。義理と人情を貫く俠客・飛車角が、命を賭けて惚れた女おとよをめぐる情念劇……。

「残俠篇」から「風雲篇」に移ろうとしたとき、岡田が目を開け、

「『残俠篇』はそれで終わりか？」

と吉田に訊いた。

「ええ、これで終わりです」

吉田が答えると、

「わかった。『人生劇場　飛車角』でいこう」

さっそく映画化を承諾してもらうため、吉田が当時の東映の大久保文芸課長と二人で大田区大森の尾崎士郎邸を訪ねると、

「いまどきこんな原作をどうやって利用するんですか？」

と巨匠は真っ先に訊いてきた。

急な質問に、打ちあわせもしていなかったので、少しとまどいながらも吉田は、

「いや、先生、東京・丸の内のサラリーマン見てください。いい会社に入って何年か経って見合いかなんかして妻を得ても、人間、浮気心はありますよ。それを飛車角のように一生『おとよ、おとよ』と一人の女に惚れ抜く話というのは感動ものですよ。そんな男の映画がうまくできたら、みんな、快哉を叫ぶんじゃないですか」

ととっさに答えたところ、尾崎は愉快そうに笑った。

「人生劇場」は戦前戦後に何度も映画化されてはいたが、飛車角を主人公にしたものはなかった。原作者の尾崎が難色を示したのも、その点だった。

吉田と大久保が1回、2回と交渉してもはっきりした返事はもらえなかったため、3度目に岡田が自ら乗り出して口説くことになった。

岡田は故郷の広島県西条の酒である「賀茂鶴」を2升持参した。

呑んべえの尾崎は賀茂鶴ファンで、「賀茂鶴酒造」会長の石井武志とは早稲田の同級生で仲もよかった。息子の同酒造東京支店長の石井廉行が、よく尾崎に賀茂鶴を届けていたほどだった。

岡田がそんなことを知っていたのも、実家が賀茂鶴を中心に扱う酒の卸問屋であり、石

井との縁もあったからだ。

「先生、ぜひ『人生劇場』をうちでやらしてください。ただし、『飛車角』というタイトルでやらしていただきたいんです」

岡田はズバリ申し込んだ。

「う〜む」

尾崎は布団の上にあぐらをかいたまま、目をつぶって考えこんだ。が、やがて意を決したように、「わかった。だが、『飛車角』というタイトルだけじゃ、ヤクザ映画になる。それじゃ、オレも困るんだ」

「わかりました。もちろん『人生劇場』を入れますよ。ただ、字が多少小さくなります」

「それからオレの役はちゃんとしてくれよ」

「それは大丈夫です。青成瓢吉をはずすわけにはいきませんから。任せてください」

と言うと、尾崎は「おーい」と奥さんを呼び、酒を持ってこさせた。

「乾杯しよう」

と岡田たちのコップに酒を注ぎ、自分の分は酒のお湯割りであったから、岡田が驚いて訊ねると、尾崎士郎は、

「オレはいけねえんだ。医者に止められてるんだ」

と苦笑をこぼした。もうだいぶ肝臓が悪かったのだ。ともあれ、かくて「人生劇場　飛車角」の映画化は晴れて原作者の許可が出たのだった。

〈「飛車角」のタイトルでやれるとなれば、これは絶対いける！〉

すでにこの段階で、岡田には確信めいたものさえ生まれていた。

キャスティングはすぐに決まり、飛車角に鶴田浩二、おとよに佐久間良子、兄貴分飛車角の女と知らずにおとよに惚れる宮川役を高倉健、小金一家の代貸が村田英雄、青成瓢吉に梅宮辰夫、吉良常が月形龍之介といった豪華俳優陣だった。

監督は京都撮影所で時代劇を数多く撮っていた沢島忠を起用した。そもそも沢島は岡田によって抜擢され、「忍術御前試合」で監督デビューした監督であったが、岡田が東撮に移ってからというもの、あまり仕事に恵まれていなかった。そんな事情を知る岡田が、急遽白羽の矢を立てたのだった。何よりスピード感とテンポのいい演出を買っており、現代劇というより時代劇に近い任侠映画を撮れる監督としてうってつけと見たのだ。

岡田は宮川役に起用した高倉健にもハッパをかけた。

「あんたはそんないい顔してなあ、スタイルもよくて、大スターにならんわけがないじゃないか。今度の役は面白いぞ。一人の女に惚れこんで、その女を兄貴分と二人で奪いあうという男の役だから。この役は何でもないようだけど、絵のなかで非常に光ると思うがな……」

岡田は、そろそろ高倉健が大きく飛躍する時期にさしかかっていると見ていた。

ジャンケンでロケ先が決定

昭和38年1月、沢島忠監督を始め、チーフ助監督、美術監督、照明担当、キャメラマン、進行主任ら「人生劇場　飛車角」のメインスタッフがロケハン（ロケーションハンティング＝ロケを行う場所を探すこと）に繰りだすことになり、

「ロケ場所をどこにしようか」

という話になった。そのとき、

「西伊豆がいいんじゃないか」

との意見が大半を占めた。

ドラマのベースとなる三州吉良港――老侠・吉良常の故郷で、飛車角が出所後、身を寄せ、情婦おとよ、舎弟の宮川と再会する舞台となる大事なロケ場所の選定である。

このとき、スタッフのなかで、一人だけ、

「いや、西伊豆より千葉の千倉・白浜のほうがいい。そっちにしましょう」

と主張したのが、進行主任の白濱汎城であった。

「海だけを撮るというなら西伊豆でもいいでしょうけど、今度の『飛車角』の三州吉良港は、同じ海でも荒波があって、漁港があって、月形龍之介さん扮する吉良常が仕えた大旦那の墓が建つ、海の見える小高い丘も必要ですよ。そういう条件を充たす場所となると、やっぱり千葉の千倉・白浜のほうがいいでしょう」

と強く言い張ったのは、実際に1年半ほど前、深作欣二の監督作品「ファンキーハットの快男児」の撮影のとき、千葉の千倉・白浜でロケを行なっており、近辺の土地を知っていたからだった。三州吉良港をつまびらかに知らなくても、パッとイメージが湧いたのである。

〈それに宿泊設備を考えたら、西伊豆には民宿はあっても大きな旅館がないから困る〉

とどうしても進行主任という立場で物事を考えてしまうのだった。ロケとなれば、大勢のスタッフや俳優たちの宿の手配もひと苦労で、それもまた進行主任の管轄となるのだ。が、他のスタッフはどちらかというと、千葉より西伊豆のほうへ行きたがっていた。どうせなら2、3日、温泉にでも入りながらロケ場所を探したいという気分なのである。それは長い撮影に入る前のちょっとした息抜きでもあった。

いよいよ出発当日となり、東京撮影所からロケハン用の車を運んできて、メインスタッフが東京駅前に集まった。が、その時点になっても、場所をどっちにするのか、まだ決まっていなかった。一同が喫茶店でお茶を飲みながら決めかねていると、監督の沢島が、

「どうする、白濱君、西伊豆か、それとも千葉か？」

と訊いてきたので、白濱は軽い気持で、

「どうです、いっそジャンケンで決めませんか。私が勝ったら千葉、監督が勝ったら西伊豆というのはどうですか？」

と提案してみた。

するとと、沢島は名案とばかりに、

「おっ、いいねえ、そうしよう」

と乗ってきた。

結果は白濱が勝って、ロケハンの場所は千葉に決定したのだが、それは沢島に幸運をもたらした。

現場はまさに三州吉良港のイメージそのままで、沢島の大いに気に入るところとなった。おまけにロケに入ると、天も味方して、飛車角・宮川・おとよの対決のシーンでは、前回まで静かだった海に荒波が起こり、いやがうえにも迫力が増したのだった。

後日談だが、映画が封切られると、白濱は、三州吉良のほうの映画館館主から、

「いっこっちへ撮影に来たの？」

と訊かれたという。それだけロケ現場の雰囲気が吉良港と似ていたわけである。

昭和4年生まれの白濱はこのとき34歳、入社以来現場一筋で10年目を迎え、とりわけこの作品には進行主任として他のスタッフ同様、意気ごみも違っていたようだ。

進行主任という肩書きはいまでも東映だけが使っている呼称で、他社の製作主任にあたるものだ。クランクインすれば現場を仕切るのは監督だが、それを補佐するのが助監督なり演出部で、全体をまとめて作品の流れをつくっていくのが、進行主任の仕事になるという。

白濱がとくに気を遣ったのは、飛車角の鶴田浩二、おとよの佐久間良子というメインになる二人に、一番いい状態で撮影に入ってもらうためのスケジュール調整であった。

実際沢島を始め、スタッフがひそかに心配していたのは、女郎役という初の汚れ役に挑戦する佐久間良子がどこまでその役に徹しきれるかということだった。なにしろ佐久間はそれまで約70本の映画に出演して、その役どころはほとんど良家の子女かOLという典型的なお嬢様女優であったからだ。

だが、佐久間はこの役に体当たりでとりくんだ。鶴田を相手に連日リハーサルに励み、撮影終了後も翌日、あるいは翌々日のシーンの稽古を重ねた。

作品前半部のクライマックスとなったのは、自首するという飛車角に対し、おとよが「やだやだやだ！」「二人で一緒に逃げよう」「とても一人じゃ生きていけない」と泣き、畳をはいずりまわる別れのシーン。

沢島はこの5分間のシーンを移動撮影で撮ることに固執した。そのため、吉田達プロデューサー、白濱進行主任は、その日の撮影をこのワンカットシーンのみというスケジュールを立てて万全を期した。

沢島が、その日のことをこう回想している。

《当日、朝八時開始、三時すぎにやっとOKを出した時、ステージ内で嵐のような拍手が湧きおこり、「佐久間さん、よかったよ」「よくやった佐久間ちゃん」と、スタッフ一同が佐久間さんに称賛の声を上げました。佐久間さんがいかにスタッフから愛されていたか。佐久間おとよの成功を、全スタッフが祈っていてくれたのです。忘れられない感動の一瞬でした》（「東映ビデオコレクション劇映画総解説」より）

このシーンを観た当時の東京撮影所長の岡田茂も、

「よし、いける！　これなら『五番町夕霧楼』も彼女でやれる」

とゴーサインを出し、佐久町は続いて田坂具隆監督の文芸作品「五番町夕霧楼」に主演、再び女郎役に挑んで名演技との高い評価を受けている。「飛車角」のおとよ役が佐久間に女優として一大転機をもたらしたのは間違いあるまい。

沢島もこう述べている。

《評論家も御本人も「五番町夕霧楼」で演技開眼したと、口をそろえて言っておられますが、彼女の演技的な処女を破ったのは、「人生劇場」のおとよであり、連日のリハーサルに、黙々とつきあってくれた鶴ちゃんのおかげだと、私は思っています》（前掲書）

ここで「鶴ちゃん」というのは、むろん鶴田浩二のことで、スタッフの皆が「鶴さん」と呼ぶなか、昔から馴染みの沢島だけは「鶴ちゃん」の愛称で呼んでいたのだった。

鶴田もまた、「飛車角」が起死回生のヒット作となり、「着流しヤクザ」という生涯のはまり役にめぐりあったのである。

この作品で初めて鶴田と一緒に仕事をし、その演技力に唸らされたというのは、沢島監督、田口勝彦チーフ助監督のもと、セカンドの助監督をつとめた三堀篤だった。

三堀はこの10年後、「非情学園ワル」で監督デビューし、「任俠花一輪」などを撮る監督である。女優・黒木瞳を発掘したプロデューサーとしても知られる。

三堀が鶴田の芝居で思わず唸ったのは、たとえば、おとよと同衾《どうきん》し、布団に這い蹲《つくば》いながら煙草を吸うシーン。昔のフィルターのない煙草の吸い口の部分をかみ潰しながら喫う鶴田の演技は、三堀の目から見ても天下一品であった。

鶴田は、

「煙草の喫いかたで芝居が決まるんだ」

ともいった。東映入社4年目、26歳の三堀は、この撮影を通して鶴田から何かと教えられることが多かった。

セカンド助監督の役目はもっぱら衣装と俳優担当であったが、それまで東京撮影所は現代物が中心で、衣装となると洋服がほとんどだった。それがそれまでまったくといっていいほど縁のなかった着流しに変わって、衣装あわせでも勝手が違ってひと苦労であった。

衣装ばかりかドスやピストルも登場し、斬ったはったのシーンでは血糊《ちのり》がドバーッと飛び散るのも初めてのことで、慣れないことだらけだった。

俳優陣も鶴田や高倉健の他に、月形龍之介、水島道太郎、村田英雄といった、若いセカンドの三堀にすれば、雲上人のような大先輩がズラリと並んだ。そんななか、鶴田というスターは筋っぽいが気難しい面もあり、対応をひとつ間違えると大変なことになった。撮影中はどんな大スターといえ、待ち時間が出てくるから、それが長いと、鶴田も、

「おい、いつまで待たすんだ」

となり、それに対してスタッフが、

「もうすぐですから」

などといってそのままの状態が続くと、鶴田は途端に怒りだし、ヘソを曲げてしまうのだ。そういうとき、三堀は先手をうって、

「すみません。これこれこういう理由で、あと2時間待ってもらいます」

とはっきり告げた。すると、鶴田は、

「おお、わかった。じゃあ、麻雀のメンバー集めろよ」

という話になって、何ごともなく納得するのだ。鶴田ははっきりとした物言いをする三堀を気に入ったのか、その後、二人は一緒に仕事をする機会が増えていく。

三堀のほうも、「飛車角」で初めて顔をあわせて以来、すっかり鶴田ファンになっていた。三堀の目から見ても、鶴田は誰よりも大スターらしい雰囲気を持っている俳優であった。

撮影のある日、鶴田の乗るポルシェが練馬区大泉の東京撮影所に到着すると、スタッフは総出でこの大スターを出迎えるのだ。所長室の前に横づけされたポルシェから鶴田が颯爽とおりてくると、皆がいっせいに、

「お早うございます」

と挨拶する。そんな昔ながらの撮影所の光景がよく似あうスターでもあった。

セリフ覚えも見事なもので、どんな長いセリフでも一発でOK、決して間違えることは

なかった。いったいどこで勉強してくるのか、人前で台本を広げている姿を見たことがなかった。

ある日、下手な役者が訛っているのを聞いて、鶴田が、

「勉強してないな、あいつは。オレなんか、訛りをとるために、トイレの中で新聞を大きな声で読んで練習したもんだよ」

と三堀の前でポロッと漏らした。

〈見えないところで努力してる人なんだなあ〉

と三堀も思わずうなずいたものだった。

夢を語った無名時代の鶴田

「人生劇場 飛車角」は爆発的なヒットとなり、ただちに「人生劇場 続飛車角」、翌昭和39年早々には「人生劇場 新飛車角」がつくられた。いずれも予想を上まわる大ヒットとなった。

このヒットに誰よりも刺激を受けたのが、前年（昭和37年）9月9日に封切られた「アイ・ジョージ物語 太陽の子」で実質的なプロデューサーデビューを果たし、「傷だらけ

の不敵者」「ギャング同盟」などの作品を手がけていた俊藤浩滋である。

《『人生劇場　飛車角』が大ヒットしたとき、私は血の騒ぐのを感じた。というのは、尾崎士郎の原作は何度も読んでいたから、飛車角にしろ吉良常にしろ、正真正銘のやくざであり、とくに「残俠篇」は純然たるやくざの世界を描いたものだということを知っていた。そして、そうか、こういう映画をお客さんは面白がってくれるのか、と感動した。

その思いの底には、私が若い時分から本物のやくざに接してきたということがある。で、これがやくざなんだ、という映画を自分なりに撮りたいなあと強烈に思った。

私の切望はまもなく『博徒』という形で実現する》（俊藤浩滋・山根貞男「任俠映画伝」講談社）

「博徒」は、昭和39年2月、2年5カ月ぶりに京都撮影所に帰った岡田茂が、「東撮で成功した任俠映画を京撮でもつくる」

との方針をうちだし、その第1弾として製作した作品であった。

この「博徒」こそ、俊藤がプロデュースした最初の任俠映画であり、俊藤任俠映画の原点ともなった作品である。

そのためかどうか、この「博徒」をして、真の意味での東映任俠路線の始まり——と主張してやまない関係者も少なくない。

「博徒」を撮った小沢茂弘監督もその1人である。

《ヤクザ任俠路線の始まりは『博徒』です。沢島の『飛車角』は男と女の甘っちょろい話でしょ。あれと『博徒』を一緒にされたのではたまらん》(小沢茂弘・高橋聰「困った奴ちゃ」ワイズ出版)

実際、「博徒」の登場は、映画関係者をして、「脳天を割られたようなショックを受けた」と言わしめたほどで、画期的な作品となった。賭場や襲名披露、血みどろの刺青が乱舞するシーンなど、それまで一般の人たちには知るよしもなかったヤクザの世界が、これほど真正面からリアルに鮮烈に描かれたことはかつてなかったからだ。

片岡千恵蔵、市川右太衛門、中村錦之助、大川橋蔵らの本格的時代劇をつくり続けてきて、ぼちぼち人気に陰りが見え始めていた時期とはいえ、

「時代劇の京撮」

との空気がいまだ支配的だった京都撮影所の現場スタッフにも、「博徒」は、

「えっ!? いったいこれは何なんだ!?」

という大きな衝撃をもたらしたようだ。

昭和33年に東映に入社、京都撮影所宣伝部に配属され、宣伝一筋に携わってきた佐々木嗣郎も、当時の現場のそうした空気をいまだに鮮烈に憶えている一人だ。

佐々木自身も、初めて「博徒」の台本を手にしたときの驚き、読んだあとのカルチャーショックは強烈だった。

「けど、面白いなあ」

そんな経験は、その後の長い映画人生のなかでも数えるほどしかなかった。

宣伝部でつくったポスターも、褌姿で、全身に刺青をした鶴田浩二と里見浩太朗が長ドスを振りまわすという強烈なもので、

「すげえな！」

客の反応もいままでになかったものだった。

「博徒」は昭和39年7月に封切られ、監督は小沢茂弘、主演は鶴田浩二、共演は御家人くずれの敵役に天知茂、その手先となる悪玉親分に遠藤辰雄（のち太津朗）のほか、松方弘樹、藤純子、里見浩太朗、月形龍之介など。脚本は、小沢茂弘と村尾昭が書いた。

脚本家の村尾昭が、京都撮影所長になった岡田から、

「『博徒』の脚本を書いてくれ」

との指名を受け、東京から京都へ向かったとき、持参したのは、岩井弘融という社会学者が書いた「病理集団の構造」（誠信書房）という広辞苑なみのぶ厚い本だった。

前年秋、「東京ギャング対香港ギャング」という石井輝男監督、鶴田浩二主演のギャン

グ映画の脚本を書くため、東京・池袋の立教大学のすぐそばの旅館にこもったとき、たまたま近くの古本屋で見つけた本であった。「病理集団の構造」というタイトルだけなら見逃していたかも知れないが、「親分乾分集団研究」という小さなサブタイトルがあったので、

〈お、これは何か面白そうだ〉

とつい手が伸びたのである。

それはヤクザ社会の仁義だとか、盃ごとや指つめ、破門のことなど、掟を含む諸事全般が微に入り細をうがち描かれた見事な研究書であった。

何かの参考になるだろうと思って買っておいたのが、タイミングよく岡田から「博徒」の話があったわけである。が、京都へ赴くと、そんな研究書がかすんでしまうほど、ヤクザ社会を肌で知っているプロデューサーが待っていた。

それが俊藤浩滋であった。

河原町の「花柳」という旅館で、村尾が初めて俊藤と顔をあわせたとき、

〈えっ、この人はプロデューサーだったの？〉

と思わず声を上げそうになったのは、以前から俊藤を知っていたからだった。

早大の学生時代、鶴田浩二の家に下宿していた村尾は、たまに鶴田に連れられて銀座の

クラブへお伴することがあった。その一つに「おそめ」という店があり、そこへ行くと、鶴田が「兄貴」といって兄事する人物がいた。その人は酒をまったくやらず、カウンターに一人ですわっていることが多かった。聞くと、「おそめ」の経営に携わり、裏方を受け持っている人なのだという。

その人が「博徒」のプロデューサーとして目の前に現われたので、村尾は驚いたのだが、

「よろしくお願いします」

と改めて挨拶。これが村尾にとっても、人生を大きく決定づける運命の出会いとなったのだった。

村尾が映画に目ざめ、脚本家になろうと決めたのは、昭和22年、兵庫県の旧制豊岡中学3年のとき、片岡千恵蔵の「龍虎伝」という映画を観たのがきっかけであった。以来、映画に夢中になってしまったのだ。

たまたま松竹の下加茂（京都）撮影所の宣伝部に中学の先輩がいて、訪ねていくと、撮影所を見学させてくれるので毎週行くようになり、そこで一人の若い俳優と知りあった。自分の出番がなくても、セットの片隅で時代劇の撮影現場をじっと見ている俳優で、輝くようないい男だった。

先輩が、

「あいつはきっとスターになるよ」

といって紹介してくれたのが、その男——まだ無名の大部屋俳優、鶴田浩二であった。

それからというもの、会えばいつも映画の話をするようになり、鶴田は高校生の村尾に、撮影所の食堂で卵とじうどんを御馳走してくれるのがつねだった。

「いまのオレにはこれしかできないけど、そのうちに必ず……」

と鶴田は己の夢を語った。

その言葉通り、間もなくしてめきめきと売りだしていき、鶴田は松竹大船撮影所へと移った。

豊岡高校を卒業して早稲田大学文学部演劇科へ入学した村尾は、上京すると大船撮影所に鶴田を訪ねた。

「早大に受かりました」

と挨拶すると、

「それなら一緒に住んでる弟の勉強をみてくれないか」

といわれるままに、大船の撮影所近くにあった鶴田の自宅に下宿するようになったのである。

まだ中学生だった鶴田の弟は、のちに俳優となり、鶴田の死後、実子として名のり出ている。村尾もそうした事情は間もなくして薄々わかっていくのだが、スターであるがゆえの桎梏《しっこく》というものであったろう。

ともあれ、鶴田の家に下宿して大学へ通い、やがて卒業の段になったとき、

「これからどうするんだ？」

と鶴田に訊かれて、

「新聞社に入って勉強したいと思ってます。新聞社を受けます」

と答えたところ、

「やめとけ。どうせ脚本家になるんだったら、オレのところにいろよ」

鶴田にいわれ、そのまま居候を続けることになったのである。

そのうちに友人を通して、シナリオライターを探しているという大映社長の永田雅一を紹介され、作品を2本仕上げて見せたところ、気にいられて、

「うちへ来い」

となり、村尾は大映東京撮影所企画部所属のシナリオ作家養成所員となったのだった。

そして日活で石原裕次郎の映画を撮っていた井上梅次監督がフリーになって大映で仕事をするようになると、その指示でシナリオの第1稿を書く係を任せられることになった。

いわば〝井上係〟だが、井上も自分が監督のときは必ず村尾を指名した。

昭和36年9月、東映の岡田茂が東京撮影所長になると、広く人材を外部に求めた岡田に井上梅次も招かれて、初めて東映で鶴田浩二主演の「暗黒街最後の日」を撮った。

このとき、鶴田が岡田に、

「このシャシンのシナリオは、村尾という男が下書きを書いたものですよ」

と話して、暗に元〝書生〟を推薦したところ、岡田は、

「よし、じゃあ、そいつに一本書かせろ」

となって、村尾が持参したシナリオが「ギャング対Gメン」であった。

それが「いける！」ということで、深作欣二監督、鶴田浩二主演で撮られ、岡田は村尾を、

「おまえ、もう大映なんかにいないでうちで書け」

とスカウト。以来、村尾は岡田が開拓したギャングシリーズの脚本を書くようになったのである。

さて、「博徒」をやることになって、村尾は京都に呼びだされ、河原町の旅館「花柳」で初めて俊藤と顔あわせして、打ちあわせをすることになった。

といっても、まだ細かい話をするような段階ではなく、まず物語の時代設定を決める程

度のものだった。

「博徒いうても、時代劇ではもうあかん。明治か大正、要するに着流しの時代の俠客ですわ」

俊藤はプロデューサーとしてこの作品に並々ならぬ意欲を燃やしていた。

金筋の博徒と接した原体験

「博徒」は東映の新時代を切り開く衝撃作となったが、では、なぜあれほど真に迫るヤクザ世界を描くことに成功したのだろうか。

それこそ俊藤浩滋というプロデューサーを抜きにしては語れまい。

《……やくざを本格的に描く映画にしたい。博奕打ちということに関しても、ほかの人物の設定についても、ドラマの軸になる義理や人情のあり方にしても。

そう思うた私は、脚本を書く小沢茂弘と村尾昭と一緒に、その方面の知り合いをはじめ、いろんな人のところへ取材に行った。普通の監督や脚本家が本物の博奕打ちの世界なんか知っているわけがないから、博奕の作法とか渡世上のしきたりとかを教わった。そして、いざ撮影となったときには、ホンモノの方に来ていただいて現場であれこれ意見を聞き、主人公が命を賭けて勝負する博奕場のシーンでは出演もしてもろうた》(「任俠映画伝」)

加えて俊藤の原体験――昭和16、17年の戦時中、会社勤めの帰りに行った賭場での体験も大いに生かされていよう。

当時、俊藤は神戸の本山から大阪・堂島の「日本マグネシアクリンカー」という会社へ通っていた。その途中の神戸・御影に五島組の賭場があり、近所の友人に誘われて足繁く出入りするようになったのである。

その友人というのが、のちのヤクザ界のスーパースター、〝ボンノ〟こと菅谷政雄で、俊藤とは若い時分から親しかったのだ。

賭場を仕切る五島組の親分は大野福次郎といい、関西では知られた大親分であった。大野福次郎はかつて、灘の銘酒「菊正宗」の醸造元である嘉納一族でありながらヤクザとなり、〝ピス健〟の異名をとった嘉納健治の若い衆だった。戦前は神戸における港湾荷役や軍関係の土木工事のほとんどを掌握していた。兄弟分には酒梅組三代目の松山庄次郎、倭奈良組二代目の石田郁三、本多会初代の本多仁介、諏訪会の諏訪健治、広島の渡辺長次郎といった錚々たる親分衆がいた。

組の所帯は50人ほどだが、行儀には厳しく、親分に物を言うとき、若い衆は例外なく敷居の外側に正座し両手をついて、

「親分、ただいま帰りました」

「親分、お呼びですか。御用は何でしょうか」

と、おしなべてこんな調子であったという。つまり、そこにはいま風の〝暴力団〟ではない昔ながらのヤクザ社会があり、金筋の博徒がいたわけである。

賭場は、本筋の博徒ばかりが打つ盆、カネがある博変好きの素人が半分交じった盆、素人だけの盆――という3つの盆に分かれており、当初は俊藤も素人だけの盆で遊んだ。俊藤は大野福次郎にかわいがられ、のちには、

「博奕は素人がしても勝てるもんと違う。せやから、すな」

と言われるようになるが、大野は本来無口な親分で、一日一緒にいてもほとんど物を言わなかった。

あまり若い衆を連れて歩かなかった大野のお伴で、俊藤は温泉などに同行することが多々あったという。

この全身に刺青を彫り、眼光鋭い昔気質の親分の所作に触れ、言動を目のあたりにして、俊藤はこんな思いを抱くのだ。

《……こういう人が本当の俠客なんやろなあ。

大野の親分についてはそんな印象が鮮明に残っている。

あの八月十五日を境に、私は博奕場へ行かなくなったが、大野福次郎という人は私の胸のなかで生きつづけた。のちに任俠映画をつくりはじめたときの、大きな原形のような存在だった》（前掲書）

ともあれ、賭場での経験を含めてヤクザ世界を肌で知ったことが、「博徒」につながり、東映任俠路線の確立に結実したことは間違いあるまい。

そんな俊藤の伝で、脚本家の村尾昭は、執筆を前にして、「博徒」の取材のため、京都の中島会会長・図越利一を訪ね、話を聞いていた。

この11年後、幕末の大俠客・会津小鉄の三代目を継承することになる図越利一は、京都俠道界を一本にまとめあげた実力親分として、脂の乗りきった年齢を迎えていた。京都きっての金筋親分が、快く取材に応じ、いろんな話をしてくれるのが、村尾にはありがたかった。

「親分、何か掛け軸とかそういうもので、心に残ってるような言葉はありますか」

村尾の問いに、図越は、

「そりゃ、ありますわ。兵隊竹という、ワシの伯父貴分から形見にもろた額でっけど、《任俠人を制す》言うんですわ」

と言下に答えた。兵隊竹というのは、図越の親分、中島源之介の実兄である中島竹次郎のことであった。

「任俠、人を制す――ですか」

　復唱しながら、村尾は、

〈あっ、これだ！〉

　と閃くものがあった。さっそくシナリオのなかに取りいれることに決めたのである。

〈任俠、人を制す、か。いい言葉だな。任俠精神というのもこれに尽きるんじゃないか〉

　村尾は感服し、以来この言葉が、その後数多く書き続けることになる任俠作品の核となった。

　村尾は他にも神戸の松浦組組長の松浦繁明、大阪の小久一家総長の石本久吉という名うての親分衆やいろんな関係者から話を聞いてまわった。監督の小沢茂弘やキャメラマンの山岸長樹とともに博徒のしきたりや仁義の口上を聞いたり、手本引きの賭場を見学するなど、精力的に取材したのだ。

　もとよりすべて俊藤の根まわしがあってできた取材であった。

　こうして取材をきっちり行ない、構想を練った村尾は、京都・河原町の旅館「花柳」にこもって「博徒」の脚本を書き始めた。

「どや？　進んどるか？」

「博徒」を企画した京都撮影所長の岡田茂が毎日のように旅館に顔を出した。

「何か困ったら、オレがいいアイデアを出してやるで」

10日ぐらい経ったころ、岡田から「花柳」に電話が入り、

「明日、本社に打ちあわせに行かなならんのやが、どのくらいできとる?」

と村尾に訊いてきた。

「ええ、もうほとんどできてます。あとは最後の殴り込みに行くところを書くだけです」

「よっしゃ、とりあえずそこまでのものでいい。脚本《ホン》読みをやろう」

〝脚本読み〟というのは、文字通りできあがったシナリオをプロデューサーや監督、脚本家らで検討しあうことであった。

岡田茂をはじめ、俊藤浩滋、小沢茂弘、企画部長、同課長らが京都撮影所に集まって、脚本読みが開始された。

「途中までですが……」

村尾が自分の書いた「博徒」のシナリオを読み始めた。

各人がテーブルのまわりに集まって、村尾の朗読に黙って耳を傾けている。原稿用紙にしておよそ200枚ちょっとのものを村尾が読み終えると、

「うん、面白い!」

岡田が真っ先に声をあげた。

「ええで」

小沢がいきなり村尾に握手を求めてきた。

俊藤も納得したようにうなずいている。

まだ未完成のシナリオなのに、皆からこんなに喜ばれた経験というのも、村尾には初めてだった。

「うん、なかなかええやないか。せやけど、あそこの箇所なあ……」

俊藤が初めて口を開いた。

「あんたが意図しとるのはこういうことやろ。けど、そうするためにはこれこれこういう芝居が必要やで」

いきなり何を言いだすのだろうと思って聞いていた村尾は驚いた。1回聞いただけでよく頭に入るものだなとまず俊藤の頭の良さに舌を巻き、その評の的確さにも唸らされた。

〈う〜ん、参ったな、この人には〉

と心底思い、感服したのである。

「はあ、なるほど、そうですね」

以来、村尾は自分が書いた任侠物のシナリオは何よりも俊藤に読んでもらい、褒められることが一番の楽しみになった。

「おもろいな」

と俊藤にいわれるひと言を励みに、書くようになったのだ。

「博徒」シリーズ2作目の「監獄博徒」を、やはり「花柳」で書きあげたばかりのときも、俊藤と小沢が訪ねてきて、二人がそれを真っ先に読んだ。小沢が気のない声でボソボソ読んでいる隣りで、俊藤が一心に読み始めた。

読み終えると、俊藤は顔をおしぼりで拭いた。村尾が、書き終えたばかりの昂揚感が引かないままに、その評を待っていると、

「村尾、おまえ、ギャラなんぼや?」

と訊いてきた。

「はあ、25万円ですが……」

「ようし、このホンは40万やる」

「…………」

「それだけの値うちがあるで。このまま決定稿にまわせ」

「はあ……」

村尾は天にも昇る心地になった。隣りで小沢がキョトンとしている。

結果的には、俊藤が企画部長に交渉しても村尾のギャラはあがらなかったとはいえ、村尾はそのひと言がうれしくてならなかった。村尾が任俠作品にのめりこんでいったのも、そのひと言があってのことであり、

「おもろいな」

というときの俊藤のうれしそうな顔がたまらなかったからだった。「明治俠客伝　三代目襲名」「戦後最大の賭場」「傷だらけの人生」といった傑作が生まれたゆえんであろう。

さて、「博徒」のシナリオが完成したとき、村尾が、

「俊藤さん、この藤松米太郎という敵役ですけど、相も変わらず山形勲とか進藤英太郎というのは勘弁してもらいたいんですが……」

と、自分がこしらえた一番のワル役に対する注文を、冗談混じりに出すと、

「おお、そりゃそうや。東京から関西へ流れてくる極めつきの近代派のワル役やからな。もっと違った迫力のある役者やないとあかんなあ」

俊藤も何か斬新なキャスティングを考えているようだった。

「そうや、天知茂でどうや。天知で行こう」

「いいですねえ」

村尾の敵役のイメージとピッタリ重なった。

クランクインとなってその敵役・天知茂と主人公の金筋博徒・鶴田浩二とが対決する殴り込みシーンの撮影に入ったとき、村尾は現場へ顔を出した——。

〝代役〟で高倉に白羽の矢

「博徒」の撮影中、村尾昭は何度か現場に足を運んだ。脚本家は概して自分の作品の撮影を見に行くのが好きな者とそうでない者とに分かれるというが、村尾は前者のほうだった。ラストシーンの撮影現場に顔を出したのも、その殴り込みシーンがとくに村尾の思いいれが強い箇所でもあったからだ。その場面——、

「主役の鶴田が裸で全身の刺青をさらけだし、馬車を駆って殴り込みをかける」

ということに固執したのは、何よりスピード感と臨場感を出したいためだった。

が、監督の小沢茂弘は、

「そりゃ、おまえ、無理やど」

と聞くなり首を横に振った。

「無理といっても、いままでの時代劇のような踊りの所作みたいな立ちまわりをやってたんでは、この作品は生きませんよ。小沢さん、そこから変えましょうよ」

村尾は言い張った。

「そりゃ、わかっとるが、馬車を走らすいうのは、どうやろな」

小沢が思案していると、キャメラマンの山岸長樹が、

「いや、監督、それ、撮れますよ。それでいきましょ」

といったので、小沢も俄然その気になり、

「それならやろうか」

となったのだった。

そしてそのシーンを撮影中、俊藤浩滋が提案したのは、

「主役が乗りこんで敵をやっつける前に、まず先に一発撃たれたほうがええんやないか。それからやり返すほうが客には受けるやろ」

ということだった。小沢もそれにはすぐに乗って、

「それはええですわ。よし、それで行こう」

となり、ドスをサラシの腰に差し、裸で馬車を駆って殴り込んだ鶴田が、敵役の天知茂に「パーン」と拳銃で撃たれ、倒れるシーンを撮った。台本にはなかったが、村尾の狙いと寸分違わなかった。

村尾はのちに映画館で、その殴り込みシーン――馬車に乗った鶴田がローアングルで映

しだされるや、観客が思わず「オーッ！」と体を前に乗りだし、鶴田が撃たれて倒れるや、ワッと沸くのを目のあたりにすることになる。

そこで館内のボルテージは一挙に高まり、

「それ行け！　鶴田！」

という後年のブームの真っ只中のときの掛け声につながるような雰囲気になっていく。

〈これはいける！〉

村尾がはっきり大ヒットの手ごたえを実感した瞬間だった。「アクション監督」といわれる小沢茂弘の面目躍如となるシーンでもあったわけだ。

実は封切りの日、村尾が「博徒」を観に行ったのは、大阪の梅田劇場で、京都撮影所長の岡田茂、俊藤浩滋と一緒であった。土曜のオールナイト興行の初日でもある。

ところが、映画館の前には、エプロン姿でシャモジを手にした大勢の主婦たちが、「深夜映画反対」「ヤクザ映画反対」のバリケードを張っていた。野次馬とそれを規制する警官も出て、周辺が異様にざわついているのだ。

村尾たち一行は、どうなることかと気を揉んだが、結果的にはこの騒動が幸いした。

「いったい何ごとだ!?」

と逆に若い連中が集まってきて、「博徒」は押すな押すなの人気となった。主婦たちの

「映画反対」の抗議活動が、映画の宣伝に一役買うという皮肉な結果を招いたのだった。

かくて「博徒」は喝采を博し、ただちにシリーズ化されて、小沢茂弘監督、鶴田浩二のコンビで、「監獄博徒」「博徒対テキ屋」「博徒七人」「お尋ね者七人」「三人の博徒」「札つき博徒」とつくられていく（この任侠ものの「博徒」シリーズとは別に、のちには鶴田浩二主演で「博徒解散式」「博徒外人部隊」＝深作欣二監督、「博徒斬り込み隊」＝佐藤純彌監督＝の現代劇版のシリーズも生まれている）。

ともあれ、「人生劇場　飛車角」に続く「博徒」のヒットは、東映映画に新しい潮流を生みだし、任俠路線への転換を決定的なものにした。

まさにそんな最中、世上名高い「日本俠客伝」が封切られるのは、「博徒」のわずか1カ月後、昭和39年8月13日のことだった。

プロデューサーは「博徒」に続いて俊藤浩滋、それに日下部五朗がつき、監督はマキノ雅弘、脚本は笠原和夫・野上龍雄・村尾昭、配役は主演が高倉健、共演は藤純子、長門裕之、南田洋子、津川雅彦、大木実、松方弘樹、田村高広、ゲストが中村錦之助という豪華版である。

だが、当初主演に予定されていたのは、高倉健ではなく中村錦之助だった。もともと岡田茂や俊藤の狙いも、チョンマゲをとった時代劇、それも忠臣蔵的なものをやろうとしていた。となると、時代劇スター・錦之助こそドンピシャで、勢いのなくなりつつあった時代劇に代わる任俠路線で新たな看板スターに——との期待も当然あったであろう。

ところが、錦之助はこの出演を拒否した。理由はいろいろ忖度《そんたく》されているが、一つは撮影中の田坂具隆監督の文芸時代劇大作「鮫」のクランクアップが予定より大幅に延びており、スケジュール調整が難しかったことだ。

もう一つは、この年5月、京都撮影所の俳優を中心に「東映俳優労働組合」が結成され、錦之助はその代表にかつがれたばかりだった。組合の代表が任俠映画では具合が悪いと判断したのか、あるいはやはり組合の手前、会社のいいなりに主役を引きうけるわけにはいかん——という気持があったのかも知れない。

錦之助が出ないとなって、スタッフは頭を抱えた。いったい誰を代役に立てたらいいのか——。

そこで急遽白羽の矢が立てられたのが、「人生劇場 飛車角」の宮川役で好演した高倉健であった。

俊藤浩滋が上京し、練馬区大泉の東京撮影所へ高倉健を訪ねた。それまで何度か顔をあわせてはいても、プロデューサーと俳優として正式に話をするのは、そのときが初めてであった。

俊藤と高倉健は同撮影所所長室で会った。

《「今度、京都で『日本俠客伝』というのをやるんだが、出てくれへんか。面白いホンやと思う」

私は内容を説明していろいろ言うたが、むこうは「はい」「はい」と答えるだけで、イエスともノーとも言わず、なんか上の空の感じだった。そもそも私に会うのさえ、渋々というふうに思えた。いったい私に対してどんな印象を持っていたんやろう。敬遠するというか、うるさいやつやから仕方がない、という感じだった。

「じゃあ、ホンを読ませてください」

「うん。とにかく頼むよ」

私は脚本を置いて帰ったが、彼はほとんど乗っていなかった。

ところが明くる日、電話がかかってきた。

「ぜひやらせてください」

これであの人気シリーズがスタートし、高倉健は一躍スターの座につき、私との長い付き合いが始まった》（『任俠映画伝』）

もし中村錦之助が「日本俠客伝」の主役を断わっていなかったら、彼と高倉健のその後の運命はもっと違ったものになっていたかも知れない——とは、関係者の間でよくいわれることである。

「日本侠客伝」は爆発的にヒットし、高倉健は一躍スターダムに駆けあがっていく。それまで美空ひばりの相手役やサラリーマン物、文芸作品などを経て、岡田茂の企画したギャング路線で売りだし中だったとはいえ、これといった大ヒット作がなく、いまひとつパッとしなかった高倉健を一挙に人気スターに押しあげる記念碑的な作品となった。

以後、鶴田・高倉の時代に入っていくわけだが、それもやはりプロデューサー俊藤浩滋の手腕があってのことで、俊藤と彼らの絆も強かった。また、俊藤も無類に役者の面倒みがよかった。

「日本侠客伝」でアシスタントプロデューサーをつとめ、その後も俊藤の下で「緋牡丹博徒」「日本女侠伝」「女渡世人」「山口組三代目」など、数多くの作品を手がけた日下部五朗も、「日本侠客伝」以来の俊藤と高倉との厚い信頼関係を目のあたりにしている。

ある夜、仕事の打ちあわせのあとで、京都撮影所近くの旅館で、日下部が麻雀好きの俊藤につきあって一緒に雀卓を囲んでいると、

「五朗、オレ、これからなあ、健ちゃんを空港まで迎えに行ってくるからなあ」

と俊藤が言う。

当時、東京・羽田からのフライトで、深夜1時ごろ、大阪・伊丹空港へ着く深夜便があ

った。それに乗ってくる高倉健を、俊藤が自ら迎えに行くというのだ。

お付きの者の運転で車を飛ばして伊丹まで駆けつけ、高倉を乗せると、また京都まで引き返してくるのである。

途中、珈琲好きの高倉健が、

「珈琲を飲みたいな」

と漏らすことがあった。が、店はもうどこも開いていない。そのころはまだ24時間営業の喫茶店などある時代ではなかった。

すると、車を運転している俊藤のお付きの者が、威勢のいい人で、

「わかりました。まだやってるところ、探してきますから」

と閉まっている店に行って、

「高倉健が珈琲を飲みに来たんや！」

と店の者を起こすや、車に戻り、

「開いてるところがありました」

と高倉と俊藤を店に案内することもあったという。

それにしても、夜中、役者のためにわざわざ空港まで自ら出迎えに駆けつけるというような細かな気配りは、なかなかできることではないな――と日下部は感心せずにはいられ

なかった。役者の心を摑むわけであった。いつしか高倉健をも心酔させ、俊藤の虜にさせてしまったのだった。

「日本俠客伝」のヒットは、中村錦之助が木更津の清治という客分のヤクザに扮し、ゲスト出演していることも大きかった。岡田茂が錦之助を口説いて、俊藤が脚本家の笠原和夫に、錦之助の役どころとなる人物を新たに書き加えてもらったのだった。

《新しいホンを読んで、中村錦之助は出演を快諾してくれた。撮影は五日ほどだったと思うが、さすがに大スターで、所作の端正なこと、啖呵《たんか》の切れ、恋女房とのやりとり、立回りの迫力、と、なにもかも息を呑ませるほど光っていた》（前掲書）

そして何より、名匠マキノ雅弘が撮った、次郎長物のような時代劇ではない、初めての本格的な任俠映画が、「日本俠客伝」であった――。

「右肩に男の色気があった」

「日本俠客伝」以前に、俊藤浩滋がマキノ雅弘監督作品を正式にプロデュースしたのは、前年10月に封切られた鶴田浩二主演の「次郎長三国志」が初めてだった。

以後、シリーズ化され、昭和40年までに「続次郎長三国志」「次郎長三国志　第三部」

「次郎長三国志　甲州路殴り込み」と4部作がつくられた。

俊藤とマキノとの縁は古く、戦後間もない昭和21年秋、マキノ雅弘（当時は正博）が撮った松竹作品「のんきな父さん」を手伝ったのが、俊藤が映画に関わった最初であった。

当時、賭場へ出入りするうちにかわいがられるようになった神戸の五島組の大野福次郎親分に頼まれ、歌の興行のことで会いに行ったのがきっかけだったという。

すでにマキノとはそれ以前から親しい関係にあったので、西宮球場でロケ中のところへ訪ねていった俊藤は、マキノから、

「撮影を手伝ってくれ」

と声をかけられ、気軽に引き受けたのだった。

その後も、昭和25年に製作されたマキノ監督、長谷川一夫主演のギャング映画「傷だらけの男」にもプロデューサー補として携わり、本格的な映画づくりの一部始終を体験している。いわば、俊藤はマキノ雅弘によって映画の世界に導かれたのであった。

が、「傷だらけの男」で体験した裏方の仕事のあまりの忙しさに、そのときはすっかり映画に嫌気がさしてしまった。二度とやりたくないと思うほどハードだったのだが、同時に映画づくりの何たるかを覚えたのも確かで、それがのちのち大いに生きてくる。

「次郎長三国志」を手がけたのはそれから10年以上経ってからのことで、東映で何本かこ

なしていたとはいえ、俊藤にすればプロデューサーとして初の大仕事となった。

《この撮影現場は面白かった。日数がないわ早撮りやわで目まぐるしかったけど、親しい鶴田浩二が主役なうえに、河津清三郎や田中の春ちゃん（注・田中春男）や水島道太郎や森健二など、マキノ組の常連がずらりと顔を並べていて、現場に笑い声が絶えない。その和気藹々《あいあい》のムードのなかで、マキノ雅弘独特のきわめてプロフェッショナルな映画づくりがスピーディーに進んでゆく。

私は映画プロデューサーとしていろんなことを楽しく勉強させてもらった》（「任俠映画伝」）

「次郎長三国志」撮影中も、互いに気心の知れた間柄とあって、このプロデューサーと監督は、

「次は何か新しい企画をやろう」

といつも話しあっていたという。

そんな二人の思いが実現したのが、「日本俠客伝」であったわけである。脚本が笠原和夫、野上龍雄、村尾昭の3人共作となったのは、封切りまで時間がなかったからだった。

《おおまかな筋立てを決めたあと、三つに分け、それぞれが得意な部分を書く。たとえば〈赤電車の鉄〉という子分が出てきて、辰巳芸者にぞっこん惚れ、相手は実は主人公の小

頭に想いを寄せているんだが、その芸者が敵の親玉の横恋慕で窮地に陥ったとき、赤電車の鉄は一家の印半纏《しるしばんてん》を質に入れて救ってやる。このメロドラマの部分は笠原和夫が書いた》（前掲書）

赤電車というのは赤い尾灯をつけて走ることから終電車を意味し、惚れた女にいつも待ちぼうけを食らわされるので〝赤電車の鉄〟。主人公を引きたてる二枚目半といった役どころだ。

後年、渥美清の松竹映画「男はつらいよ」がブームになったとき、京都撮影所宣伝部の佐々木嗣郎は、俊藤が口癖のように、

「あの寅さんな、あれはもう前からオレの映画でやってるんだよ。〝赤電車の鉄〟といってな」

というのを聞いたものだった。

この〝赤電車の鉄〟に扮したのが、長門裕之だった。

長門裕之はマキノ雅弘の姉マキノ智子の長男で、つまり母方の祖父が「日本映画界の父」といわれたマキノ省三、叔父がマキノ雅弘、父は沢村国太郎で、父方の叔母、叔父に沢村貞子、加東大介がいて、弟が津川雅彦という役者一家に生まれた。

そのため、マキノ雅弘監督作品には、夫人の南田洋子（〝赤電車の鉄〟に惚れられる辰

巳芸者を演じた）、弟の津川雅彦ともどもしょっちゅうお呼びがかかった。マキノがほとんどの作品を撮った「日本俠客伝」シリーズでも（全11作中、1作目から9作目までがマキノ雅弘、10作目が山下耕作、11作目が小沢茂弘）、長門裕之は実に1作目から8作目まで連続出演しているのだ。

当時はもう日活を辞めフリーの身であったから、スケジュールが1カ月空いているとなると、東映の企画部へ顔を出し、

「空いてるよ〜」

というと、いきなり手の上に3冊の台本が載ったという。任俠路線が軌道に乗ったころだったから、渡された台本はすべて任俠物で、パターンも同じ。長門の役どころは大概赤電車の鉄に似たようなものが多かった。

とりわけマキノ作品には欠かせぬ役者となったのは、キャスティングの際、マキノが必ず長門の名を入れたからだった。そのうえで長門の出番のところから撮り始めるのだ。クランクインとなって、長門が、

〈オレの出番まではまだ時間があるな〉

と思ってのんびり構えていると、初日の初っ端から呼びだされる。

〈なんでオレが初日からなんだ？〉

と訝りながらも、急いで台詞を憶えて撮影現場へ駆けつけるハメになるのだった。

マキノの意図は、まず長門を動かして、その間にいろいろ考えたり、現場の雰囲気をつくったり、あるいは主役や他の主だった出演者に長門とのやりとりを見せつけることで、撮影の流れのようなものを自然に教えていく——というやりかただった。マキノにすれば、長門であれば芝居もつけやすく怒りやすいし、雰囲気もつくりやすいので、何かと重宝であった。

長門はマキノ雅弘の「次郎長三国志」で鶴田浩二と、「日本侠客伝」で高倉健という東映の任侠路線を支えた二枚看板スターと共演。また、それより前、テレビの連続ドラマ「王将物語」で1年間、坂田三吉役を演じ、その女房の小春に扮したのが、まだ10代の初々しい藤純子であった。

長門の目から見ても、鶴田浩二とマキノとはよく気があい、撮影も互いに阿吽《あうん》の呼吸で進んでいった。鶴田は背中で演じられるただ一人の役者といわれ、下がりぎみの右肩に男の色気と哀愁があって、強く印象に残った。

マキノ雅弘がよく口にしたのは、

「芝居でもラグビー同様、アタックとディフェンスがあるんだ」

ということだった。つまり、基本になるのは、前に出す芝居と後ろに引く芝居で、同じ

「好きだよ」という台詞でも、前者と後者ではまるで別の芝居になるというのだ。

それを完璧に演じられる役者が鶴田で、マキノが鶴田から得たものか、鶴田がマキノから得たものなのかはわからぬが、ともあれ二人は何をいわずともわかりあえる監督と役者であるようだった。

長門が最初から人とは違うオーラを感じとったのは、その鶴田と石原裕次郎、高倉健、藤純子の4人であった。

昭和31年、社会的現象となった石原慎太郎の芥川賞作品「太陽の季節」が映画化され、主役に抜擢された長門は、その役どころがチンピラとしか思えなかったので、プロデューサーの水の江滝子に、

「役づくり、どうしたらいいですか？　何か参考になるものをください」

といったところ、

「この人の真似して頂戴」

と水の江が連れてきたのが、裕次郎だった。

裕次郎は初対面の長門に会うなり、やおら抱きついて、

「長門さんの作品観てますよ。便所の臭いのする映画館でいっぺんに3本も4本も観るんです」

と人懐っこかった。そんな裕次郎の所作を真似しているうちに、長門は初めて「太陽の季節」が湘南地方の風俗映画であることがわかったという。

それからというもの、長門は終始裕次郎の背中しか見ていない自分たちを発見していた。裕次郎はいつのまにかつねに長門たちの前を先頭を切って歩く存在になっていた。裕次郎が何か行動を起こすと、みんながつられてついて歩く。そんなオーラが最初から裕次郎にはあったのだ。

裕次郎より大先輩であるはずの自分が、彼と対等で芝居したり、彼のいいアシストをしたときの幸せな気分。

裕次郎に感じたそうしたオーラは、東映に来て出会った「日本侠客伝」の高倉健にも共通のものだった。高倉健もまた、いままでお目にかかったことのないタイプの役者であった。

黙って立っているだけで絵になる男。寡黙さだけで意志の強さを表現できる役者となると、彼に敵う者はいなかった。そして無表情の良さ。それは長門たちには役者としていままで考えられなかった表現の仕方であった。何も語らず、まったく無表情のままで寂しさや哀愁といったものを演じられる役者——それが高倉健であった。

役者としては長門のほうが先輩でも、高倉が3つほど年上という関係で年齢も近かったので、「日本侠客伝」シリーズで共演を重ねるうちに、二人は自然と仲良くなっていく。

あるとき、長門の愛車が故障したため、ディーラーが代車として貸してくれた白のキャデラックのリムジンで、撮影所に乗りつけたことがあった。

すると、演技課の前で上半身裸で日光浴をしていた高倉健が、「誰だろう?」といった顔でキャデラックのほうを見ていた。運転席からおもむろに長門が降りてくるのを見た途端、高倉はぷっと吹き出して大笑いしている。

これにはさすがに長門もムッときて、

「何だよ、何がおかしいんだよ」

とふくれてみせると、

「晃夫《あきお》ちゃん、あんたの乗る車じゃないよ」

とズバッと言ってくる。高倉は長門のことを晃夫という本名で呼んでいた。

「もうやめてくれよ、晃夫ちゃん。キャデラックから降りたときの様が悪いよ。もうちょっと足が長くなきゃダメだよ」

健さんがなお笑いながら続けた。

「余計なお世話だよ」

長門も苦笑しつつも、自分で納得せざるを得なかった。

そんな仲だった。

「南無阿弥陀仏がよろしい」

昭和40年1月末、東京・調布の自宅にいた石井輝男は、妻から来客を告げられ、その名を聞いてびっくりした。

「えっ!? いったい何ごとだろう……」

アポイントも何もなく、いきなり訪ねてきた客は、誰もが知っている戦前からの大スターであった。

石井はそそくさと2階の書斎から1階の応接間へと降りていった。

背筋をピンと伸ばしてソファーに一人腰かけているのは、紛れもなくその人であった。

「これはこれは、お寒いなかわざわざお越しいただいて……何かありましたか？」

石井輝男が挨拶もそこそこに恐縮して用件を訊ねた。

「いや、なに、今度いただいた役のことでっけど……」

来客は、「鞍馬天狗」と「むっつり右門」の当たり役で知られ、「アラカン」と人に慕われる嵐寛寿郎であった。

「はあ……」

アラカンが言わんとしているのが、間もなく東映で石井が撮ろうとしている4月封切り予定の高倉健主演作品「網走番外地」であることは容易に察しがついた。まだ脚本ができたばかりの段階であったが、石井は嵐寛寿郎に〝8人殺しの鬼寅〟という老囚人役をキャスティングしていた。

どうやら台本を読んだアラカンが、その役のことで何か石井に話があって訪ねてきたものらしかった。

「この映画、当たりまっせえ」

「え、どうしてですか？」

「この鬼寅の役柄といい、このセリフといい、最高によろしおまっせ。囚人同士の自己紹介で、鬼寅が最後に南無阿弥陀仏と唱えるところがとくによろしまんがな。これ読んだとき、もうこの映画、ワテがいただいたと思いましたで。主役よりワテのほうが目立ちますわ」

アラカンは自分に与えられた鬼寅の役がことのほか気に入ったようであった。

南無阿弥陀仏というセリフは、網走刑務所の雑居房で、鬼寅の弟分を騙《かた》る安部徹扮する牢名主から、

「おまえ、何年もらったんだい？」

と訊かれた鬼寅が、

「あれは御大典の特赦と終戦の復権令があったので、そうでございます、残りが20と1年です」

と答え、安部徹の牢名主以下、高倉健や田中邦衛、待田京介、南原宏治、潮健児らが扮する囚人一同が凝然とするなか、鬼寅が「南無阿弥陀仏」を唱えるというワンシーンだった。

石井輝男は再び驚いた。子どものころから憧れた鞍馬天狗の大スターが、まだ台本の段階で、自信を持って、

「この映画は当たる」

といってくれているのだ。しかも、それを言いたくてわざわざ監督の家まで訪ねてくるというのは、ちょっと異常な〝ノリ〟だった。作品に対してよほど感じるところがあったとしか思えなかった。

長い間温めてきた企画とはいえ、「網走番外地」にそれほど自信があったわけでもない石井が、

〈これほどの人がこうまで太鼓判を押してくれるというんだから、何かあるんだろな。こ

いつはもしかしたら、いけるかも……〉

と初めて手ごたえを感じとった瞬間であった。

嵐寛寿郎の予感はずばり適中して、昭和40年4月に封切られた高倉健の「網走番外地」は前年8月の「日本俠客伝」に続いて大当たりし、「日本俠客伝」同様、東映のヒットシリーズとなり、健さん人気を不動のものにした。石井輝男監督・脚本によるこのシリーズは昭和40年から42年までの3年間で10本もつくられ、嵐寛寿郎の鬼寅は石井番外地には欠かせぬキャラクターとして主役に迫る人気を博した（なお、網走番外地シリーズは昭和43年からは石井の手を離れ、新網走番外地シリーズとして、マキノ雅弘、佐伯清、降旗康男によって47年まで8本撮られた）。

石井輝男は1924（大正13）年1月1日、東京・麴町生まれ。実家は浅草の綿問屋であった。子どものころからの熱狂的な映画好きが高じて早稲田実業中退後、昭和17年、撮影助手として東宝映画科学研究所に入社した。

昭和22年、新東宝が設立されると同時に助監督として移り、昭和32年、「リングの王者・栄光の世界」（宇津井健主演）で監督デビューを果たした。以後、「五人の犯罪者」や「スーパージャイアンツ」シリーズ、「女王蜂」シリーズ、淀川長治にも評価された「黒線地帯」「黄線地帯」などのラインシリーズといった作品群を新東宝倒産直前まで撮り続け、ひときわ異彩を放った。

石井輝男が監督と役者という関係で初めて嵐寛寿郎に出会ったのは、昭和35年の新東宝作品「女王蜂と大学の竜」を撮ったときだった。石井作品に初出演したアラカンは、この作品でヤクザの親分役を演じている。これがのちの鬼寅役へと発展するわけである。

翌36年、石井は東映に移籍し、第1回東映監督作品が、藤原審爾原作、佐治乾脚本、高倉健主演、鶴田浩二、江原真二郎らが共演するギャング映画「花と嵐とギャング」であった。

石井が高倉健と初めて顔をあわせたのは、練馬区大泉の東京撮影所で、

「監督、高倉健を紹介します」

と関係者から連れていかれた先が、食堂であった。

それが東映独特の監督と俳優の引きあわせかたであるとは、石井もあとで知ったことだった。つまり、監督を俳優の部屋に連れていくのはおかしいし、さりとてスターを監督の部屋へ呼びだすのもまずいということで、互いが中間地点の食堂へ来て顔をあわせるのだという。

そんなわけで、食堂のガヤガヤしているところで二人は初対面の挨拶を交わした。

先に来て待っていた高倉健は、石井が来るや立ちあがり、

「高倉です。よろしくお願いします」

と深々と一礼する。

石井は高倉健をひと目見るなり、

〈あっ、これはいいなあ。うん、絶対いけるぞ、これは〉

と直感のようなものがあった。媚びるわけでもなく、実に素朴な感じで、いままでのスターにない男っぽさが感じられた。

網走コンビ誕生の瞬間でもあった。

石井の「花と嵐とギャング」は、東映に新風を吹きこみ、新たなギャングアクション路線を台頭させたが、と同時に石井スタイルは、当初、現場にとまどいをもたらしたようだ。石井はクランクインしてからも、毎日脚本を直しながら撮った。が、それは東映ではあり得ぬことで、現場からクレームがあり、会社から石井に、

「3日間、撮影を中止するから、その間に直すところは全部直して、あとは触らないでくれ」

との注文がついた。

これには石井としても応じざるを得なかったが、たまたまそのとき、東撮へ仕事でやってきたのが、〝渡辺天皇〟といわれる大巨匠の渡辺邦男であった。石井が助監督として一

番最初についた監督で、師匠にあたった。石井は渡辺に泣きを入れた。

「先生、いま、こういう状態で、とっても苦しいんですよ」

石井の訴えを聞くと、渡辺は、

「構わん。おまえ、いくらでも直すだけ直して撮れ。責任はオレが持ってやるから」

と請けあうので、石井は虎の威を借りることにした。当時は誰も渡辺邦男に逆らえる者などいないのを幸いに、

「うちのオヤジがいいと言ったから、好きなだけホンを直して撮るよ」

といったふうに開き直り、やりたいように撮ってしまったのである。どうせ東映とはこれ1本の契約だ、との思いがあったのも確かだった。

すると、この「花と嵐とギャング」——思わぬヒットとなり、石井輝男は東映で1本だけというわけにはいかなくなった。姉妹編の「恋と太陽とギャング」に始まって、「ギャング対ギャング」「十一人のギャング」「ギャング対Gメン　集団金庫破り」「親分を倒せ」「ならず者」といった、鶴田浩二や高倉健主演のギャング映画をたて続けに撮ることになる。

昭和40年が明けて早々、東京撮影所長の今田智憲が、石井に、

「こういう歌があるんだけどな、『網走番外地』って、すごくいい歌なんだ。網走刑務所

の受刑者の間で歌い継がれてるらしいんだけど、これで何かできないだろうか」

とアイデアを出してきた。歌の好きな所長らしく、ついでに歌いだした。

その歌詞を聞いていて、石井はすぐにピンときた。

「ああ、それ、知ってますよ。知ってるどころか、所長、その歌、いまやってる僕の『顔役』でつかってますよ」

「えっ、そうなの」

「顔役」というのは、この年の東映正月映画で、俊藤浩滋プロデュース、笠原和夫・深作欣二・石井輝男脚本、石井輝男監督、鶴田浩二主演、共演は高倉健、江原真二郎、待田京介、大木実、長門裕之、天知茂、アイ・ジョージ、藤純子、佐久間良子、三田佳子という豪華キャストが顔をそろえたオールスター作品であった。

もともとは笠原和夫脚本、深作欣二監督でやる企画であったのが、二人の折りあいがつかなくなり、急遽、監督のピンチヒッターとして石井にお鉢がまわってきたものだった。

その劇中、高倉健の元恋人役の三田佳子がオルガンを弾いて歌ったのが、「網走番外地」だった。

「顔役」の撮影に入る前、石井がたまたま自宅でテレビを見ていたとき、NHKのドキュメンタリーシリーズ「現代の映像」という番組が始まり、その夜は「兄貴と若い衆」というタイトルで、面白い企画だった。番組のなかで、ヤクザの若い衆が、網走刑務所で覚えた歌として、ギターを弾きながら歌いだした曲が歌詞ともどもとても味のあるいい歌で、「おーい、テープ、テープ」

と石井はあわてて夫人にテープレコーダーを用意させ、録音した。それが「網走番外地」という歌だったのだ。

その歌もさっそく「顔役」で使い、三田佳子に歌わせ、メロディを高倉健に口笛で吹かせたのである。八木正生というジャズ・ピアニストのアレンジであったという。

その「顔役」とは別の線から、東京撮影所長の今田智憲は「網走番外地」の企画を立てたわけで、まず初めに歌ありき——であった。

すでに「網走番外地」というタイトルの映画は、6年前の昭和34年に日活で小高雄二・浅丘ルリ子主演、松尾昭典監督で製作、公開されていた。例の歌はなく、伊藤一という人の原作である。

その原作を読んだ石井は、いまひとつピンとこなかった。

大雪の北海道のロケハン

石井輝男には、伊藤一の「網走番外地」の原作は、網走刑務所に服役した男とその恋人との一途な愛を描いた甘い切ない話としか感じられなかった。

「どうかね、何かやれるかい？」

と、この企画を出してきた東京撮影所長の今田智憲に訊かれても、

「いや、所長、ちょっとこれじゃ僕はやれませんよ。だいたい日活の二番煎じじゃ面白くないでしょ。オリジナルのものでいいというならやらせてもらいますけどね」

と答えるしかなかった。すると、今田は、

「いいよ、オリジナルで。何かアイデアはあるの？」

とあっさり答えた。今田は、ともかくあの哀愁に満ちた歌をテーマ曲にした映画をなんとかつくれないものか——との一念だった。

「ええ、ずっと前から暖めていたんですけど、『手錠のまゝの脱獄』の日本版をやりたいんですよ。あの二人を網走刑務所の脱獄囚にして、舞台を北海道の大雪原に置き換えたらどうかと思いましてね」

「ほう、そりゃ面白いじゃないか。いいね。それでいこうよ。任せた」

今田も乗り気になった。

「手錠のまゝの脱獄」というのは、1958（昭和33）年に公開されたアメリカ映画で、スタンリー・クレイマー監督作品。トニー・カーチスとシドニー・ポワチエが演じた、手錠でつながれたまま脱走する二人の男の物語だった。

その日本版の線でいくことが決まって、石井はすぐに脚本づくりにとりくんだ。新東宝時代から暖めていた企画とあって、アイデアもふくらんでどんどん書けた。

こうして脚本は間もなくできあがり、スタッフやキャスティングも決まって、主演の高倉健以下、丹波哲郎、嵐寛寿郎、南原宏治、田中邦衛、安部徹、潮健児、関山耕司といったシリーズ馴染みのメンバーが出揃った。

進行主任の白濱汎城、監督の石井輝男、キャメラの山沢義一、ライト（照明）の大野忠三郎、美術の藤田博、チーフ助監督の内藤誠というメインスタッフによるロケハンもさっそく行なわれることになり、一行は重装備で雪の北海道へと出発した。

その前に、ロケハン隊の責任者ともいうべき進行主任の白濱汎城が、東京撮影所の製作部長に、

「北海道へ行かせてください」

とおおよその予算を出して掛けあった結果、許可が出たロケハンであった。

一行は旭川から富良野線で富良野へ出て、そこから根室本線に乗り換えて狩勝峠のある新得というところへ赴いた。そこからさらにトムラウシ山のほうへあがったところに、農林省の伐採場があって、ちょうどお誂え向きのトロッコが走っていた。

というのは、台本には、手錠でつながれたままの2人の脱獄囚——高倉健と南原宏治がトロッコをつかって逃げるのを、保護司の丹波哲郎がやはりトロッコで追いかけるシーンがあったからだ。白濱は農林省の許可をとって、そこをロケ地とすることに決めたのだった。

実際のロケは約1カ月にも及んだ。石井輝男にすれば、ロケにそんなに時間をかけるのは珍しく、意気込みも違っていたわけだが、東京へ帰ってくると、

「カラーの予定だったが、モノクロでいく」

との上からのお達しが待っていた。

「ヒーローは囚人で、ヒロインも登場しない。こんな映画、お客が来るわけがない」

という営業部の判断からだった。

これには、石井をはじめスタッフや主役の高倉健もガックリきたが、やがて、

「よし、それなら見返してやろうじゃないか」

と高倉は逆にハッスルすることになる。

いよいよ北海道ロケが始まろうというとき、いろんな事情もあってクランクインが少し遅れてしまうのだが、それがかえってスタッフに幸運をもたらす結果となった。

ロケに入る前、新得の伐採場での撮影をめぐって、白濱は農林省の役人との間でこんなやりとりをしていた。ちょうど撮影期間が伐採期とぶつかることもあって、

「とてもじゃないけど、危ないですから、トロッコを走らせての撮影は考え直してくれませんか」

と、農林省は当初、トロッコの使用許可を簡単には出してくれなかった。そこを白濱は粘った。

「そちらの作業の邪魔をしないようにして撮影しますから、なんとかやらせていただけませんか」

「う〜ん、それじゃ上と下の2カ所で、きちっと見張りを立ててやってもらえますか」

「はい、必ず守ります」

ということで、なんとか撮影は許可されたのだが、メインの鉄のトロッコは伐採期でフル稼働になるから借りられず、映画的には見劣りのする木のトロッコのほうしか使えなかった。

ところが、何が幸いするかわからぬもので、クランクインが遅れたことで、すでに伐採も終わっていたから、

「どうぞ、あの鉄のトロッコを使ってください」

となり、木ではなく鉄の立派なほうを使えることになったのである。

それがあのラストに程近い高倉・南原と丹波哲郎との迫力あるトロッコ・チェイスシーンとなったわけだ。木のトロッコではあれほどスピード感のある迫真の映像は生まれなかったかも知れない。

ロケは終始、スタッフ、役者ともども雪との戦いであった。一行は雪の多い新得から川湯へと移動し、そこから網走へと出たとき、ちょうど流氷が流れ着く時期で、ほとんどの者が生まれて初めて流氷を見る幸運に恵まれたのだった。

ロケ隊の宿となった網走の旅館の女将は熱烈な健さんファンでもあり、何かと協力的であった。

「白濱さん、何でも言って頂戴」

と彼女に言われた白濱は、

「じゃあ、ロビーの一角に、健さんの珈琲コーナーをつくってやってください」

と頼んでいる。酒を飲まない高倉健は1日10杯以上も飲むほどの珈琲党であった。

この健さんと石井輝男監督とは相性もよかったのか、「花と嵐とギャング」以降、一緒に撮る本数も多く、「番外地」でも息のあったところを見せている。

石井輝男はシーン1からラストシーンまできちんと計算して撮る監督ではなく、撮っている最中でもポンポン変わることが少なくなかった。

高倉健はそんなときでも監督に、

「次はどうなるんですか。私はどうすればいいんですか」

といった質問をいっさいしない役者であった。

それが石井にすれば、とてもありがたかった。なにしろ自分でさえ決まらずに撮っていることがあったのだから、いちいち俳優に訊かれたら参ってしまう。

二人の間ではせいぜい石井が、

「健さん、次のところはこうこうこういうふうに撮ろうと思うんだけど……」

というと、高倉も、

「あ、わかりました」

と答え、演じたあとで、

「どうでした？　違いましたか」

という程度であった。

「いや、それでいいんですよ」

となって、打ちあわせもほとんど必要なかった。

「網走番外地」を企画した東京撮影所長の今田智憲が固執したのは主題歌で、しかも企画の段階から、

「健さんに歌ってもらえないかなあ」

と言っていたのだから、プロデューサーとしての勘もよかった。

が、無類の照れ屋である高倉健が断わるに決まっているのは誰にも予測できたので、

「監督、健さん、口説いてよ」

と石井にお鉢がまわってきた。石井も仕方なく引きうけ、都内のホテルで高倉と会い、

「健さん、頼むよ。これは歌から始まった企画で、ぜひ健さんに主題歌も歌ってもらいたいんだよ」

と頼むと、案の定、高倉は、

「監督、勘弁してください。歌なんてとんでもありません。僕なんか歌えるはずないでしょ」

と照れ、頑なに拒んだ。石井は構わず、

「そう言わずに歌ってよ、健さん。歌がうまい、下手なんか関係ないし、声を出していれ

ばいいんだから。家に帰ってチエミちゃんにちょっと教わって、やってみてよ」

と無理やり押しつけてしまった。「チエミちゃん」というのは高倉健の妻であるスター歌手・江利チエミのことで、二人は昭和31年の「恐怖の空中殺人」で初共演し、3年後に結婚していた。

はたして高倉健の歌は決してうまくはなかったが、ドスのきいた渋い声が歌詞とよくフィットして独特の味があった。

「健さん、もっと浪花節にしちゃって唸ったほうがいいんじゃないか」

高倉がダビング（音入れ）で映像にあわせて歌っていると、スタッフが勝手なことを言いあった。

が、この高倉健の歌なくして、「網走番外地」のヒットはなかったかも知れない。高倉はシリーズすべてでこの主題歌を歌うことになり、テイチクからレコードも出して、これまたヒットした。高倉の他にも専門の歌手が何人かレコーディングしたが、売れたのは高倉のものだけだったという。この歌に魅了され、この歌を聞きたいがために映画館に足を運んだ客がいたのも確かだった。

とはいえ、それはあとの話で、「網走番外地」は当初カラーの予定が急遽白黒作品に変わったことからもわかるように、あまり期待されていなかった。

そもそも京都撮影所製作の鶴田浩二主演、小沢茂弘監督の「関東流れ者」の添え物の企画だった。鶴田にとって「博徒」シリーズに続く新たな正統任侠シリーズとなる「関東」シリーズの第1弾であった。やはり「博徒」シリーズ同様、監督はいずれも小沢茂弘で、昭和40年から41年にかけて5本つくられた。

さて、この「関東流れ者」と2本立てで封切られた「網走番外地」は、いざフタを開けてみると、空前のヒットとなった。

「それっ、第2弾！」となったのはいうまでもなく、「続網走番外地」が封切られるのは、わずか3カ月後の7月10日のことだった。

が、撮影前の段階でちょっとしたトラブルが起きた——。

嵐寛寿郎が正座して挨拶

「網走番外地」がヒットし、ただちに続篇の製作が決まったのはよかったのだが、東映は1作目同様、2作目も白黒作品を予定していた。

これには監督の石井輝男はじめスタッフ、主役の高倉健らはそろってガックリきた。高倉健が強気に会社にカラー化を要求したところ、社長の大川博は、

「高倉がゴネるなら主役は梅宮辰夫で撮れ」

とまで言ったというから、まだ健さんも大スターとは認知されていなかったわけだ。

そこで困り果てた東京撮影所長の今田智憲が、

「なんとか話をつけてもらえませんか」

と頼んだ相手が俊藤浩滋プロデューサーであった。

俊藤はかつて大川博に頼まれ、小唄仲間で夫妻ともども懇意にしていた水原茂を口説いて東映フライヤーズの監督に就任させるという、球界を揺るがす離れ業をやってのけた陰の功労者でもあった。以来、大川社長の信頼も厚く、何かとひきたてられるようになっていた。

しかも、手がけた映画も次々と当たり、いよいよ任侠路線を軌道に乗せつつあった時期である。

「続網走番外地」もやはり1作目同様、俊藤がプロデュースした鶴田浩二の関東シリーズ第2弾「関東やくざ者」との併映で企画されていた。

俊藤は「網走番外地」を企画した今田所長から、なんとかならんものかと話をもちこまれ、二つ返事で引き受けた。

山根貞男との共著「任侠映画伝」で、そのあたりの事情をこう述べている。

《私はその件では部外者だったが、頼まれては引き下がれない。すぐ大川社長に直談判した。

「社長、『網走番外地』は当たったやないですか。それを白黒でやれとか、梅宮でやれとか、何を言うてるんです」

「あんなもの、カラーにしたって」

「カラーでやれば、もっと面白いシャシンになる。大ヒット間違いなしや。それに、高倉やから、あの独特の味が出たんですよ」

「大丈夫かなあ」

「絶対大丈夫です。カネ出しなはれ」

例によって、あれこれすったもんだをやって、やっとOKをとることができた。

忘れもしない、新宿の中華料理屋で、今田所長以下、健ちゃんも担当プロデューサーも、みんな結果を待っていた。私が行って「カラーで撮れるぞ」と言うと、「バンザーイ！」》

こうして「続網走番外地」の撮影はスタートし、わずか2週間にも充たない期間で、函館—青函連絡船—青森ロケを敢行。嵯峨三智子、アイ・ジョージ、中谷一郎らがゲスト出演し、1作目とはかなり違ったタッチの作品ができあがったが、これまたヒットし、シリーズはその後次々と製作されることになった。

この年——昭和40年だけで、「網走番外地」「続網走番外地」「網走番外地　望郷篇」「網走番外地　北海篇」と4本つくられた。しかも、このうち3本までもが、同年の日本映画界における配収ランキングのベストテンに顔を出しているのだ（「北海篇」に至っては、市川崑の「東京オリンピック」と黒澤明の「赤ひげ」に続く3位だった）。

翌41年も、シリーズ5、6、7作目にあたる「網走番外地　荒野の対決」「網走番外地　南国の対決」「網走番外地　大雪原の対決」と3本つくられ、3本とも配収ベストテン入りする快挙で、「大雪原の対決」はトップ、「南国の対決」は3位だった。

42年も同様に「網走番外地　決斗零下30度」「網走番外地　悪への挑戦」「網走番外地　吹雪の斗争」と3本つくられ、シリーズは3年で10本を数えた。

このシリーズの特徴は、雪のある冬には北海道で、逆に夏は、長崎（「望郷篇」）、沖縄（「南国の対決」）、福岡（「悪への挑戦」）など暑い地方でロケを行なっていることだ。つまり、寒いときは北海道、暑い時期には九州や沖縄でロケというのが定番になっていた。スタッフの苦労もひとかたならぬものがあったようだ。

石井輝男も、

《……三年間は「網走」に明け「網走」に暮れるという状態が続いた。雪の中の撮影という特殊性のためスタッフも雪中撮影に馴れたメンバーが要求され、それが続いたが、三年のうちには病気の人も出る。カメラマンが病気で倒れたりしたため網走グループのカメラ部助手から稲田、中島の二名の新カメラマンの誕生を見たことはスタッフ一同にとって嬉しい思い出のひとつである。その新人カメラマンを助けて仕事を推進して呉れた番外地十作品の皆勤者、藤田デザイナー、大野ライトマンのメリットも僕には忘れ難いものだ》（「映画芸術」昭和44年10月号）

と回想している。

このシリーズの進行主任をつとめたのは、1作目から7作目までが白濱汎城、8作目から10作目までが伊藤源郎である。

伊藤源郎は立教大学を卒業後、昭和34年に東映に入社、「十三人の刺客」「大殺陣」の監督工藤栄一を義兄に持ったこともあって、もともと時代劇監督志望であったが、東映から、

「いや、君は製作担当向きだ」

と製作部に配属された。5年目に、小林恒夫監督、鶴田浩二主演の2・26事件を扱った「銃殺」で初めて進行主任をつとめ、以後、いろんな作品に携わって「番外地」の担当となったのだった。だが、

「寒いときに北海道、暑いときに南国で撮影って、東宝なら逆じゃないか。そういう会社に入りたかったな（笑）」

冗談には違いないものの、ついそんなボヤキが出てしまうほど、番外地ロケは厳しく何かと大変であった。

まずロケ前の段階で、伊藤は組合を通して会社とこんな交渉から始めなければならなかった。

「零下30度のところへ行くわけだから、防寒着は必需品。それを各自前で用意しろというのはおかしい。会社でそろえるべきでしょ」

「いや、そこまでは出せない。旅館で湯たんぽ出してもらうくらいのことはしよう」

「そんなケチなこと言ってたらいい映画は撮れませんよ。カイロも買っていかなきゃならないし、向こうへ行ったらみんなで温かいものも食わなきゃいけない。極寒手当も出してください」

結局、防寒着も極寒手当もOKとなって、北海道ロケへ出発。8作目の「決斗零下30度」のロケ地は層雲峡で、何より現場では雪との戦いになった。地元の人たちの協力を仰がなければ、スムーズに撮影することもままならなかった。

なにしろ、朝起きたら夜通し降った雪のために道がないということもザラだった。前日に目的地へ行く道を教えられていても、先導車が来てくれないことには、どこがどこだかさっぱりわからなかった。

そのため、ロケのアウトラインのスケジュールを役場と地元の人に事前に知らせておく必要があった。

標識もないところで、雪が降ると何もわからなくなってしまうスタッフのために、地元の人の先導で、

「ここは人間は行けないよ。そっちには馬は入れないよ」

と教えてもらわないことには、どうにも動きがとれなかった。

また、馬を走らせるシーンを撮るにしても、雪のなかでは馬がうまく走れるわけがないから、スタッフと大勢の地元の人たちとでしっかりと雪固めをしなければならなかった。とくに高倉健の乗る馬はサラブレッドで脚も細かったので、より念入りに雪固めをする必要があった。

そうした段取りに手間どって、ときには「網走番外地」の準主役ともいうべき鬼寅役を演じた、戦前からの大スター・アラカンこと嵐寛寿郎といえども、出番が延び、長時間待たされることがあった。

それがいつまでたってもメドが立たず、旅館にこもったままでいなければならぬ状態になると、高倉健が伊藤源郎に、

「伊藤君、アラカンさんとこへ行ってお相手してあげて。退屈なさってるようだったら、

昔話でもしてあげたら……」

　と声をかけ、大先輩に気を遣った。健さんは伊藤源郎が学生時代から嵐寛寿郎ファンであることを知っていたからだった。伊藤にとって「鞍馬天狗」と「むっつり右門」は若き日の憧れのヒーローで、熱狂して映画館に通った経験があったのだ。

　伊藤は高倉健に言われた通り、嵐寛寿郎の部屋に行き、

「先生、すみません。いろいろと馬の段取りに手間どってまして……。撮影が予定通りいきません。もう少し待っていただけますか」

　と平身低頭して詫びた。

「はい、そらしょうがおへんな」

　アラカンは威張っているところはみじんもなかった。

　そこで伊藤は嵐の無聊《ぶりょう》を慰めるべく、昔、自分がいかに鞍馬天狗やむっつり右門にいれこんだか、といった話を中心に披露した。

「ほう、さよか」

　と聞いていたアラカンが、そのうちに、

「ワテのどこが好きでおましたか」

　と訊いてきた。

「はい。それはなんといっても、天狗もむっつり右門も実にストイックでかっこよかったですから。女には目もくれず、指一本触れないでわが道を行く。男の中の男というところが一番よかったですね」

と伊藤は答えた。

すると、アラカンは目を剝いてまくしたてた。

「君、何言うてまんのや。そら、映画のなかでは、天狗も右門も女には手を出さへん。けど、嵐寛寿郎は違いまんがな。生身の人間で、男やさかい、女が大好きでおまっせ。だいたいワテはこれで財産を全部放りだしたんやさかいな」

アラカンが右手の小指を立てて苦笑して見せた。

「先生、やめてください。そんなお話をお聞きしたら、私の頭のイメージがガラガラに崩れてしまいますから」

伊藤には初めて聞く話だった。

「ハハハ、あかん。せっかくやから聞いてかなあかんで」

往年の大スターは気さくで親しみやすかったが、一方で筋っぽく昔気質のきちんとした人だった。

1作目で初めて北海道ロケに参加し、旅館に現われたときも、嵐は監督やスタッフ、高

倉健の部屋を順に訪ね、

「嵐でございます。よろしくお願いします」

と正座して挨拶してまわったという。

これには高倉健も恐縮することしきりで、嵐に対し尊敬の念を抱き続けることになる。

第二章

昭和残侠伝　唐獅子牡丹

高所恐怖症でローアングル

「網走番外地」が登場したこの年――昭和40年、任俠映画台頭期における金字塔ともいうべき傑作が誕生している。

同年9月18日に封切られた加藤泰監督、鶴田浩二主演の「明治俠客伝　三代目襲名」である。

《「三代目襲名」は東映城の一匹狼加藤泰監督のまぎれもない力作である。ヤクザの否定あるいは肯定その辺の問答には一切御免蒙って明治ヤクザの存在そのものを克明に追求し、そこから明治という時代、権力に巧妙に吸収されていく蒼氓《そうぼう》のエネルギーの一つの様相を巧みに表現しえている》（石堂淑朗「日本読書新聞」昭和40年10月11日号）

何より主人公のヤクザ鶴田と薄幸の娼婦・藤純子との愛と葛藤を描いた男と女のドラマにもなっていて、夕景の川べりでのラブシーンがとりわけ美しく、純子が鶴田に、

「田舎の庭で、もいできたんだす」

と桃をソッと差しだすシーンは極めつき。

「沓掛時次郎　遊俠一匹」で池内淳子が渡し舟の中で中村錦之助に手渡す柿、「緋牡丹博

徒　お竜参上」でお竜役の藤純子と流れ者の菅原文太との雪の別れの場面、今戸橋の袂をコロコロころがるみかんのシーンとともに、加藤泰果物三大名場面としてつとに知られる。

もともとこの「明治侠客伝　三代目襲名」、当初は小沢茂弘監督が撮る予定であったという。ところが、その前の「関東やくざ者」（「続網走番外地」と併映）の撮影が終わって、スタッフの打ちあげの席上、小沢は俊藤浩滋とぶつかって干されてしまう。

小沢はこう述懐している。

《撮影が終わって、みんなで片山津温泉に行ったんですよ。そこでワシが目星を付けた芸者をこちらに寄越さないもんやから、ワシは酒グセが悪いんですよ。ワシが荒れて、俊藤さんが怒ったので、「俊藤がなんぼのもんじゃ」と》（「困った奴ちゃ」）

俊藤浩滋も「任侠映画伝」のなかで、そのいきさつを、

《ところが「明治侠客伝　三代目襲名」のとき、初めは小沢茂弘監督を予定していたんだけど、その前のシャシンの完成祝いで、さっき言うたような酒の席での不埒《ふらち》な言動（注・「酒が好きで、呑んだら最後、もう相手が大スターであろうが何だろうが、前後不覚になる」）でみんなに迷惑をかけたから、監督を替えることにした》

と述べている。

小沢茂弘監督作品に数多く出演し、鶴田浩二との共演も多い名バイプレイヤー・大木実

にも、こんな経験がある。

やはり、小沢、鶴田コンビの作品に出演したときのことだ。撮影が終わったある日、鶴田が監督やスタッフを招待して飲みに行くという話になり、大木実も、

「池も一緒に来いよ」

と鶴田から誘われたことがあった。池というのは、大木の本名である池田から来ており、二人はそんな心安い間柄でもあった。松竹時代からともに大曾根辰保監督を師とする兄弟弟子に当たったからで、年は大木が1つ上でも松竹では鶴田が1年先輩だった。

さて、一行が祇園のクラブに繰りだしたのはよかったが、酒もだいぶ入ったころ、鶴田と小沢が揉めだした。

小沢は鶴田に、

「もう撮影に来なくてええで」

と啖呵を切り、鶴田も、

「本当に行かなくてええんやな」

とやり返す。

「ええわい。そんなもん、来なくたって撮影できるわい」

「おお、上等やないか」

売り言葉に買い言葉で、鶴田はさっさと帰ってしまった。

翌日、大木実が京都撮影所に赴くと、控え室に小沢監督がいて蒼くなっている。

「鶴さんが来とらんのやけど、大木さん、オレ、ゆうべ、鶴さんに何か言ったかな？」

「来なくていいって言ったじゃないですか」

大木の答えに、小沢はギョッとした顔になり、

「オレ、そんなこと言ったの？」

とオロオロしている。昨夜のことはほとんど憶えていないようなのだ。

いずれにしろ、主役がいないのでは話にならなかった。

仕方なく小沢は俊藤のところへ行って、わけを話し、取りなしを頼んで鶴田に謝罪、事無きを得ている。午後からは鶴田も出て無事に撮影は行なわれたのだった。

癖のある監督といえば、「明治侠客伝　三代目襲名」の加藤泰も人後に落ちなかった。

どんな映画を撮ろうとローアングルに固執し、極端な場合はアスファルトでもツルハシで掘り返し、キャメラを据えて撮ったという。役者に対しても妥協せず、「三代目襲名」では初顔あわせの主役の鶴田とぶつかって互いに一歩も引かず、撮影が一時ストップした。

たまたま俊藤プロデューサーが現場を離れた留守中の出来事で、戻ってきた俊藤に、鶴田はこう訴えたという。

《「兄貴、まあ聞いてくれ。あんたも知ってるように、もう一週間になるけど、あの監督は芝居を何遍やっても、〃違いますねえ。もう一遍やってください〃〃う〜ん、もう一遍やってください〃と、そればっかりや。一週間辛抱していたけど、きょうは頭にきた。それで、〃あんたの望んでいるのはどういう演技なんだ。どういう芝居がしてほしいんだ。言うてみい。何でもやってやるから。それを言わんと、やってください、やってください、なんて、そんなもの演出家やない。それなら誰でも監督できるわい〃と。そしたら怒って帰ってしまいよったんや」》（「任俠映画伝」）

それでもこうした事態を収められるのは俊藤の他になく、結局、加藤、鶴田とともに、

「揉めてる場合やない。ちゃんと映画を撮ってくれな困る」

という俊藤の言葉に従って、撮影は間もなく再開されたのだが——。

この作品の擬斗《ぎと》を担当した殺陣《たて》師の上野隆三は、そんな監督と主役の対立を目のあたりにした一人だった。

ちょうど二人が揉める原因となったそのシーンを撮り終えると、次は立ちまわりの撮影が待っており、上野の出番であった。

その撮影に間にあわせるため、上野は外出先から急いで戻ってきた。この日は西京極球場で午前11時から東映京都撮影所内対抗野球の決勝戦が行なわれ、上野も選手として出場

したのだった。だが、野球を終え、撮影所に帰ってセットに入っても、誰もいないので上野は首を傾げた。

「どうしたんですか？」

とスタッフの一人に訊いてみると、

「加藤監督と鶴さん、意見あわんで揉めてしもて二人とも帰って、撮影中止や」

との答えで、

「なんや、そんなら急いで帰ってくることなかったなあ」

上野は思わず冗談をつぶやいた。

俊藤が二人の間に入ってなんとかうまく収め、撮影再開へとこぎつけたのだが、監督と主演俳優とは仲直りをしたわけではなかった。

その後、鶴田と仇役の大木実とがからむ殺陣のシーンになったとき、加藤泰は上野を呼んで、

「上野君、ここはリアルにやるためにはどうしても大木さんに本当に殴ってもらわなきゃなりませんよ」

という。鶴田に思いきり往復ビンタを喰らわせろといっているのだ。これには上野も、

〈おっ、お二人さん、まだ続いとるんやろか〉

と内心で苦笑せざるを得なかった。

「監督、それ違いますねん。この場面、本当に殴ったらかえって迫力でませんのや。逆に殴ったようにして力を抜いて、それにあわせて鶴田さんがこうパーンと返したほうがよろしおまっせ」

上野が身ぶり手ぶりをまじえて説明する。

「いや、殴るべきだ」

加藤も強情だった。

そのとき、鶴田はだいぶ離れたところで二人のやりとりを見ていて、話は聞こえないはずなのだが、

「おい、上野!」

と呼ぶので、

「はい、何ですか」

上野が駆けつけると、

「おお、上野、大木に殴らせていいぞ。本当に殴らんかい」

と話の中身がしっかりわかっているのだ。二人の様子からだいたい察しがついたのであろう。

「いや、あきまへん。殴ったら逆に迫力が出ないからダメです」

上野は殺陣師として譲れない主張を繰り返した。

「ほれ、主役があぁいうんだから殴りましょ」

鶴田の弁に勢いを得て、加藤も意地になって言うのだが、結局このシーンは実現しなかった。

そしてラストの鶴田の殴り込みシーン。走る貨物列車の屋根から、悪者どもの巣へ飛びこんで、そこから始まる派手な立ちまわり。鶴田は敵のボス役の大木実を刺し、その子分の安部徹がレールの上を逃げるのを懸命に追いかけていく。

このとき、鶴田が加藤泰によってどれほど走らされたか、そのハードさは半端なものではなかったようだ。

〈ありゃ、まだ続いてるのか。加藤監督もしつっこいなあ〉

と上野がつい思ってしまうほど、監督と主役との確執が続いているかのように見受けられるひとこまだった。事実、二人は揉めて以来、撮影終了までまともに口さえきかなかったのだ。

だが、それは傍らで見るほど次元の低い陰湿な戦いではなかったようだ。完成した作品が東映任侠路線初期の名作といわれるほど高い評価を受けたことでもそのことは明らかであろう。

俊藤浩滋がこう看破している。

《主役と監督が対立して仲直りせず、「芝居ってのはこうするんだ。あいつに負けてたまるか」「オレの思うような映画の演技を、お前、やってみい」と、たがいにエネルギーをぶつけ合うたことが、みごとにプラスになったのだろう》（前掲書）

ところで、監督独自の〝文体〟といってしまえばそれまでだが、加藤泰はなぜあれほどローアングルにこだわり続けたのだろうか。

上野隆三が一つの発見をしている。

あるとき、セットで加藤監督がどうしても高いところへのぼって撮らなければならない場面が出てきた。上野が下から盛んにけしかけた。

「監督、もっと上、上。一番高いところへ行ってください。監督、いつもキャメラの横で、オレの席や言うてんやから、行かなあかんでしょ」

その声に乗せられ、加藤が一段一段梯子をのぼっていったと思いきや、ある高さから上へは一歩も行けなくなった。ブツブツいいながら降りてきて、顔色も蒼くなっていた。高所恐怖症なのだ。

「ああ、そうか、それでローアングルが多いのか」

上野が思わず憎まれ口を叩くと、名匠は実に嫌な顔をするのだった。

「池部良のヤクザはいける！」

昭和40年は東映任侠路線にとってエポックメーキングともいえる年となった。4月、看板シリーズ「網走番外地」が登場し、名作「明治侠客伝　三代目襲名」が9月に公開され、続いて10月には、高倉健の最強ヒットシリーズとなる「昭和残侠伝」が封切られるのだ。これが東映任侠路線の隆盛を決定づける作品となったといっても過言ではあるまい。

唐獅子牡丹の刺青、高倉健の主題歌、ラストの殴り込みに向かう健さん扮する花田秀次郎と、池部良扮する風間重吉の男同士の道行きシーンであまりに有名なこのシリーズ、昭和40年から47年まで9本つくられ、大勢のファンの喝采を浴びた。

とりわけ圧倒的な支持を受けたのは、70年安保を目前にして全国的に燃えあがった大学紛争の高揚期、その学生運動の担い手たちからであった。

「何よりよかったのは、主人公が無類の強さでバッタバッタと敵を倒すのではなく、健さんのほうも必ず斬られたり撃たれたりして手傷を負う。まあ、背中の唐獅子牡丹を見せなきゃならないという映画上の必然性もあってのことだろうが、必ずひと太刀いれられる。

それでも、やられても最後は敵を倒す。そこに強い共感を覚えたのは、自分らの闘争とオーバーラップさせていたからかも知れない。あの映画を観てると、機動隊とのゲバルトにも勝てそうな気がしたもんですよ」

と全共闘運動体験者が振り返る。なかには大学本部を占拠して「インターナショナル」の代わりに「唐獅子牡丹」をスピーカーから流していたノンセクトグループもあったという。

映画のパターンは毎回ほとんど同じだった。暴虐の限りをつくすワル親分たちの仕打ちに我慢に我慢を重ね、あくまで仁義を守り、任侠道を貫こうとする花田秀次郎。が、最後の一線を越えたとき、堪忍袋の緒が切れ、決然と殴り込みを決意する。その敵陣への殴り込みの途上、ふっと現われ、秀次郎を待ち受ける風間重吉。

「御一緒させていただきます。ここで行かなきゃ、一宿一飯の恩義も知らないヤツと笑われます。男にしてやっておくんなさい」

黙って見交わす眼と眼。雪が舞うなか、男同士の相合傘で、敵陣へと向かう花田秀次郎と風間重吉。

タンタタタンタン……。

と「唐獅子牡丹」の前奏が始まり、健さんの主題歌がかぶさる道行きの名場面。

ここで観客のボルテージは最高潮に高まり、館内は興奮の坩堝《るつぼ》と化した。

「いよっ！　健さん！」

「待ってました！」

という掛け声、歓声、拍手が湧き起こり、館内は興奮の坩堝と化した。

全国あっちこっちの東映映画館の深夜興行で見られた馴染みの光景だった。

この「昭和残侠伝」の1作目が封切られ、「網走番外地」が登場し、「明治侠客伝　三代目襲名」が生まれた昭和40年という時代は、日韓闘争やベトナム反戦運動が盛りあがり、早大紛争に代表される、その後燎原の火のように全国に燃え広がった大学紛争の火の手があがった年でもあった。

この年10月、「明治侠客伝　三代目襲名」を観たという映画評論家の松田政男は、

《とにかく、すげえ傑作なんだ、と斎藤龍鳳は会うたびに言った。まだ見てないのかよ、おまえらは、と舌打ちする斎藤龍鳳にせきたてられた私たちは、その日、怱忙《そうぼう》のうちに一瞬の閑暇を見出して、はるか場末の今は名前さえ忘れてしまった小さな映画館の最終回に間に合うべく飛び出したのであった》（「シネアルバム藤純子」芳賀書店）

と述べ、当時の〝時代の臭い〟をもこう伝えている。

《「三代目襲名」を観た直後、私は、日韓闘争の渦中において、凶器準備集合罪適用の第

一号被疑者として逮捕された。別に、ヤクザ映画とゲバルト闘争の因縁を云々するわけではないが、奇妙な暗合が、私をして六〇年代末期の全共闘世代に先行せしめることになったことだけは確かであろう》

前年、京都撮影所で製作され、お盆興行で大ヒットした「日本侠客伝」を、今度は同じ高倉健でその東京撮影所版をつくろう――というのが、そもそもの「昭和残侠伝」の発想であったという。

《『日本侠客伝』は時代劇的な要素が強いのに対し、『昭和残侠伝』のほうはズバリやくざを描く現代ものとして企画した。鶴田浩二で『博徒』シリーズをやっていたから、高倉健でも正真正銘のやくざの映画を、という狙いや。それも、義理と人情のしがらみを究極まできりぎり追い詰めていって、どうにもならなくなるやくざの話をやってみよう、と》

(『任侠映画伝』)

アシスタントプロデューサーをつとめた吉田達は、俊藤から、

「『日本侠客伝』というのは明治時代の話や。これな、時代を昭和に書き直して同じにやれ」

といわれ、村尾昭、松本功、山本英明という3人の脚本家とともに、

「真似するのも嫌だなあ」

とボヤきつつ、うんうん唸りながらつくりあげたのが「昭和残侠伝」だった。ラストの高倉健と池部良の相合傘の道行きというのは、松本功と山本英明が工夫を凝らした最たるところで、それはシリーズ最大の呼びものシーンとなるほど当たったわけであった。

松本と山本が、

「根本は忠臣蔵であっても、ラストは忠臣蔵にしたくない。討ち入りは集団でなく、二人であってもおかしくないだろ」

と頭を捻ったのである。

もっとも、道行きにおける高倉健と池部良のセリフは、その世界に疎い二人の脚本家には手に負えず、

「そこはこういうふうに言わせい」

と教えてくれる俊藤浩滋の独壇場でもあった。

だが、「昭和残侠伝」の台本ができたとき、「日本侠客伝」を書いた脚本家の笠原和夫から吉田達に、

「あれはオレの盗作じゃないか」

とクレームがついた。

吉田がそのことを俊藤に伝えると、

「忠臣蔵を換骨奪胎してこういうプロットでやれと、ワシが笠原に言ってできたのが、『日本侠客伝』や。『昭和残侠伝』も同じや。そやから忠臣蔵からの盗作だって文句言われる筋あいはあるかも知らんけど、笠原には文句言わさんから気にせんでもええで」

と俊藤は答えた。

かくて記念すべき「昭和残侠伝」第1作は、監督が佐伯清、キャストは高倉健、池部良の他に、三田佳子、梅宮辰夫、松方弘樹、江原真二郎、菅原謙二、三遊亭円生、水島道太郎となかなかの豪華俳優陣であった。

脚本を書いた松本功は、池部良の風間重吉を当初、「重彦」と命名、俊藤から、

「ヤクザらしくない」

と一蹴されたのだが、まだ20代と若かったこともあって、

「けど、名前は親がつけるもので、最初からヤクザにしたいと思ってつけるわけじゃありませんから」

と反論すると、

「そんなもん、おまえ、理屈やないか」

と怒られ、重吉に変わったという経緯があった。

この風間重吉を演じた池部良が白眉で、「網走番外地」シリーズの鬼寅役の嵐寛寿郎同

様、シリーズの目玉ともいえるキャスティングとなったのだった。

吉田達は昭和10年、東京生まれ。昭和33年、慶応大学文学部仏文科卒業後、東映に入社した7期生。

入社4年目の37年夏、吉田は、前年9月に京都から東京撮影所長に赴任したばかりの岡田茂から、

「今度、アイ・ジョージを連れてくる人がいるから。その人はプロデュースイング、あまりよく知らないから、おまえ、アシスタントについて教えてやってくれないか。おまえはまだ若いけど、一応知っとるからな。頼むぞ」

と声をかけられた。

近々東京撮影所で製作が予定されていた近藤節也監督の「アイ・ジョージ物語　太陽の子」を企画した人で、この作品で初めてプロデュースも手がけるのだという。それが吉田より18歳年上の俊藤浩滋であった。

以来、吉田は俊藤についてアシスタントプロデューサーをつとめるようになり、3年後、「昭和残侠伝」でもコンビを組んだのだった。

俊藤は単にプロデューサーとして力があるだけでなく、吉田の目から見ても、つねに映画のことばかり考えている大変な勉強家でもあった。

「昭和残侠伝」を製作する前年春のとある日、吉田は俊藤から、

「おい、達、昨日なあ、オレは松竹の映画を観てきたんやが、いけるでえ。これ、見てみい、このパンフレット」

と手渡されたパンフを見ると、黒い背広を着て博奕場の隅っこで、壁にボヤッともたれている池部良が写っていた。

篠田正浩監督、池部良主演の松竹映画「乾いた花」であった。石原慎太郎の原作で、脚本は馬場当と篠田正浩だった。妖艶な魅力で人気の女優加賀まりこも出ていた。

「私は見てませんが、どうだったですか？」

「ああ、面白かったでえ。池部良がええんや。ニヒルなヤクザでな。おまえももっと勉強せなあかんで。うん、池部良のヤクザはいける。鶴田にも通じる男の色気を感じさせる役者やなあ」

「はあ、池部良のヤクザですか……意外性がありますねえ」

「そこがええんやないか」

このときの会話が、のちに「昭和残侠伝」をつくるにあたって、まさに伏線となった。

「昭和残侠伝」を企画したとき、俊藤は吉田に、

「池部さんにぜひ出てもらわな。健ちゃんがなあ、青い着流しや。池部さんになあ、誰も

着とらんぜ、黒い着流しを着てもらうんや」

と熱っぽく語った。

そのため、俊藤は松竹の大船撮影所まで出向いて池部良と会い、直談判に及んだ。

《「池部はん、これこれこういう映画で、ぜひあなたに出てもらいたい。あなた以外にこの役をできる人はいません」

私は誠心誠意、懸命に説明した。

「いやあ、僕はそんなものに向かないよ」

「いえ、絶対大丈夫です」

「そう言われてもねえ」

池部良はまるでその気がなく、押し問答が続いた》（前掲書）

池部良も日本経済新聞の「私の履歴書」で、俊藤から「高倉健を男にしてもらえへんか」と口説かれたいきさつを述べ、

《「昭和の初期辺りまで、残っていた筋の通ったやくざ、侠客、ですがな。暴力団とは違いまっせ。義理と人情と掟には、心が厚いんですわ。言うてみれば、日本人の男は、そないな心の故郷を持っていると思います。それに男と男の友情を重ねたストーリーを池部はんと高倉とで演ってもらいたい」》

との俊藤の熱き思いを伝えている。

だが、なかなか池部から色よい返事はもらえなかった。

仁義を切ってぎっくり腰に

俊藤浩滋は池部良に何度断わられてもあきらめなかった。

「昭和残侠伝」の風間重吉役は池部良をおいて他にいない、との一念からだった。

俊藤は、プロデューサーの吉田達の他に、同作品で進行主任をつとめた伊藤源郎にも、

「ゲンロウ、池部はんは大学の先輩だったろ。じゃあ、一緒に来いや」

と声をかけ、3人で東京・赤坂のホテルニュージャパンにあった池部良の事務所にも何度か通った。

伊藤は源郎と書いて「もとお」という名だったのだが、映画人の習性で「ゲンロウ」の愛称で通っていた。池部は同じ立教大学の大先輩であった。

池部良といえば、「青い山脈」「暁の脱走」「雪国」などの文芸物で知られる東宝の二枚目スターであり、およそ着流しのヤクザの役など、いまだ演じたことはなかったし、誰にも考えられない発想であっただろう。まして日本俳優協会の理事長をつとめていることも

あって、池部はヤクザ役ということに二の足を踏んだようだった。

そんな池部の出演交渉に、俊藤、吉田という二人のプロデューサーについていった伊藤源郎が、何度か通っているうちに心安くなったこともあり、

「先輩、そこをなんとかお願いしますよ」

と口を出すと、池部は苦笑しながら、

「おまえは黙ってろ」

とピシャッとはねつけた。池部は伊藤が大学の後輩であることを知って、かわいがるようになっていた。

俊藤と吉田が帰ったあとも、池部は伊藤を事務所に残し、

「ゲンちゃんよ、どうなんだろうな。僕のイメージとだいぶ違うと思うんだがなあ」

と訊いてきた。

「先輩、お願いしますよ。健さんとは違う雰囲気、鶴田さんとも違う雰囲気で、たまにはこういうのもいいんじゃないですか」

伊藤もここぞと力説し、改めて頼みこんだが、

「う～ん」

と池部はいまひとつ気乗りしない様子だった。

何度アタックしても池部から色よい返事をもらえなかったが、俊藤には池部以外のキャスティングは考えられなかったようだ。

そんな最中、東京撮影所に出勤した吉田達は、京都にいた俊藤から、

「おい、達、おまえ、いまからすぐ新幹線でこっちに飛んでこい」

との電話を受けた。

「はあ、何か……」

「今晩な、池部さんが奥さんと二人で『ロジエ』で食事するという情報を得たから、オレとおまえがそこへメシ食いに行って、偶然出会ったようにして会おう」

と俊藤は意気ごんで言った。

「ロジエ」というのは、フランスに本店がある有名なフランス料理店であった。東京・六本木に支店があり、京都にも支店ができたばかりだったのだ。

「わかりました」

吉田はすぐに東京駅へと向かい、京都行きの東海道新幹線へと飛び乗った。

その夜、京都で落ちあった俊藤と吉田は、計画通り「ロジエ」へと出かけた。すでにテーブルにすわっていた池部夫妻を見つけるや、二人は、

「あっ、これはこれはどうも……」

さも偶然を装った、役者顔負けの演技をして近づいた。

「池部さん、こんなところで何ですけど、もういい加減、オーケーですと言ってもらえまへんか。この役は池部さん以外に考えられまへん」

と、もう何度目になるかわからぬ口説き文句を述べた。

すると、池部と対座する夫人が、

「あなた、役者冥利じゃないですか。これだけ俊藤さんと吉田さんから追いかけていただいて……」

夫に声をかけると、池部は、

「バカヤロー、女は仕事に口を出すな。オレはもうやるつもりでいたんだ」

ときっぱりと答えた。池部の風間重吉が誕生した瞬間だった。

池部良の出番は、クランクインして4日目、折り目正しい渡世人の風間重吉が、浅草の老舗テキヤ一家に客人としてワラジを脱ぎ、仁義を切るシーンから始まった。

時代背景は終戦直後、高倉健はこの一家の五代目を継承することになるのだが、まだ戦争から帰ってきていないという設定である。池部の仁義を受けるのは、一家の代貸役菅原謙二のち謙次だった。

「御当家、軒下の仁義、失礼ですが、お控えなすって」

その筋の専門の人からみっちり手ほどきを受けて、池部は長台詞の仁義を延々と行い、撮影は午前中いっぱいかかった。

撮影中、池部はずっと中腰のままだったので、

「腰が動かなくなってしまったよ」

と撮影終了後、俳優控え室に戻ってから腰の異常を訴えた。姿勢のいい役しかやったことのない天下の二枚目スターが、いきなり腰をかがめて仁義を切ったのだから無理もなかった。

進行主任の伊藤源郎は、あわてて俳優控え室に出向いて、

「先輩、どうしました？ 大丈夫ですか？」

と池部を気遣った。池部は、

「おまえな、いい加減にしろよ。初日からこれはねえだろう。オレは動けねえぞ」

ぎっくり腰になってしまったというのだ。

「わかりました。スケジュールを2、3日ずらしますから、ゆっくり休んでください。鍼《しん》灸《きゅう》でも何でも行ってきてください」

池部は翌日も出番があったのだが、とても無理と判断した伊藤は、大事をとってもらうことにした。

「先輩、先は長いんですからお大事にしてください」

伊藤は東京撮影所から車で帰る池部を見送りながら、念を押すのを忘れなかった。

そんなアクシデントもあったが、概して池部は初めての東映の雰囲気を気に入り、大いに触発されるところもあったようだ。

初めて共演した高倉健は礼儀正しく、長幼の序をわきまえ先輩に対して直立不動で接する姿には何より好感が持てた。また、鶴田浩二も撮影所に顔を出し、「先輩」と立ててくれるのだから、悪い気はしなかった。

それでなくても、鶴田は東宝時代、池部のことで三船敏郎と大喧嘩をしているのだ。池部が撮影所で使っていた専用の大きな部屋に三船が無断で入り使用しているというので、鶴田が、

「バカヤロ、おまえ、よくそこへ平気で入ってるな」

と怒鳴ったのだ。何のことかわからず、

「何で入ってたら悪いんだ」

という三船に、

「そこはなあ、池部先輩がいた部屋だよ。いくら先輩の出番が減って最近は使ってないといっても、あとのヤツは遠慮すべきだろ」

と鶴田は主張した。

東映へ来ても、高倉や鶴田が立ててくれることもあって、池部はつい、

「うれしいねえ」

と吉田に漏らしている。

「ただ、君たち、プロデューサーには知性がなくてねえ」

とよく冗談を言ったのは、吉田の〝東京プリンスホテル事件〟があったからだ。たまたま池部に呼びだされて撮影所から同ホテルへ駆けつけたとき、吉田はスリッパ履きのままだったので、中へ入れてもらえなかったことがあった。すると、ホテルから、

「何やってんの」と池部が出てきて、

「たまんないなあ。君、慶応出てるんだろ。ホテルへそんなスリッパでペタペタと……」

と呆れ、それ以来、

「東映のプロデューサーはインテリジェンスがない」

とからかうようになったのだ

いずれにせよ、「昭和残侠伝」の風間重吉役は、俳優池部良の新境地を切り開いたのは間違いなかったであろう。撮影が終わって、初号試写会があったとき、池部は俊藤浩滋に、

「いやあ、出演させてもらってよかったですよ。ありがとうございました」

と礼を述べている。

後年、テレビ朝日で池部が淡島千景と連続ドラマの共演をしていたとき、吉田達はテレビ局で池部と会う機会があった。池部は吉田に、

「達ちゃん、オレは俊藤さんに、『お陰で仕事の役柄が文学青年にヤクザが加わって倍になった』ってお礼を言ったけど、淡島さんにはね、目つきが悪くなったって言われてるんだよ。普通の青年の役をやってるのに、普通の青年の目つきじゃない、って毎週言われてるよ」

と苦笑したものだ。

池部自身、「昭和残俠伝」の思い出をこう述べている。

《「日本刀を持ち、傘をさす、といったときの手の位置とか、歩く間合い、そうした演技の様式をマキノ雅弘監督や佐伯清監督に改めて学びました。第一作では十人以上のやくざを相手に大立ち回りをやり、最後は悪玉の大将の山本麟一の腹に出刃包丁を突き刺すんですが、山本くんは大男で力も強く、木に銀紙を張った出刃を握り締めて割ってしまった。そのラストシーンで、監督が〝カット！　ＯＫ〟と言った途端、セットにいた撮影助手、照明助手、大道具小道具のスタッフから拍手が起こった。東宝では拍手なんて一度も経験したことがなく、これが東映か、と感激しました」》（松島利行「風雲映画城」講談社）

力が強いのも道理で、山本麟一という役者は、健さんと同じ明治大学で1年先輩の相撲部の出身だった。

立ちまわりのシーンでは、池部はこの山本麟一に出刃包丁で刺されたあと、それを奪いとって突き刺すことになるのだが、

「何だよ、最初と約束が違うじゃないか。オレだって刀で斬られたいのに、なんで出刃包丁なんだ」

と心安い後輩の伊藤源郎にボヤいた。

「刀より出刃包丁がいいんじゃないか」

とは俊藤浩滋のアイデアだった。

なにしろ本人は加減しているつもりでも、相撲部出身の力だから、テスト・本番と何度も突かれ、池部は本当に痛がった。

「オレはもう二度と出ねえからな。これは芝居じゃないじゃないか。本物だ。痛いよ」

とおどけながらも顔をしかめ、本番を撮り終えたあとも、

「おい、撮影部、大丈夫だろうな、フィルムのほうは。もう1回、ってってもやらねえからな」

と冗談を飛ばした。

こんな天下の二枚目俳優池部良の体を張った演技も、「昭和残侠伝」が大ヒットした一因であったのは確かなところだろう。

「アホらし。俺は撮らん!」

最強のヒットシリーズ「昭和残侠伝」を一躍有名にしたのは、高倉健と池部良の道行き、主題歌、唐獅子牡丹の刺青――の3点セットであったろうか。

♪義理と人情を　秤にかけりゃ　義理が重たい　男の世界

で知られる主題歌「唐獅子牡丹」は、水城一狼という東映の大部屋俳優が作詞作曲したものだった。

「昭和残侠伝」がクランクインし、何日か経ったある日、東京撮影所の第9ステージで健さんやスタッフが撮影を終えひと休みしていたとき、

「歌でもいってみようか」

という雰囲気になって、水城一狼が歌ったのが、自作の「唐獅子牡丹」であった。

「いいなあ。今度のシャシンにイメージがピッタリや。最高の主題歌じゃないか」

俊藤浩滋が感心し、すぐに「昭和残侠伝」の主題歌に決めたのである。

♪幼馴染みの　観音様にゃ俺の心もお見通し　背中で吼えてる唐獅子牡丹

「よし、健坊、背中に刺青入れるぞ」

俊藤がいった。かくて、高倉健が入れる刺青の図柄も、唐獅子牡丹と決まったのだった。つまり、刺青から歌が生まれたのではなく、最初に歌があって、そこから出てきた唐獅子牡丹であった。

主題歌も健さんが歌うことになったのだが、すでに「網走番外地」を歌ってヒットさせていたとはいえ、歌は決して得意ではなかった。かといって手抜きができる性分ではなく、ダビングの際も納得できるまで何時間でも歌い続けるのが、高倉健だった。

「オーケー」

となっても、そのテープを家に持って帰ってひそかに練習するのだ。

翌日、プロデューサーの吉田達に、

「達ちゃん、カミさんにテープを聴かせたら、これじゃどうしようもないっていうんでレッスンしたよ。で、少しはよくなったから、もう1回ダビングをやり直させてくれないか。俊藤さんにお願いしてよ」

と、そっと頼むのだった。

「カミさん」というのは、いわずと知れた江利チエミである。

名歌手・江利チエミの特訓の甲斐あって、その日の健さんの「唐獅子牡丹」は、昨日と違って少しも下手ではなかった。健さん独特の唸るような感じが消え、まるで別人のように滑らかなきれいな歌いかたに変わっていたのだ。だが、俊藤浩滋は首をかしげ、

「ちょっと待ってや。健ちゃん、もう1回、昨日の『オーケー』のヤツを聴いてくれや。そら、チエミちゃんは歌手で、オレらはプロデューサーに過ぎん。けど、昨日のほうがいい。下手な高倉健がピカ一だ。こんなにうまくなってしもたら、北島サブちゃんと区別がない。健ちゃんはもっと下手に唸って歌うのがぜんぜんいいよ。どうや、健ちゃん」

といい、高倉健ばかりか、他のスタッフにも、

「どうやろ、監督？　達、どうや？」

と意見を求めた。

実は他の者の感想も、みな俊藤と同じであった。

吉田達も、

「健さん、申しわけない。下手くそな健さんのほうがいいですね」

と答え、高倉を苦笑いさせている。

レコード会社も「網走番外地」に次ぐ二匹目のドジョウを狙って、

「ぜひ高倉健さんの『唐獅子牡丹』をうちで出させてください」

と3社くらいが訪ねてきた。俊藤に言われて吉田達が応対に出て、

「すみません、高倉は絶対にイヤだと言ってますので」

と断わると、レコード会社のほうは、まさかレコーディングを嫌がっているとは思わぬから、提示している金額が不満なのだろうと勝手に解釈して帰るのだ。

1週間後、再び訪ねてきて、

「吉田さん、会社も損得を度外視して、片面10円でやらさせていただきますから」

「はあ、10円？」

「だから、裕次郎さんと同じ特別額ですよ」

レコードの印税のことだった。当時は本物の歌手でさえ3円が最高額であったという。

高倉健が映画で歌った主題歌は、水城一狼の作詞ではない別の歌詞で、監督の佐伯清作詞とクレジットされている。が、実際はダビングのとき、健さんをはじめ吉田達や3人の助監督が頭をひねって考えたアドリブだった。

道行きのときに流れるのは、

♪親にもらった大事な肌を墨で汚して白刃の下に　積り重ねた不孝の数を……

との歌詞で、途中、池部良が現われると、

♪白を黒だといわせることも　所詮畳じゃ死ねないことも　百も承知のヤクザな稼業

……

と道行きで二節、最初のタイトルバックで一節、あわせて三節を健さんは歌っている。

実は、この歌が入る道行きのシーンというのは、監督の佐伯清は当初、まるで乗り気ではなかったという。

「そんなアホなもん撮れるかい」

と撮ろうとしなかったのだ。東京撮影所長の今田智憲がそれをなだめて、

「いや、先生、そんなことをいわないで」

といっても、

「アホらし。歌謡映画じゃないんだから、オレは撮らんよ」

とさっさと帰ってしまった。佐伯清は、どんな大スターであれ、撮影に遅刻すれば叱り飛ばすような気骨ある監督として知られていた。

この「昭和残映伝」1作目のチーフ助監督をつとめたのが、後年、高倉健とのコンビで「冬の華」「居酒屋兆治」「あ・うん」「鉄道員《ぽっぽや》」「ホタル」「あなたへ」など数々の秀作を撮る降旗康男で、翌日、今田は降旗に、

「もういっぺん監督に頼みにゆくから一緒に行ってくれ」

と同行を求めてきた。

「けど、所長、僕らは何もいいませんよ」

との条件で降旗もお伴し、今田が、

「先生、もう日にちもないですから、なんとかお願いしますよ」

と再び頼むと、佐伯は、

「もう勝手にせえや。おまえたちで撮れ」

という話になって、結局、「おまえたち」——降旗康男助監督と星島一郎キャメラマンとで撮ったのが、あの歌がかぶるなか、高倉健と池部良とが肩を並べて死地に赴く道行きのシーンである。

オープンセットの草っ原で、舞台で正面から当てるスポットライトを使って、肩を並べて歩く健さんと池部良の姿を、歌一節分、キャメラがずっと追った。それはさながら歌舞伎の花道、新橋演舞場の舞台劇の世界であった。

そのクサさに、さすがに佐伯監督ならずとも、吉田達やスタッフも、

「ホントかいな」

と面映ゆがったが、

「構わん。もうこうなったら舞台の世界やあ」

と俊藤浩滋がノッた。

封切られると、観客に一番受けたのも、このシーンだった。

「先生、劇場でお客さんから拍手がきましたよ」

今田智憲が佐伯清に得意げに報告したものだった。

「昭和残侠伝」のラストの殴り込みシーンの撮影は、高倉健の希望で、必ず最後、クランクアップの日になるのがつねだった。

健さんは、その前の3日間を休んで、ボディビルのジムへこもり、きっちり逆三角形の筋肉と体力をつくってくるのだ。

その筋肉質の肉体に唐獅子牡丹の刺青が鮮やかに映え、立ちまわりも迫力を増した。刺青を描くのは刺青絵師と呼ばれる職人スタッフで、1作目のときは約6時間かけて仕あげた。

そのため、健さんも当日は朝6時に撮影所入りするのだが、彼は極端に朝が弱かった。

クランクインしてからも、進行主任の伊藤源郎に、

「ゲンちゃん、池部さん、明日、何時開始？」

とよく訊いたのは、大先輩より遅れたらまずいと気にしているからだった。

「健さんと同じ10時になってますけど」

と伊藤が答えると、

「まいったなあ、池部さん、10時半にならないか」

というほど、朝は弱く、池部良より遅刻してきたことも1、2度あった。

「ゲンちゃん、池部さん、来てる？」

恐る恐る訊く健さんに、わずかの遅れでしかなくても、

「来てますよ、1時間前に」

と、伊藤もわざと意地悪く答えた。

「えっ、まずいなあ」

聞くなり高倉健は恐縮し、池部良の控え室に急ぎ、

「お早うございます。遅れてすいません」

と頭を下げると、池部は、

「いいんだ。東宝のときは三橋達也が遅くてね、怒鳴ったことがあるんだけど、気にしなくていいよ」

と鷹揚に答えた。

「明日から遅れないようにします」

たまたまその場面を目撃した伊藤源郎は、後年、「新網走番外地」で進行主任をつとめたとき、三橋達也がゲスト出演したので、

「三橋さん、東宝じゃ池部さんは遅れたことがなかったそうですね」

と訊いてみた。

三橋の答えは、

「冗談言うなよ、伊藤君。彼は毎日遅れてたよ」

というものだった。

それはともかく、クランクアップの日、スタッフは朝の弱い高倉健のため家まで車で迎えに行き、そのまま撮影所まで連れてくることになる。

健さんは撮影所入りするや、上半身裸となり、控え室に敷かれた布団にうつぶせになるのだ。準備万端、待ち構えていた刺青絵師がすぐに筆をとり、その背中をキャンバスにして唐獅子牡丹を描き始める。その間、朝6時から正午まで約6時間。本物のヤクザ者は刺青のことを〝ガマン〟とも呼ぶが、6時間もの間、背中を筆でくすぐられ続ける高倉健も大変な我慢には違いなかった。

さて、その筋骨隆々の肉体に唐獅子牡丹が完成したところで、一同は食事をとり、小休止のあとで、午後1時から撮影の開始となる。映画のクライマックスであるラストの殴り込みシーンを、翌朝6時までかけ、一挙に徹夜で撮影するのだ。

夜中の12時ごろになると、大勢のスタッフや役者のために、進行主任の伊藤源郎をはじめ製作部スタッフは大量に夜食のトン汁をつくった。伊藤は「網走番外地」シリーズでも8作目から進行主任をつとめ、雪の北海道でトン汁をつくる機会が多かった。

伊藤はよく冗談で、

「映画やめたらトン汁屋やろうか」

と言って笑った。

高倉の怒りは観客の怒り

「昭和残侠伝」の1作目の脚本を担当したのは、村尾昭、松本功、山本英明の3人だが、2作目の「昭和残侠伝　唐獅子牡丹」、3作目の「昭和残侠伝　一匹狼」は、松本功と山本英明の2人が脚本を書いた。

松本功と山本英明は、昭和34年に東映に入社した同期で、花の8期生ともいわれ、他に中島貞夫、山口和彦、内藤誠、鳥居元宏といった面々が同期入社組である。

松本功、山本英明の脚本デビュー作品はやはり二人の共作で、村山新治監督、水木襄主演の青春映画「二人だけの太陽」であった。「昭和残侠伝」は二人にとって2作目、ともに入社7年目、29歳のときだった。

松本と山本は「昭和残俠伝」に限らず、以後もコンビを組むことが多く、「解散式」「不良番長」シリーズ（16本）、「神戸国際ギャング」など、数々の作品を手がけている。同期で息もあい、名コンビぶりを発揮し、脚本を書くときは二人して旅館に缶詰めになったから、

「あいつら、ホモと違うか」

などと冗談を飛ばす者もあったほどだ。

「昭和残俠伝」の1作目こそ、「博徒」や「日本俠客伝」を書き、二人以上にヤクザ社会にくわしい村尾昭との共同脚本であったが、その出来を見た会社から、

「若手でも結構やれるじゃないか。2作目からはおまえら二人でやれ」

と松本と山本が指名されたのである。

高倉健演じる主人公の役名が花田秀次郎となったのは2作目からだが（シリーズ9本中、1作目と3作目だけが別の名前）、これは山本英明の命名だった。大学の同級生に同姓同名の者がいて、

「おっ、ぴったりだ」

とそのまま拝借したのだった。

1作目は浅草を舞台にした老舗テキヤ一家の話であったが、松本と山本は、

「もう一家内の話は嫌だから、2作目は主人公を旅に出してしまおう」

ということで意見が一致した。

かくて2作目は花田秀次郎を栃木県宇都宮の一家にワラジを脱がせることにしたのである。

ちなみに二人とも主人公を旅に出させる話が好きで、それに固執したから、3作目も千葉の漁港、5作目の「昭和残俠伝　唐獅子仁義」でも信州が舞台となっている。つまり、二人が脚本を担当した「昭和残俠伝」シリーズは、すべて故郷の浅草を離れた〝旅もの〟となっているわけである。

「昭和残俠伝」を書くために二人がこもったのは東京・目黒の「佐々木」という旅館で、映画やテレビの脚本家や作家がよく使っていた。

松本と山本の隣りの部屋にも、やはり二人組が缶詰めになっており、その執筆作業はずいぶん早かった。なぜわかるかというと、安旅館のため隣りの部屋の音が筒抜けになり、

「シュッ、シュッ」

と、次々に原稿用紙をめくる音が聞こえてきたからだった。

〈いやあ、お隣りさんは筆が早いなあ〜〉

遅々として筆が進まぬ松本と山本は、顔を見あわせてため息をついた。

この隣りの部屋の客人こそ、NHKテレビの子ども向け人形劇「ひょっこりひょうたん島」の脚本を書いていた井上ひさしと山元護久であった。遅筆で有名な井上ひさしも当時は筆が早かったのか、あるいは山元護久だけが早かったのか、定かではない。

それにしても、「昭和残侠伝」と「ひょっこりひょうたん島」！　同じ旅館の隣りあわせの部屋から生まれたというのが、なんとも面白い。

普通、シナリオの共作の場合、大まかには前半と後半に分けて分担するとか、1、2、3、4と起承転結に分けて、1、3を片方が、2、4をもう一人が書くということになるのだが、松本、山本のコンビネーションはさらにその上をいっていた。

ワンシーンを半分ずつ書いたり、あるいはワンシーンごとに競作して面白いほうにするというふうに、自由自在で息もぴったりだったのだ。

二人はデビュー作が青春映画で、続く2作目が任侠映画となって、その世界のことがさっぱりわからず、ヤクザの所作からセリフまでプロデューサーの俊藤浩滋に教わることが多かった。

松本は俊藤とは「昭和残侠伝」以前に、俊藤の初プロデュース作品「アイ・ジョージ物語　太陽の子」で出会っていた。

たまたま松本が東映の社員として映倫の担当だったからで、同作品と映倫との間で、一部フィルムを切る切らないで少し揉めたことがあったのだ。むろん監督の近藤節也とすれば、そこはどうしても切りたくない箇所だった。

そこでちょっとしたすったもんだがあったとき、

「そんなもん、審査員のいうことなんか、聞かなくてもええがな」

と監督に与《くみ》して、強硬な意見を述べる者があった。

〈うわあ、えらい元気な人がいるなあ〉

と、まだ若い松本は恐れを抱き、刮目《かつもく》してその貫禄ある人物を見た。

〈おっかない人やなあ〉

強く印象に残ったのである。

その人が、俊藤浩滋であった。

「昭和残侠伝」の打ちあわせのときも、松本、山本という二人の若い脚本家は、俊藤に終始圧倒されっ放しだった。その全身から、映画に燃やす情熱、意気込みが伝わってきたのである。

話をしていても、若い二人にすれば、ブワーッという熱風が押し寄せてくる感じで、山本英明など、俊藤と会うとなると、精神安定剤を服用して臨んだほどだった。

後年、任侠映画ブームの最中、高倉健の、

「死んでもらいます」

が一躍流行語にさえなり、シリーズ7作目では「昭和残侠伝 死んで貰います」とそのままタイトルとさえなったが、このセリフが初めて登場したのは、シリーズ1作目の「昭和残侠伝」であった。

このセリフこそ、松本と山本が考えだしたオリジナルのものだった。

悪玉ヤクザたちの度重なる理不尽な仕打ちにもじっと耐え、我慢に我慢を重ね、最後に堪忍袋の緒を切って敵方に殴り込み、一番のワル親分を追いつめたとき、高倉健がたったひと言、口にするセリフだ。

「もう能書きはいっさいいらないんじゃないか。時代劇みたいに、おまえはこれこれこういう、許されざる悪業の数々をなしてきた、よって、おまえを成敗する——なんてセリフは必要ないよ。もう客がすべて見てきているわけだから。それはやめよう。死んでもらうぜ——最後はこれだけでいいよ」

と二人で決めたのである。

実際、それだけで充分であった。高倉健の怒りは映画館の観客全員のものだった。まさにそのとき、高倉健がワル親分を追いつめ、

「死んでもらうぜ」

と発するや、観客が、

「ようし！」

「そうだ！」

合いの手をいれ、掛け声を送り、あまつさえ大勢の者が椅子の上に立ちあがるのを、松本は深夜映画館で目のあたりにしたものだった。

客がみんな立ちあがるものだから、前が見えなくなり、安物の椅子がバリバリ壊れた。どういうわけか、松本が行ったときは、2階から胡椒まで降ってきて、クシュンクシュンとやりだす者も続出して、館内はお祭り騒ぎになるのだった。

シリーズ2作目「昭和残侠伝　唐獅子牡丹」では、花田秀次郎がワラジを脱いだ先が、水島道太郎ひきいる悪玉ヤクザの一家だった。

一宿一飯の義理から、秀次郎は心ならずも石切場を仕切る善玉親分・菅原謙二を斬るハメになる。その忘れ形見の男の子を抱えた未亡人役が三田佳子である。

出所後、秀次郎は、その未亡人の一家に対して、石切場を狙う悪玉ヤクザが次々と卑劣な仕打ちを仕掛けるのを目にする。それを陰になり日向になって助けることになるのだが、母子に自分が仇とはなかなか名のれない。

長谷川伸の「沓掛時次郎」の世界が繰り広げられるわけである。

この作品で、三田佳子を姐とする一家の若い衆役を演じたのが、当時、売り出し中の若手俳優・岡崎二朗であった。

岡崎は前々年の昭和39年、深作欣二監督、高倉健主演、三國連太郎、北大路欣也らが共演した東映映画「狼と豚と人間」でデビュー。高倉健とは2度目の共演となった。

大学時代に東映からスカウトされた岡崎二朗は、不良学生あがりで、撮影所でも新人らしからぬ態度でツッパっていたから、

「あのヤロー、生意気な新人だな」

と先輩たちから睨まれ、いじめられることにもなった。

デビュー作の「狼と豚と人間」のときも、不良少年の役で、縛られてリンチを受けるシーンがあり、そこで本当に殴ったりツバを吐く者もいたほどである。

だが、そのとき、休憩になって縛られたままでいる岡崎に、

「煙草、喫うか？」

と声をかけてくれる大部屋俳優がいた。ヘビースモーカーの岡崎は、

〈ああ、煙草が喫いてえなあ〉

と思っていたときだっただけに、どれだけうれしかったことか。

その大部屋俳優は、縛られている岡崎に代わって火まで点けてくれる。

「あっ、どうも」

その煙草はいつにも増して旨かった。

〈それにしても、バカに親切な人だなあ〉

と岡崎は感激していた。

そのうちに撮影が終わって食事の時間になったが、先輩のいじめは続いていて、誰も岡崎の縄をほどいてくれなかった。

しばらく置き去りにされたままでいる岡崎のもとに、縄をほどきに来てくれたのも、さっき煙草をくれた俳優だった。

岡崎は縄を解かれると、俳優に礼をいい、最前喫って足でもみ消した煙草の吸殻を見てみた。「ケント」だった。

〈あっ、健さんだな〉

岡崎はピンときた。それは高倉健しか喫っていない煙草の銘柄だったのだ。

このとき岡崎には、高倉健がさっきの俳優に、

「岡崎に煙草を持っていって喫わしてやれ」

「縄をほどいてやれ」

と命じたのだということが即座にわかったのである。

その健さんの心遣いが、岡崎にはなんとも身に沁みてありがたくてならなかった。

初対面の三船敏郎に心酔

岡崎二朗にとって、人を介して高倉健からもらった煙草がとりわけ旨かったのは、撮影所は禁煙になっていて喫うこともままならなかったからだ。

なぜか高倉健の喫煙だけは大目に見られていた。

あるとき、そうとは知らない俳優が、煙草を喫っていて、

「困ります。禁煙ですよ。煙草はやめてください」

と守衛から注意されたことがあった。

「えっ、だって、健さんが喫ってるじゃないか」

と、その俳優が言い返すと、守衛は心得たもので、

「健さんは撮影所を全焼させても弁償できるんですよ。あなたはできますか」

と、相手が苦笑せざるを得ないようなことを言ってのけるのだった。

「狼と豚と人間」でデビューした岡崎が、初めて高倉健と顔をあわせたのは、東京撮影所入りしたときのこと。撮影所の中庭で休んでいると、当時は見たこともないような外車が

入ってきたので、

〈おお、すげえクルマだなあ〉

と思って眺めていると、その車から降りたった男を見て、岡崎は、

〈ああ、カッコいいなあ！　こりゃ、やっぱり大スターだ〉

と内心で歓声をあげた。

それが高倉健であった。

その姿・雰囲気だけで圧倒的な存在感があり、誰にも真似できようもない、スターの風格がただよっていた。

それでいて少しもスターぶったところはなく、

「お早うございます」

と挨拶すれば、誰にでも、

「お早う」

と返してくれるのが高倉健だった。

寡黙でストイックという、皆が知る後年の高倉健像とは違って、そのころはいたずら好きでヤンチャなところが多分にあったようだ。

初共演のとき、岡崎が驚いたのは、当時の健さんは催眠術に凝っていて、本当にかかっ

てしまうスタッフもいたことだった。

その催眠術は、ギャング映画や「ジャコ萬と鉄」などで共演が多かった丹波哲郎に教わったものらしかった。

高倉健の催眠術にかかりやすい人間は決まっていて、上からライトを当てているスタッフの一人などは覿面《てきめん》であった。

撮影の合間に、高倉健がその気になると、

「健さん、こっち見ないでくださいよ、見ないで。かかっちゃいますから」

彼は、健さんにじっと見つめられただけでかかってしまう若者であった。

「おい、仕事いいから、ちょっと降りてこいよ」

健さんにいわれて、照明スタッフの彼が恐る恐る上から降りてくると、すぐに催眠術が開始されるのだった。

「ほら、眠くなってきたろ。君は名前なんていうんだ？」

「〇〇です」

「よし、君はいまどこにいる？」

「わかりません」

「わかるよ。いま、香港だよ、君は香港にいるんだよ。香港。ほうら、いい女の子が向こうから歩いてくるじゃないか。声かけてよ」

「お、お姉さん……」

「君ね、お姉さんじゃ、わかんないんだよな、言葉が……」

そんなふうにして、高倉健の催眠術が効きだして、段々深みに入っていく様子を、その場にいあわせたスタッフや俳優たちがみんなで見ているのだ。

そんないたずら好きで、気さくな健さんに、撮影の間、べったりくっつくようになったのが、岡崎二朗だった。東京撮影所の中庭でバーベルを使って一緒にトレーニングしたり、健さんの部屋で食事をしたりワーワーやるようなつきあいをするようになるのだ。

「昭和残侠伝　唐獅子牡丹」で共演したときも、富山・黒部ダムで長期ロケを行なったのだが、そこでも岡崎は毎夜、旅館の健さんの部屋に入り浸った。

健さんの部屋には毎夜、6人から10人くらいが押しかけ、酒宴ならぬ歌謡大会となるのがつねだった。「唐獅子牡丹」を作曲した水城一狼のギターで歌いあい、酒を飲まない健さんはお茶を飲みながら決まって夜中の3時ごろまでつきあった。

そこには、映画のイメージからは信じられないくらい実によく喋り、よく歌う高倉健の姿があった。自分の「網走番外地」や「唐獅子牡丹」を違うバージョンで歌ったり、裕次郎や水前寺清子の歌もレパートリーに入っていた。

岡崎の歌もじっと聴きいってくれ、

「さっきの前の前の歌、もう一回やってくれないか」

とリクエストもするのだった。岡崎にとって、昼の撮影の苦労も忘れるほど楽しいひとときとなったのである。

いたずら好きのところも相変わらずで、何十日間も女っ気なしの長期ロケであったから、

「役者の何某が土地の女の子にモテたらしいぞ」

という話が出たときも、高倉健は面白がって、

「へえ、本当か、よし、あいつ、部屋へ呼んでこいよ」

と夜、その若い役者を自分の部屋へ呼んだ。

「おまえ、何だ、モテたらしいな」

天下の高倉健に訊かれて、若い俳優は、

「いえ、そんなことないです。撮影終わったら声かけられてサインしただけです」

と満更でもなく答える。

「へえ、おまえ、サインせがまれたのか。そりゃ、すごい。よし、今夜はちょっと飲め。おおい、誰か、酒持ってきてよ」

と持ちあげ、いい気分にさせたうえで、酒をさんざん飲ませるのである。

翌朝、男は見事に二日酔いである。

すると、高倉健は監督に、

「監督、キャメラまわさなくていいですから、彼を100メートルぐらい10回ほど走らせてください」

と頼み、男を追いかけまわすシーンをわざとつくってもらうのだ。彼は二日酔いの躰にムチ打って、汗だくになって駆けずりまわり、終まいには吐く寸前になるほどクタクタになっている。

その夜、男は誰よりも早く寝に就くことになるのだが、健さんのいたずらはそこからが本番である。

健さんにいわれて薬局から女性用の脱毛剤を買ってきた岡崎二朗とともに、男の部屋に忍びこみ、就寝中の男の髪の毛にそれをつけるのだ。

翌朝、目を覚ました男は、髪の毛の一部が脱け落ちたのを見てビックリしている。

その夜中、健さんは再び脱毛剤を寝ている男の頭のあっちこっちに塗りつける。

あくる朝、起きると、男は前夜以上に髪の毛が広範囲に脱け落ちるのにギョッとして、その部分をマジックペンで黒く塗り始めてさえいる。

〈何か悪い病気なんだろうか？〉

と男は戦々恐々《せんせんきょうきょう》して、すっかり恐怖症となり、夜は寝られなくなっている。

「おい、元気ないじゃないか？」

素知らぬ顔で健さんが声をかけると、

「いえ、頑張ります」

と男は答える。

「そうか、おまえ、何か髪の毛抜けてきたんじゃないか。変なのを相手にしたんじゃないのか。ヤバいよ」

高倉健が大真面目でいうのを傍で聞いていて、岡崎二朗たちは必死で笑いをこらえている。

男は「えっ!?」という顔になり、蒼くなっている。
2、3日すると、見た目にも悩んでいるふうで、目に隈ができだしたところで、健さんが岡崎に、
「おい、あいつ、もうヤバいよ。ダムに飛びこまれちゃいけねえから、そろそろ本当のことを言ったほうがいいだろ。話してこいよ」

と初めて言うのだった。

健さんは役者としての勉強も怠りなく、よく映画館へ観に行ったのは、邦画では三船敏

郎や勝新太郎の映画だった。岡崎に話してくれたのは、

「やっぱり人のものも観なきゃ、進歩がないからな。同じものを何回も観るのは、今日は足の動きだけを観ようとか、また別の日には、アップになったときと引いたときに芝居はつながっていなきゃならないからね、そういうところをオレは観るようにしてるんだ」

ということだった。

とくに三船敏郎のファンで、それを聞きつけた某誌が、あるとき、三船と高倉健との対談を企画したことがあった。

たまたま三船が休みで、健さんが撮影という日、三船が、

「それじゃあ、私が東映の撮影所に伺いましょう」

ということになった。

その日、健さんは三船敏郎に会うという緊張感と、大先輩を待たせてはいけないという焦りから、撮影中から様子がおかしかった。いつもと違ってスムーズにいかず、かなり時間がかかってしまった。

その間、三船は東京撮影所の健さんの部屋で瞑目して待っている。

撮影が終わって、あわてて駆けつけた健さんが、三船に、

「遅くなって申しわけありません」

と頭をさげると、

「いやいや」

と三船はそれを手で制し、パッと立ちあがって、

「三船敏郎と申します。どうぞよろしくお願いいたします」

と挨拶するから、健さんはすっかり恐縮してしまった。

ますます三船に心酔するようになり、健さん自身、もともと礼儀正しく腰の低い男だったが、さらに三船を見習って、相手がどんな新人であっても、パッと立ちあがり、

「高倉と申します。よろしくお願いします」

との挨拶に徹するようになった。

岡崎の目にも、三船と会って以来、健さんは少し変わったように見うけられた。前述のようなヤンチャさが消え、岡崎に対しても、

「オレたちはヤクザ映画やギャング映画ばかり撮ってるけど、世間の人から、『なんだ、やっぱりヤクザみたいなヤツがやってるんじゃないか』といわれたらお終まいだ。せめて私生活ではそう見られないように、挨拶の仕方も知らないでは笑われる。お互い気をつけよう」

と言うのだった。

「昭和残侠伝　唐獅子牡丹」のころから35年以上経った平成14年の初夏のとある日、岡崎は久しぶりに健さんとバッタリ再会した。東京・赤坂のブティックで、眼鏡をかけてすわっている人を見て、

〈健さんに似た人だなあ〉

と思っていると、その人はパッと立ちあがり、

「御無沙汰してました。最近はどうされてますか」

と挨拶するのだ。やはり健さんだった。

〈ああ、同じだ。まだやってる……〉

健さんの腰の低さは昔と少しも変わっていなかった。

本物のヤクザが撮影現場に

任侠映画の最高傑作、名作中の名作として呼び声も高い「博奕打ち　総長賭博」（山下耕作監督、笠原和夫脚本、鶴田浩二主演、若山富三郎・藤純子共演）が封切られたのは、昭和43年1月14日のことである。

あの三島由紀夫が絶賛した作品としてつとに知られている——。

《これは何の誇張もなしに「名画」だと思った。何という自然な必然性の糸が、各シークエンスに、綿密に張りめぐらされていることだろう。セリフのはしばしにいたるまで、何という洗練が支配しキザなところが一つもなく、物語の外の世界への絶対の無関心が保たれていることだろう。（略）何と一人一人の人物が、その破倫、その反抗でさえも、一定の忠実な型を守り、一つの限定された社会の様式的完成に奉仕していることだろう。（略）何という絶対的肯定の中にギリギリに仕組まれた悲劇であろう。しかも、その悲劇は何とすみずみまで、あたかも古典劇のように、人間的真実に叶っていることだろう》（「映画芸術」昭和44年3月号「我慢としがらみ」――鶴田浩二の情念的世界――）

当時、任俠映画はいわゆる良識派文化人からはいっさい無視されていたので、新聞に批評が載ったり、「○○ベストテン」などにランキングされることなど皆無だった。

そんななか、三島由紀夫というノーベル文学賞候補とも目された世界的な作家がヤクザ映画を絶賛したのだから、良識派にすれば、さらに苦々しい思いが募ったに違いない。が、これによって、ヤクザ映画に対する世の評価が一変したのも事実であろう。

この「博奕打ち　総長賭博」は、前年の昭和42年1月に1作目「博奕打ち」が公開され、「博奕打ち　一匹竜」「博奕打ち　不死身の勝負」と続く鶴田浩二の「博奕打ち」シリーズの4作目として製作された（ちなみにシリーズは昭和47年まで全10本つくられている）。

同作品は下町の博徒一家の跡目相続をめぐる葛藤劇で、兄弟分を演じた鶴田と若山富三郎のぶつかりあいが白眉であった。

外様だからと跡目を辞退し、叔父貴たちが担ぎだした跡目をあくまで立て、任侠道を死守しようとする鶴田。それに対して、5厘下がりの兄弟分（名和宏）が継ぐには筋が違うと、それをぶち壊そうとする若山。

実は名和宏を担ぎだしたのは、総長賭博のテラ銭を大陸進攻の資金にしようと企む叔父貴分・金子信雄の陰謀であったのだが、そうとは知らずにラストの悲劇へ向かってひた走る鶴田、若山の情念の葛藤、個と組織の相克のドラマは、単なるヤクザ映画の域を超えており、三島由紀夫をして、

「あたかも古典劇のように人間的真実に叶った名画」

と言わしめたゆえんであったろう。

プロデューサーをつとめた俊藤浩滋もこう述べている。

《これほど人間の情念の葛藤をドラマチックに描いた任侠映画はあまりないだろう。そこが三島由紀夫を感動させたんだと思う。それはホンマモンのやくざも同じことで、情念にシビれ、だから登場人物に惚れて、「オレもあんな男になりたい」と憧れる。

このシャシンには、そういう名場面がいくつもあった。鶴田が若山を説得する旅館の一

室のシーンとか、鶴田が若山の前で女房の墓に兄弟分の盃を打ちつけて割るところとか。鶴田の妹が純子で、若山の女房になっている。で、最後、鶴田が若山をドスで刺し殺すはめになったとき、赤ん坊を抱いた純子が実の兄に向かって「人殺し！」と罵《ののし》る。あのシーンも良かった》（「任俠映画伝」）

名セリフも随所に出てきた。

若山富三郎が鶴田に説得され、いうことを聞けなかったら、兄弟分の縁を切るとまでいわれて、ぐっとこらえて吐く、

「こんなちっぽけな盃のために男の意地を捨てなければならないのか」

とのセリフ。あるいはすべてを失った鶴田が、最後に金子信雄を叩き斬るとき、

「任俠道？　そんなもんオレにはねえ。オレはただのケチな人殺しよ……」

と血を吐くようにいうラストシーンは、日本映画史上に残る名場面であろう。

役者陣もすばらしかった。あくまでも任俠道を貫こうとする鶴田と己の激情のままに暴走する若山との組みあわせはいうに及ばず、鶴田の妹で若山の妻役の藤純子、鶴田の女房として自殺する役を演じた桜町弘子、その原因をつくった若山の子分役の三上真一郎など、いずれもキラリと光る好演を見せた。

なかでも特筆すべきは、跡目に担がれ、あとになって仙波（金子信雄）という叔父貴分

に利用されただけとわかる二代目役を演じた名和宏であっただろう。

映画評論家の大高宏雄もこう述べている。

《因みに、跡目に座らされることになった二代目を演じる名和宏が、彼の映画人生の中でベスト演技を見せていることもここで指摘しておきたい。弱さの中に、きりっとしたまっとうなたたずまいを見せる役柄で、名和はその微妙な演技を見事にこなしていた》（大高宏雄「仁義なき映画列伝」鹿砦社）

とりわけ、二代目継承披露の朝、若山に長ドスで腹を刺され、瀕死の重傷を負いながらも、

「傷口を縛ってくれ。医者はいらねえ」

と兄弟分の鶴田を制して、

「オレはな、仙波のあやつり人形じゃねえってことを見せてやるんだ。……死んだって構わねえ。オレは二代目のつとめを立派に果たしたいんだよ。……兄弟、オレの意地を立てさせてくれ」

と息も絶え絶えに、継承式典に臨もうとするさまは迫真の演技で、鬼気迫る熱演であった。

名和自身、この「博奕打ち　総長賭博」が最も好きな作品だという。

名和宏は昭和7年、九州・熊本の生まれ。実家が能楽師の家元であったから、その跡継ぎとしての勉強をすべく、日本大学芸術学部演劇学科へと入学。

ところが、昭和29年、大学4年のとき、日活の第1期ニューフェイス募集があり、友人から、

「受けろ、受けろ」

とけしかけられ、

「いや、オレは家の跡継がなきゃならんし、それに、受かりゃしないよ」

と断わったのだが、

「いや、わからんぞ。受からなくてもともと。冷やかしで受けてみたらどうだい？」

と勧められて、名和もその気になった。

写真を添えて応募したところ、書類選考で通ったばかりか、1次、2次と通り、結局、最終面接でも受かってしまった。なんと約1万人もの応募があって、そこから選ばれた男7人、女13人の中に入っていたというのだから、大変な倍率を突破したわけである。

宍戸錠もその一人だった。日活1期生でいまも役者として現役で残っているのは、宍戸と名和の2人だけという。日活入社3年目の昭和31年、名和は平林たい子原作の「地底の歌」（野口博志監督）に主演し、このとき名和の弟役で共演、初々しい演技を見せたのが

石原裕次郎であった。

名和の目から見て、裕次郎はそのころはまだヌーボーとした感じで、

〈この人、本当に大丈夫かな？〉

という印象しかなかった。

それがあっという間に大スターに昇りつめていくのだが、翌32年から日活を離れて松竹に移っていた名和は、

〈裕ちゃんがあんないい役者になるとは……〉

と驚かずにはいられなかった。

日活に丸3年間在籍した名和が、松竹（京都撮影所）へ移籍したのは時代劇をやりたかったからだった。

日活では二枚目スターとして主役を張ることが多かったが、現代劇が中心で本格的な時代劇は撮れなかった。

松竹へ移って念願の時代劇が撮れるようになり、ここでも主役を張ったが、6年ほど経ったころ、興行不振のため京都撮影所を閉めるという話が出てきた。仕事もグンと減りだしていた。

そんな折、かねて知りあいの東映のプロデューサーである俊藤浩滋から声をかけられた。

「落ち目の松竹にいたってしようがないやろ。どや、鶴田浩二の敵役ならやれるやろ。鶴田ならあんたもよう知っとることやし、遊んどるより仕事しとったほうがええと違うか」

ちょうど東映は任俠路線が始まりだしたころで、京都撮影所も「博徒」や「日本俠客伝」を撮って量産態勢に入ろうかという時期だった。

名和が俊藤のことを古くから知っていたのは、木屋町のクラブ「おそめ」によく遊びに行っていたからだ。「おそめ」は俊藤の生涯の伴侶となった女性が経営する店で、京都では有名なクラブだった。

名和は鶴田とも松竹時代に渡辺邦男監督の「天保水滸伝」で共演した仲であったから、7つ年上の鶴田を、

「鶴田はん」

と呼んで心安くしていた。

そんなこともあって声をかけてくれたのであろう俊藤の誘いに、名和は一も二もなく、

「よろしくお願いします」

と応じ、このときから東映任俠路線には欠かせない役者となったのだった。安部徹、河津清三郎、天津敏、遠藤辰雄、金子信雄、渡辺文雄、山本麟一らとともに、鶴田や健さん、純子、文太の憎き敵役として任俠映画を彩ったのである。

東映京都撮影所は松竹とはまるで違う雰囲気で、任俠映画を撮るスタッフや役者はいずれも現役のヤクザとも見紛うばかりだった。実際、当時は博奕場のセットに、その筋の本物の住人が手伝いや指導に来ていたり、ときにはエキストラで出演したり、撮影所への出入りも少なくなかった。

そんななか、名和が俊藤によくいわれたのは、

「別にヤクザヤクザしなくてええ。普通に芝居しとりゃええで、普通に……」

ということだった。

「博奕打ち 総長賭博」は、名和にとって、数多く出演した東映任俠映画のなかでも、敵役でなかった数少ない作品。

俊藤浩滋もこう述べている。

《二代目に担ぎ出され、あとになって陰謀家の連中に利用されただけだとわかる役の名和宏も良かった。いわば悲劇の中心人物の役やから、ずっと悪役ばっかりやってきた役者として、ものすごく張りきっていた》(「任俠映画伝」)

それだけに名和にとってはなおさら忘れられない作品となったのは間違いない。

花にこだわった山下耕作監督

「……お小夜さん、このシャバにゃぁ、悲しいこと、辛えことがたくさんある。だが、忘れるこった。忘れて日が暮れりゃ、あしたになるんだ……」

何年ぶりだろう、このセリフ、このシーンに再会できたのは。いや、銀座並木座であったか、新宿昭和館か浅草名画座であっただろうか。最後に観たのは、もう10年以上も前のことになるかも知れない。

学生時代、片思いの女の子に、私は何度このシーンを再現して聞かせたことだろう。

「お小夜ちゃんの十朱幸代がまたきれいでね、関の弥太っぺの中村錦之助が最高なんだよ。二人は10年ぶりに再会するんだけど、垣根ごしのムクゲの花がお互いの越えられない一線を象徴しててね、再び別れるとき、錦之助がお小夜ちゃんにこう言うんだ。このシャバにゃ、悲しいこと、辛えことがたくさんある……」

が、映画にかこつけた私の思いが相手に伝わるはずもなく、あえなくフラれて、最後にいつも、

「忘れるこった。忘れて日が暮れりゃ、あしたになる」

とつぶやかなければならないのは私のほうだった。

ともあれ、「博奕打ち　総長賭博」に先立つ山下耕作監督の出世作、「関の彌太ッペ」（昭和38年）に再会できる至福の時間を持てたのは、平成14年8月23日のこと。

この4月に閉館となった新宿昭和館の跡目を継承して、東映任俠映画専門館として生まれ変わった東京・中野の「中野武蔵野ホール（2004年閉館）」を訪れたとき、たまたま上映していたのが、「関の彌太ッペ」「沓掛時次郎・遊俠一匹」の2本立てであったのだ。

もとより映画鑑賞が目的ではなく、同ホールの石井保支配人に話を聞くための訪問であったが、つい観ずにはいられなかった。「博奕打ち　総長賭博」「日本女侠伝　鉄火芸者」「女渡世人　おたの申します」などとともに、山下耕作を私の最も好きな監督として決定づけた終生忘れ得ぬ作品であるからだった。

垣根ごしいっぱいに咲くムクゲの花。ラストシーンの真っ赤な彼岸花。山下耕作の花好き、花へのこだわりは、ここから始まったといわれる記念すべき作品でもある。

もともとムクゲの花のシーンは、当初台本では紫陽花になっていたのが、季節的にあわなくて変わったのだという。山下耕作もこう述べている。

《（注・ロケハン中に）農家の庭先ばっかり見て走ってた。監督とキャメラマンとチーフ助監督と美術監督と進行で車に乗って廻るんですけど、亀岡のところ走ってたら道路沿いにポッと、垣根はしてたんだけど庭に、気が付いたらそこにポンと。「ちょっと止めろ」って言って、入って行って「ごめん下さい。この花なんていう花ですか」。名前知らないんですよ。そしたら、木槿だった。桂さん（注・美術監督）が「わかった。これに決めよう」って。「これ造花も作りやすそうやないか」って言うんで。これでワーッと垣根にして。俺はどうしてもこの花の中にお小夜を置きたい。こっから一歩も入れない、境界線。これ思い付いた時、嬉しかった、自分で。この花は絶対使わんとあかん。原作は金を紫陽花に結んで置く。そのためだけに花を使う》（山下耕作・円尾敏郎「将軍と呼ばれた男映画監督　山下耕作」ワイズ出版）

以来、「果物」が加藤泰なら、「花」は山下作品に欠かせなくなるのである。思いつくだけでも、「緋牡丹博徒」の緋牡丹、「昭和残俠伝　人斬り唐獅子」の菊、「日蔭者」のコスモス、「あ、決戦航空隊」の月見草……その他、花が象徴的なシーンとして使われた作品は枚挙にいとまがない。

それはともかく、私が中野武蔵野ホールを訪れたのは、同ホールの石井保支配人が、「博奕打ち　総長賭博」を生涯のベストワンに挙げているからだった。

石井保が國学院大学久我山高校を卒業後、明治学院大学法学部法律学科へ入学したのは、昭和43年4月のこと。

父が東宝撮影所に勤めていたこともあって、子どものころから大の映画ファンで、観るのは東宝映画が圧倒的に多かった。小学生のときに「椿三十郎」を観て以来、黒澤明作品も、その多くをリアルタイムで観ているほど。

東映の「博奕打ち　総長賭博」は大学へ入学する年、つまり高校3年の3学期が始まったばかりのころ、正月第2弾として世に出たものだが、石井は同作品のことは知るよしもなかった。なにしろ、それまでヤクザ映画を1本も観たことがないばかりか、その存在さえ知らなかったのだ。

それが大学へ入って、学研という出版社でアルバイトをしていたとき、一緒に働いていた女性から、

「あなた、日本映画が好きなら、ヤクザ映画観なきゃダメよ」

といわれ、さらに、

「今度、池袋の文芸地下で深作欣二の『解散式』というのをやるから、とりあえずそれを観てきなさい」

と勧められたのだった。

当時、池袋には文芸坐とその地下1階に文芸地下という有名な名画座があって、文芸坐は洋画専門、文芸地下は邦画専門の2本立て興行が行なわれていた。

石井は映画通の女性にいわれるままに、夏のとある日、池袋へ赴き、文芸地下の階段を降りていった。

生まれて初めて観るヤクザ映画にさほど期待していたわけではなかった。が、ともかく観てとてつもないショックを受けたのは、「解散式」と併映されていたもう1本のほうだった。

それが「博奕打ち　総長賭博」であった。

〈こりゃ、すごい！　いったい何なんだ、これは……〉

まるでギリシャ悲劇を観ているようで、魂を揺さぶられるような感動があった。

〈ヤクザ映画って、こんなにもいい映画があったのか〉

と、ただ驚嘆せずにはいられなかった。

ドラマを1時間半という枠のなかにきっちり収めて、物語性はいうに及ばず、人物造型、セリフに至るまで、ひとつも無駄がなく、これほど完成度の高い映画はなく、見事というしかなかった。

本当に愛しあっている者同士が殺しあわなければならないという、悲劇的な状況へ持っていくドラマづくりが抜群で、後半は畳みこむように泣かせる場面ばかりだった。

石井も、鶴田浩二の女房役を演じた桜町弘子が自殺してから以降というもの、ほとんどのシーンに涙腺がゆるみっ放しであった。

かくてヤクザ映画に開眼した石井は、それからというもの、東映任俠映画3本立てを観るために新宿昭和館通いが始まった。そこで高倉健に出会い、藤純子の魅力を再認識し、鶴田や富三郎に酔い、山下耕作だけでなく、マキノ雅弘や加藤泰作品にも唸ることになる。だが、ついぞ「博奕打ち　総長賭博」を超える映画にはお目にかかれなかった。それほど石井にとって同作品のインパクトは強かったわけである。

平成14年1月、石井が中野武蔵野ホールの支配人に就任したころ、石井のいわば〝学校〟でもあった新宿昭和館の閉館が決まった。石井は、

「ヤクザ映画をやる小屋が、山の手に1館はあっていい」

と名のりをあげ、東映任俠映画専門館として跡目を継承したのだった。縁というべきものであろう。

同ホールでは、毎週2本立てですでに多くの任俠作品を上映してきたが、客の入りが最もよかったのは、「博奕打ち　総長賭博」「日本俠客伝　昇り龍」のときだったという。

「女性にこそ任俠映画を観てもらいたい」

という石井は、ホームページで「女の子のための任俠映画入門」を連載した。

《昔、〝加藤泰のおねえさん〟が私におしえてくれたように、今度は私が女の子たちに、

日本の美しさ、日本的なものについて少し語っていきたいということです》

《「博奕打ち　総長賭博」をみるとみないとでは、あなたの人生どれだけちがいがでるか、何をそんなおおげさなと思うかもしれませんが、ここはとにかく「トラスト・ミー」としかいえない。私はこの映画を自分の劇場でかけられる幸福を心底かんじているんです》

「博奕打ち　総長賭博」が公開された昭和43年という年は、〝昭和元禄〟と呼ばれる泰平ムードが一転して吹き飛ぶような激動の幕あけとなった。

同作品が封切られた5日後の1月19日には、長崎県・佐世保に米原子力空母「エンタープライズ」が入港。これに反対する各派の運動は、325カ所、21万人が参加して展開されている。なかでも反代々木系全学連三派系学生は、

「佐世保を第3の羽田にせよ」

を合言葉に、九州大学教養学部を中継拠点として激烈な反対闘争に入り、佐世保で警官隊と衝突。多くの逮捕者と負傷者を出した。

3月には、東京・王子の米軍施設が返還計画をやめ、米軍野戦病院にするというので、4月上旬にかけて学生デモ隊が何回か警官隊と衝突を繰り返した。

この年は、全国の大学に学園闘争が広がった年でもあった。前年10月の佐藤栄作首相東南アジア訪問を阻止しようとする羽田闘争以来、いわゆる全学連の闘争は、ヘルメット・

角材の独特のスタイルが定着。

東大では医学部の問題が口火となって、3月28日、反日共系学生が安田講堂を占拠、卒業式が中止となり、翌年の入試も中止という事態となった。

日本大学では、5月27日、20億円の使途不明金事件に関し、経営公開・学園民主化・全理事の総退陣などを要求して、全学共闘会議が結成され、〝日大闘争〟へと発展する。夏にかけて、東京・神田の学生街ではしばしば学生と警官隊との衝突が起きている。

ともあれ、昭和43年から44年は学園闘争が最も激しく燃えあがった時代であった。43年7月には、全国の大学379校のうち紛争校は74校、44年にはさらに増えて104校という数にのぼったのだ。時代は騒然としていたわけである。

三島由紀夫が「映画芸術」誌編集長の小川徹に勧められ、阿佐ヶ谷の場末の映画館で「博奕打ち　総長賭博」を観て、同誌の依頼でその作品評を執筆していた時期というのも、まさに東大の安田講堂攻防戦が繰り広げられている最中であった――。

「芸術で人は入らんぞ！」

三島由紀夫は「映画芸術」に発表した鶴田浩二論で、こうも述べている。

《話は飛ぶが、東大安田城攻防戦のテレビを見ていて、これを見守っている教授達の顔に、私は何ともいえない「愚かさ」を感じた。それは到底知的選良の顔といえる代物ではなかった。人間はいくら知識を積んでも、いくら頭が良くても、これほどに「愚かさ」を顔に露呈し、しかもその「愚かさ」にはみじんも美がないということに、私はむしろおどろいた。鶴田の示す思いつめた「愚かさ」には、この逆なもの、すなわち、人間の情念の純粋度が、或る澄明な「知的な」思慮深さに結晶する姿が見られる。考えれば考えるほど殺人にしか到達しない思考が、人間の顔をもっとも美しく知的にするということは、おどろくべきことである。

一方、考えれば考えるほど「人間性と生命の尊厳」にしか到達しない思考が、人間の顔をもっとも醜く愚かにするということは、さらにおどろくべきことである》

前年の昭和43年、医学部の登録医制反対ストに端を発して勃発した東大紛争は、ついに44年1月18日、機動隊が大量出動する事態となった。全学共闘会議系（反日共系）学生が、他大学学生や労働者も動員して安田講堂を占拠したままであったため、大学側が3度目の機動隊導入を決めたからだった。

18日朝、８５００人の機動隊が東大に出動、安田講堂にたてこもる全共闘系学生たちの実力排除にかかった。学生は投石や火炎ビンなどで激しく抵抗し、法学部研究室などでは警官の立ち入りを妨害するため、ガソリンをまいて放火する騒ぎもあった。

攻防は夜になっても続き、投光器で照らしだされた安田講堂に警察側のガス弾や放水が浴びせられ、さらにヘリコプターから催涙弾も投下された。封鎖が解除されたのは、19日午後5時45分。18、19日の東大構内の逮捕者は631人を数えた。

この安田講堂の攻防戦はテレビ局が生中継で放映。NHKテレビは、なんと視聴率44・6％をあげたという。

三島由紀夫はこの攻防戦を見守る大学教授たちの顔をテレビで見て、鶴田浩二とは対照的な愚かさ、醜さを感じたというのだ。

《思えば私も、我慢を学び、辛抱を学んだ。そう云うと人は笑うだろうが、本当に学んだのである。自分ではまさか自分の我慢を美しいと考えることは困難だから、鶴田のそういう我慢の美しさを見て安心するのである》（前掲誌）

三島はすでにこの時点で、己の遠からぬ最後の行動＝自決を決断していたのは間違いあるまい。

だから、この安田講堂攻防戦で三島が最も恐れ、危惧していたのは、たてこもる学生たちが高倉健や鶴田浩二のような行動にうって出ることであった。つまり、大学・機動隊＝権力に対する死を賭した抗議行動として自決の道を選択すること。それは安田講堂から飛び降りれば、簡単に敢行できることでもあったからだ。

そうなってしまえば、一般大衆は健さんや鶴田に拍手喝采を送ったように、学生たちに熱い共感を寄せ、彼らを支持するようになり、世論はいっぺんに学生たちの味方になるであろう。まして全共闘系学生たちは、

「安田講堂死守」

「最後の決戦」

と呼号しているのだから、誰もが命を懸けていると思うのは当然であった。三島は、

「もし共闘派が本気なら、あの講堂は難攻不落だよ。機動隊が迫ってきたら誰か一人塔の上から飛び降りればいい。そうすれば世論はぱっと変わって、機動隊も金縛りで手が出せなくなってしまう」

と語り、1月19日夕方、安田講堂攻防戦の指揮を執っていた佐々淳行警視庁警備第一課長宛に、

「学生を飛び降りさせないよう、慎重にしてほしい。お返事はいらない」

との伝言電話さえ入れているのだ。

ところが、そんな三島の懸念は杞憂に終わった。攻防戦は全員が投降して幕が下りた。学生たちは誰一人として最初から死ぬつもりなどさらさらなかったのだ。

'70年安保を前にして、あたかも任侠映画のように本当に命を投げだしたのは左翼の連中ではなく、誰よりも鶴田浩二に感情移入し、「博奕打ち　総長賭博」を絶賛した三島由紀夫のほうであった。

三島が「映画芸術」で「博奕打ち　総長賭博」を褒めたのは、同作品が公開されてからちょうど1年後のことだった。

それから俄然注目されるようになったわけだが、公開中は正月2週番組にもかかわらず、あまりヒットしなかったというのは意外な事実である。

監督の山下耕作と脚本家笠原和夫が初めて組んだ作品で、以後、この名コンビは、「日本女侠伝　鉄火芸者」「日本侠客伝　昇り龍」「博奕打ち　いのち札」「女渡世人　おたの申します」「任侠列伝　男」など、任侠映画史上に残る名作を数多く手がけることになる。

初コンビ作品となった「博奕打ち　総長賭博」は、必ずしも会社の意向に沿ったものではなかったようだ。

笠原和夫がこう回想している。

《わたしは岡田茂所長から山下監督ともども呼び出され、所長室でお叱りを受けた。

「何だお前らは！　ケージツみたいなのを作りやがって。ケージツでは客は入らんぞ！」

「いや、別に芸術を作ったつもりはないんで、どうも筋を展開させているうちにああなったんですわ」

「ともかく、お前ら、これからちょっと気をつけないかんぞ。客が来なけりゃ飯は食えん」

「わかりました」

と謝りながら、わたしは山下監督と「してやったり」の目配せをして、ニヤリとしたものだった。

たまにはこうやって会社を騙して自分の作りたいものを作る必要がある。何と言っても、精神衛生にもいいし、また、撮影所内で舐められずにも済むのだ》(「小説新潮」平成14年6月号)

笠原和夫、山下耕作ともども任俠映画を地でいくような硬骨、気骨の人で、山下の仇名は「将軍」。陸軍幼年学校時代に終戦を迎えたことや旧陸軍の山下奉文大将にちなんだものという。

山下耕作は昭和5年1月10日、鹿児島県阿久根市琴平野の生まれ。京都大学法学部を卒業した昭和27年に東映京都撮影所に入社。京大での成績も断トツ、入社試験もズバ抜けていたが、全学連で暴れていた経歴があり、東映の審査員は山下を敬遠した。社長の大川博が大の共産党嫌いということも災いした。

だが、審査員のなかに岡田茂がいて、

「1番を落とすっておかしいじゃないか。だったら、試験制度なんてやめたほうがいい。優秀な人材は入れるべきだ」

と強く主張し、入社が決まったといういきさつがあった。

「博奕打ち　総長賭博」は、山下耕作にとって18本目の監督作品となったが、笠原和夫の脚本は山下が読んでも申し分なく、すばらしかった。が、1カ所だけどうしてもわからない箇所があった。

鶴田の女房役の桜町弘子が、亭主から大事な兄弟分（若山富三郎）の子分（三上真一郎）を預けられたのに、夫の留守中に逃がしてしまう。それに責任を感じ、手首を切って自殺するシーンである。

山下は笠原に、

「これで女が自殺するだろうか?」

と疑問をぶつけた。

それなら、演じる本人に訊いてみようということになって、

《「今、笠原さんにわからんて文句言ったんだけど、この自殺する気持ってわかる」って言ったら「私わかります」って言うんだよ。「それならいい」って。「桜町さんはいい女優

さんだ」って笠原も感激してんだ。役者の強さってそういうところあるんだ。監督ってどうしても肉体で表現しないから頭の中で。役者って自分でそれを演じるから。お客さんに身体で表現して見せる。これがわかるって言うんだから。引き下がるしかないんです》（「将軍と呼ばれた男」）

山下耕作は平成10年12月6日、多臓器不全で世を去っている。68歳だった。

告別式で長男の山下耕一郎助監督が、

「台本は、1度目は感覚で読め、2度目はそれを理屈に返し、3度目にもう一度、感覚に訴える。そうすればいい映画が撮れる」

という父の言葉を紹介している。

「博奕打ち　総長賭博」の3年後、博奕打ちシリーズの第6弾として、やはり山下・笠原コンビで製作された「博奕打ち　いのち札」も、佳作との評価も高い作品である。いわばヤクザ映画の形を借りた大恋愛映画とも呼ぶべき作品で、男と女の愛の姿を真摯に描いて鮮烈な印象を残している。

とくに鶴田が、

「この世界から出ていくんだ」

と絶叫しながら、安田道代とともに真っ赤な血の海を渡っていくラストシーンは、〝美学派〃山下耕作の面目躍如たるものがあった。

美学といえば、昭和44年4月に公開された「戦後最大の賭場」も、ラストシーン、親分を斬って放心状態の鶴田を映す、割れてヒビの入った鏡からにじみ出てくる血のしたたりも忘れられない。

この「戦後最大の賭場」も山下耕作の傑作として知られ、ファンの多い作品だ。私はかつて「風の歌を聴け」で群像新人文学賞を取ったばかりの村上春樹にインタビューしたことがあったが、そのとき、彼の口から、

「学生のときはヤクザ映画もよく観ましたよ。『戦後最大の賭場』とか……」

と真っ先に同作品の名があがったのが、強く印象に残っている。

村上春樹と任俠映画――とはなんとも奇異な組みあわせだが、

〈やっぱりこの人も全共闘世代なんだなあ〉

と感じたことをいまでもよく憶えている。

この「戦後最大の賭場」の脚本を書いたのが村尾昭で、村尾は撮影現場へ顔を出すのが好きな脚本家だった。

同作品の撮影現場へ赴いたときには、ちょうどラストシーンの撮影であった。

何やら現場のスタッフがざわめいているので、

「どうしたの？」

と村尾が訊くと、

「監督が鏡に穴あけえ、そこから血が出てくるんや、って言ってるんですよ」

といい、鏡のうしろにスタッフが隠れ、血糊をしたたらせる準備をしていた。

〈ああ、そうか。山下さんの映像表現もここまで来たのか……〉

村尾には感慨深いものがあったという。

任侠路線の〝第三の男〟登場

「博奕打ち　総長賭博」が公開されて2カ月後（昭和43年3月5日）、同作品で熱演し、評判をとった若山富三郎の東映任侠映画初主演作品が封切られた。

山下耕作監督の「極道」である。

若山富三郎はこの「極道」で大ブレイクする。

富三郎扮する主人公は、大阪・西成の元愚連隊の極道・島村清吉。そのスタイルは、ダボシャツ、ステテコ、腹巻きに黒い山高帽。

それまで鶴田や健さんが演じてきた任侠道一筋のストイックでカッコいいヤクザ像とは

違って、義侠心に厚く涙もろいが、多分に破天荒でズッコケたニュー・ヒーローの登場となった。若山富三郎は、山城新伍、潮健児、佐藤京一、待田京介、菅原文太らの子分をひきつれて大暴れし、ラストの殴り込みでは手榴弾や機関銃まで登場した。兄弟分役には大木実、女房役が清川虹子、金筋博徒の役で鶴田浩二がゲスト出演している。

いわば従来の正統派任侠映画のパロディといってもいい、かなりコミカルでユニークな味わいの作品となったが、これが大ヒットした。ただちにシリーズ化され、同年中に「帰ってきた極道」「兵隊極道」、翌44年には「待っていた極道」「旅に出た極道」とたて続けにつくられ、昭和49年の「極道vs不良番長」まで計11本続いた。

若山富三郎は昭和30年、新東宝映画「忍術児雷也」（加藤泰監督）でデビュー。その後、東映に移り、一貫して時代劇を中心に白塗りの二枚目として主役を張るも、あまり成功しなかった。37年に大映に移り、城健三朗と改名し、実弟の勝新太郎の相手役などをつとめるが、ここでもいまひとつパッとしなかった。

若山富三郎が上昇気流に乗るのは、東映任侠路線の生みの親・俊藤浩滋プロデューサーと出会ってからのことである。

《勝新太郎と新幹線で一緒になって食堂でメシを食べたさい、話題が若山富三郎のことになり、私は言うた。

「あんたとこの兄貴、なかなかええ役者やから、俺なら必ず男にしてみせるな」

そんなことのあったあと、当の若山富三郎がひょっこりやってきたわけや。私は勝新太郎との話をすぐ思い出した。若山は内心仕事を頼みに来たはずだけど、そんな話は一言もしない。そこで私は彼に、悪役をやってみる気はあるかと聞いた。すると「ええ、何でもやります」と。

こうして若山富三郎が任俠映画の戦列に加わってくれた。私としては彼が大きな戦力になるという確信があった》（「任俠映画伝」）

富三郎の東映復帰第1作は、41年10月封切りの「任俠柔一代」（中島貞夫監督、村田英雄主演）。続いて「お尋ね者七人」「兄弟仁義　関東三兄弟」「博奕打ち」「懲役十八年」と主演し、いずれも徹底した悪役を演じた。とくに「博奕打ち」で見せた丸いメガネをかけた凶暴なワルぶりは、すさまじい迫力で、ファンの間で話題になった。メガネは小沢茂弘・村尾昭・高田宏治のシナリオにはなく、富三郎のアイデアだったという。

《若山はそのあとも悪役で頑張るんだが、鶴田との組み合わせがとくに良かった。芝居の質が違うて、鶴さんのはしーんとしてる、というか、じっとりした感じで、若山はガーッと突っ込む。その両極端のぶつかりがうまくいったんやろう。そういう積み重ねが『博奕

打ち　総長賭博』の対決になった。

もう若山富三郎は一人立ちやな、と私は思った。で、喜劇がいけるという勘があったから、『極道』をつくった》（前掲書）

と、俊藤浩滋も述べている。

ともあれ、若山富三郎はこの「極道」によって、鶴田、高倉と肩を並べる、東映任俠路線の〝第三の男〟の地位を確保したといっても間違いあるまい。

「極道」はシリーズ11本中、1作目からほとんどの脚本を書いたのが、松本功と鳥居元宏の同期コンビである。

鳥居元宏が俊藤浩滋プロデューサーのもと、初めて任俠作品の脚本を担当したのは、中島貞夫と共同で書いた41年7月公開の「男の勝負」（中島貞夫監督、村田英雄主演）で、その後も「昭和残俠伝　血染の唐獅子」（鈴木則文との共作）をはじめ何本か手がけ、梅宮辰夫主演の「俠客の掟」（宮川一郎・村尾昭と共作）では脚本を書いたばかりか自らメガホンまでとっている。俊藤浩滋との仕事がグンと増えていたわけだ。

その俊藤から、

「いままでの金筋の俠客からはちょっとはずれたところで、ムチャクチャやるヤツ、とんでもないことをしでかすヤツの話をやりたいんや。どや、書いてくれへんか」

と持ちかけられて始まったのが、「極道」であった。

鳥居にとって、それは、

〈ほい来た、待ってました〉

と乗れる企画で、願ってもない話であった。

折り目正しく筋目を通す、ストイックでピュアな、男のなかの男ばかりを描き続けてきた鳥居たちにすれば、少々行き詰まりかけていた時期でもあり、またそうしたヒーロー像ばかりを追いかけることに欲求不満が出てきていたのも確かだったからだ。

「誰でいくんですか？」

と訊くと、

「若山でいく」

との答えに、鳥居はなおさら、

〈ほう、富さんか。これはいいんじゃないかな。あの人だったら、いささか突飛なことを言ったりやったりもする人だから、脱線も結構できるかも知れない〉

とわが意を得たりという思いになった。

一方、東映京都撮影所の鳥居に対して、東京撮影所の松本功は、この企画を聞いたとき、

〈ああ、ちょうどぴったりだ。これだ！〉

と真っ先に思い浮かべたのは、そのころたまたま聞いて知っていた石川力夫というハチャメチャなヤクザのことだった。

東映本社の企画部で、石川力夫のことを熱心に取材している人がいて、その者から松本は石川の話を聞いており、

〈へえ、面白いヤクザもいたんだなあ〉

とかねて思っていたのだ。

石川力夫はヤクザ社会の反逆者として名の通った男だった。自分の親分に刃を向けて傷つけ、「関東所払い10年」の回状が出たにもかかわらず、その禁を破って上京し、兄弟分を殺し、その妻にも重傷を負わせるという、およそ稼業上前代未聞の反逆行為をやってのけたのである。

逃げ通せないことを知った石川は警察に自首し、殺人・殺人未遂による懲役10年の刑が確定、府中刑務所への服役が決まった。

その石川が府中刑務所の屋上から15メートル下のコンクリートに身を躍らせ、31年の生涯を閉じたのは、昭和31年2月2日のことだった。独房に残された遺言の最後は、次の句で結ばれてあったという。

《大笑い、人生三十年のバカ騒ぎ》

東映は昭和50年、この石川力夫をモデルにした実録ヤクザ映画「仁義の墓場」を、深作欣二監督、渡哲也主演で製作している。もっといえば、昭和47年の深作欣二・菅原文太コンビの「現代やくざ　人斬り与太」も、石川力夫がモデルといわれる。

ともあれ、「極道」の企画を聞いた松本功も、石川力夫をベースに、それを換骨奪胎してコメディタッチにしたものをまず発想したのだった。

だが、鳥居と松本の書きあげた第1稿は、俊藤浩滋の気に入るものではなかった。

「何や、これは!?　違うやないか」

俊藤は首を横に振った。俊藤の考えていたものとは、大きな落差があったのである。

「いくら西成の元愚連隊やいうても、企みがセコすぎると違うんか。こんなみみっちいことばかりやらせんと、もっとでかいことやらさなあかん」

俊藤のひと声で全面的に書き直しとなり、鳥居と松本は再び頭をひねった。

こうしてできあがったのが、若山富三郎扮する島村清吉を親分とする小さな極道一家が、巨大組織暴力にかみついていくというシリーズの定番となるスタイルだった。

撮影も終わり、京都撮影所の第1試写室で初号の試写を観た俊藤が、

「これはいけるでえ！」

と第1稿のシナリオを読んだときとはうって変わって喜び、大変な気に入りようだった。

鳥居も松本も試写を観て、

〈あ、これは当たるんじゃないかな〉

確かな手ごたえを感じ、

「いけるぜえ、『極道』は」

とみんなにも吹聴しまくった。

「極道」のなんといっても傑作なところは、若山富三郎と女房役の清川虹子のやりとり。清川から浮気をとっちめられ、女房に頭のあがらぬ若山がそれをなんとかなだめようとして、

「かあちゃん、キスしよか」

二人がブチューとキスしたあとで、若山富三郎が「オエーッ」とやる場面に、観客は大笑いしたものだった。

俊藤浩滋もこう振り返っている。

《普通なら主役の相手は若くてええ女を持ってくるところだが、不細工なオバハンにした。若山も初めは「何でオレのヨメはんが清川なんや」と言うていた。でも、それが良かった。殴り込みにいく前に二人でキスをする。オッサンとオバハンがブチューッと。誰でも笑うんだけど、哀感というかペーソスも感じる。強烈な個性の二人の組み合せの妙が出ていた。

たぶん『極道』は清川虹子の代表作のひとつやろうな。山口組三代目の奥さんの七回忌があったとき、息子の田岡満氏に出席してくれと言われて行ったら、偶然、隣の席に清川はんが坐った。で、『極道』の話になって、「わたし、あのとき若山さんと初めてキスしたんですよ。もう一遍あんなのをやりたいわ」と》（前掲書）

「博奕打ち　総長賭博」の好演で注目され、「極道」によって東映任侠路線の〝第三の男〟の地位を不動のものにした若山富三郎のその後の活躍はめざましかった。

若山の登場に観客が大ウケ

時代劇の白塗りの二枚目から極めつきの悪役スターに変身した若山富三郎が、今度は180度転換してコミカルな役――とは、誰もが想像もつかなかったに違いない。

「極道」のズッコケ親分ぶりをさらに徹底させたのが、藤純子の「緋牡丹博徒」シリーズで演じたお竜さんの兄貴分・熊虎の役であったろう。鼻の頭を真っ赤にして、チョビ髭を生やし、シルクハットといういでたちで、腕は滅法立つが、からっきし女には弱い三枚目親分を演じたのだ。これまた大いに当たって、映画館では若山富三郎がスクリーンに登場するだけで、観客はドッと沸いたものだった。

「極道」のヒットで、東映任俠路線はいよいよ厚みを増し、「前科者」「極悪坊主」「賞金稼ぎ」「シルクハットの大親分」「カポネの舎弟」「日本悪人伝」といった〝第三の男〟若山のシリーズが次々とつくられていく。

そもそも若山にズッコケ親分役をやらせたのも、熊虎の赤い鼻・チョビ髭も、すべて俊藤浩滋プロデューサーのアイデアだったが、著書でもこう述べている。

《もうひとつ彼がいいのは現代劇も時代劇もやれる。だから『極道』『極悪坊主』のシリーズがつづいている最中に、若山でもっと変わったシャシンはできんかなと考えて、『賞金稼ぎ』という時代劇をつくった。馬の鞍に連発銃をつけて暴れ回る。あれは当時、クリント・イーストウッドのマカロニウエスタンがえらい人気だったから、ちゃっかり焼き直しをやらせてもろうた。

あの時分、若山はけっこう太っていたけど、ものすごく体が軟らかくて、トンボを切ったりした。ああいうところは彼のアイデアで、撮影現場では随分いろいろアイデアを出す。行き過ぎたら最悪やから、私が「そんなのはあかん」とチェックするが、面白いアイデアはいっぱい出てきた。

そうやって若山はスター的存在というより、うまい役者として大きくなっていった》

（「任俠映画伝」）

俊藤に限らず、若山と一緒に仕事をしたスタッフや役者が口をそろえて証言するのは、そのアイデアマンぶりである。いったん撮影に入ると、その役になりきって四六時中芝居のことばかり考えているような役者が、若山富三郎であった。

「極道」をはじめ、若山のシリーズ物の多くの擬斗を担当した殺陣師の上野隆三も、若山から数多くのアイデアを聞き、それを積極的にとりいれたクチだった。

ただ、それが撮影前の打ちあわせの段階ならまだしも、撮影中にふっと思いつき、

「ここはこういうふうにやったらどないやろ」

と突然いいだすことが多かったから、困る場合もあった。

それを採用するとなると、何かと準備しなければならない小道具などもあり、撮影が間にあわなくなってしまうからだ。そのため、上野は、

「若山さん、グッドアイデアですね。でも、それ、ここで使うのはもったいないから、次に取っときましょう」

といって、相手の面子を立てながらごまかした。

「そうか、そうしようか」

と若山も納得するのだった。監督の山下耕作はもっとうまかった。

《『博奕打ち　流れ者』って鶴田が主演で若山がゲスト。殺陣の上野隆三が困ってる。二

人の立廻りの時、「監督。若山がピストル持ってやりたいって言ってるんですよ」「そんな、鶴田が匕首でやってるのにゲストがそれやったら主役が全部こわれるやないか」。上野がなかなかよう言わんのや。「俺が言うわ」って。「若山さん、日本一立廻りの上手い役者がハジキ持ってどうするのや」って。「そうやな、将軍」とか言って。日本一殺陣の上手い役者の一言でコロッと行くんだ》(「将軍と呼ばれた男」)

稚気愛すべしというところのあった役者でもあったわけだが、いつもその調子なので、さすがに若山も山下耕作にだけは、

「もう言わへんわ、あの監督には。言うても、ワシの採用してくれへん」

といってあきらめていたという。

あのやや太目の体で、若山は鶴田や高倉でさえできないアクションスターさながらのことをやってのけた。トンボを切ることができたのだ。

それがときとしてやりすぎて、切らなくてもいい場面で切ることもあった。「極道」の撮影のとき、ラストの殴り込みシーンで、敵に機関銃で追いかけられている場面なのにトンボを切るから、上野が、

「若山さん、ここでトンボ切ったら、余計撃たれてしまいますよ」

といって制しても、トンボを切る癖はなかなか直らなかった。

ダイナマイトを放り投げられながら逃げるシーンでトンボを切ったときには、そのはずみで爆破する仕掛けを引っかけたものだから、川の中でドカーンと派手な音をあげさせてしまった。

ともかく、殺陣のシーンとなると、若山は何かといえばトンボを切った。むろん台本にはないアドリブである。

あるとき、四国のほうでロケがあり、砂浜での撮影中、若山はトンボを切りそこねて右肩を打ち、右手が動かなくなったことがあった。それでも音をあげず立ちまわりの撮影を続ける若山に、かなり高いキャメラの位置にいた上野が、上から、

「若山さん、本番いくときはまわりに死骸がいっぱい出ますから、けつまずかないように気をつけてくださいよ」

と声を張りあげ、注意を促した。

「おお、わかった。隆三、ありがとう」

若山も上を向いて上野に答える。

だが、本番が始まり、殺陣のシーンを撮っているうちに、上野があれほど注意したにもかかわらず、若山は死体役の役者につまずき、再び痛めていた腕を打ってしまった。

若山は激痛と怒りとで我を忘れ、上を向いて怒鳴った。

「こりゃ、隆三！　死体があるならあるといわんかい！」

「何言うてんですか。本番前に2回も、オレ、言うたじゃないですか」

と、上野も負けていない。

「何い、おどれ、降りてこい！」

若山がすごい見幕でうなりつけると、上野も腹が立ってきて、

「あがってこい！」

と応戦した。

たまたまそこへいあわせた俊藤浩滋が、その喧嘩を目のあたりにし、

「富い、オレも聞いたぞ。上野が本番前に2回も言うとったぞ！」

と言うと、若山は何も言えなくなった。「富い」のひと言で終わりである。さすがの若山富三郎も、俊藤にだけは頭があがらなかったのだ。

ともあれ、アイデアマンで芸熱心な若山は、どこにいても自分の芝居のことばかり考えていた。

「極道」の脚本家・松本功も、東京の自宅にいると、NHKに仕事で来ているという若山から、

「面白いことを考えついたからちょっと来てくれ」

と呼びだされることがあった。松本がＮＨＫに駆けつけると、若山は休憩時間に大好きな大福をパクつきながら、自分の発想を話すのだった。若山は大酒飲みの実弟・勝新太郎と違って酒は一滴も飲めなかった。ウィスキーボンボンでひっくり返り、救急車を呼ぶ騒ぎになったこともあったほどだった。

若山富三郎は撮影に入る前からすでに役になりきっており、「極道」の打ちあわせのときにはもうズッコケ親分のモードに入っていた。

というより、この親分役は地に近かったという。山城新伍、潮健児といった子分役の役者は、普段でもそのまま若山一家といった雰囲気になった。

「極道」の1作目のときは、大スターになる以前の菅原文太も、若山の子分役で出ている。新東宝から松竹、さらに東映に移籍して2作目（「網走番外地　吹雪の斗争」が1作目）で、新東宝時代、吉田輝雄、寺島達夫、高宮敬二とハンサム・タワーズで売りだしたスターも、東映ではまだ俳優としてのランクは待田京介や山城新伍より下であった。

このとき文太は、台詞がひと言もなく、ナイフ投げの名手という不気味な役どころで出演している。最初脚本になかったのが、あとから急遽キャスティングされた文太のために、松本・鳥居元宏コンビが書き加えた役柄だった。

「極道」の1作目からシリーズ全編を通してほぼレギュラー出演しているのは、主役の若山の他には、子分役の山城、潮、女房役の清川虹子、それに兄弟分役が多かった大木実である。

若山と大木は私生活においても親しくしており、若山は「極道」の映画そのままに、大木のことを「兄弟」と呼んでいた。

大木実はもともと松竹の二枚目俳優として大船撮影所に10年間在籍して出演本数は92本、大映に2本出演してから東映に移り、1作目が工藤栄一監督、大友柳太朗主演の「忍者秘帖・梟の城」(昭和38年3月封切)という時代劇だった。

が、ちょうど東映は時代劇から任侠路線への転換期で、以後、大木実は任侠路線の名バイプレイヤーとして欠かせぬ俳優となっていく。大概は途中で殺されてしまう善玉親分の役が多かったが、加藤泰監督の名作「明治侠客伝　三代目襲名」では珍しく悪役を演じ、鶴田の「博徒」「関東」シリーズ、高倉の「日本侠客伝」シリーズ、北島三郎の「兄弟仁義」シリーズなど、数多くの任侠映画に出演。

当時の大川博社長をして、

「嵐寛寿郎と大木実は出すぎじゃないか」

と言わしめるほど出演本数も多かった。

なかでも、「極道」シリーズをはじめ、若山富三郎との共演は圧倒的に多かった。

大木の目から見ても、若山は「極道」のキャラクターそのままに面白い男だった。

ある日、真っ赤なキャデラックに乗ってきて、

「兄弟、この車、ええやろ」

と得意げにいう。

「ああ、すごいね」

「これな、ファンがくれたんや」

それから10日ほど経って会うと、車がないので、大木が、

「車、どないしたんや？」

と聞くと、若山は、

「あれな、どっかへ行ってしもた」

と答えるのだ。どうやら売ってしまったものらしい。

これには大木も、

〈カネに忙しい男やなあ〉

とあぜんとするしかなかった。

第三章

緋牡丹博徒

「女の任侠映画をやろう！」

昭和43年9月14日に封切られた「緋牡丹博徒」によって、東映任侠路線はブームの頂点に達したといっても間違いないだろう。

主演の藤純子が扮するは、九州は肥後熊本の生まれ、姓名の儀は矢野竜子、通り名を〝緋牡丹のお竜〟という女博徒。時は明治の中ごろ、横笛に仕込んだ小太刀の腕も鮮やかに、熊本で一家を構えていた父の仇を求めて賭場から賭場へ渡り歩く緋牡丹のお竜。緋牡丹の刺青に女を封じた男まさりの度胸と啖呵……。東映任侠路線はついにめざましいニューヒロインを誕生させたのだった。

藤純子の父親は御存知、〝任侠映画のドン〟である俊藤浩滋プロデューサー。

《「女の任侠映画をやろう」

ある日、京都撮影所の岡田茂所長が私に言うた。突然だったから私はちょっと考えた。

「女の任侠映画なあ」

「うん、藤純子で。いけるぞ」

「しかし男の世界で女が出しゃばるというのは、どうかなあ。メロドラマならともかく。

女はいつも男のうしろで控えめ控えめにしてるのが、やくざの世界やからな」

「そやけど、初めから女の任俠ものやから、そんなことを思うやつもいないやろ。いっぺん考えてくれや」

任俠映画はえらい勢いで当たっていたし、たしかに純子が鶴田や高倉の相手役で売れているのはわかっていたから、純子の主役というアイデアは私の頭のなかにもなくはなかった。

そこで、任俠映画のチーフ助監督やホンづくりを何本もやっていた鈴木則文ら何人かを、あれは山代温泉やったか、北陸の温泉に連れていって、三つぐらい企画を立てさせた。その一本が『緋牡丹博徒』だった。タイトルは岡田所長が「これで行こう」と決めた》

(『任俠映画伝』)

記念すべき「緋牡丹博徒」1作目の脚本は鈴木則文で、いわば鈴木が藤純子の人気を不動のものとし、一世を風靡した「緋牡丹博徒」シリーズの生みの親ともいえる。

鈴木則文が岡田茂から京都撮影所長室に呼ばれ、

「なんか女剣劇物ができないかな。おまえ、『女狼』というタイトルで書いてみろ」

と申し渡されたのは、同作品の封切り3カ月前のことだった。

「女優は誰ですか？」

「藤純子だ」

〈純ちゃんか……〉

鈴木にとって、昔からよく知る、深い縁のある大好きな女優であった。

よし、やってみよう——と即座に決心し、そのときからアイデアを練って頭をひねる日々が始まった。

鈴木が漠然と考えたのは、

〈藤純子がいままでヤクザ映画で演じた無数の女たち——ヤクザの女房であったり、あるときは薄幸の女郎であったり、あるいはヤクザの娘であったり、死んでいった女もいる。そんな女たちの無念を象徴して戦う女にしよう〉

ということだった。

父の仇を求めてさすらう女ヤクザ、という設定がすぐに決まって、そのヒロインの名前を考えたとき、パッと「お竜」という名が浮かんだ。任侠の大輪ともいうべき藤純子のイメージから花を思い浮かべ、そこから竜のようにダーッと上昇していく女——ということで「お竜」という名が出てきたのだ。

いや、それ以上に、2年前の41年3月に公開された「日本大侠客」（マキノ雅弘監督、笠原和夫脚本、鶴田浩二主演）で藤純子が演じた九州の鉄火芸者お竜の役が強烈な印象で残っていた。そのお竜が、原イメージとなった。

名前が竜子と決まり、姓を何にしようかと考えたとき、鈴木の脳裏に浮かんだのは、以前からいいと思っていた小説の作中人物の名であった。文学青年だった鈴木が愛読していた小島政二郎の「人妻椿」のヒロイン矢野嘉子の名である。藤純子演じる女博徒に、その高貴さのイメージを植えつけたかった。

かくして矢野竜子という姓名ができあがったのだった。

さて、次に矢野竜子をどこの出身にするかとなったとき、鈴木の頭にこびりついていたのは、やはり「日本大侠客」で藤純子が演じた鉄火芸者お竜の九州弁であった。

あの映画を観たとき、鈴木則文は、

〈ああ、純ちゃんの九州弁というのはすごくいいなあ。この娘《こ》はヒロインを演じるようになっても、標準語じゃないほうがいいかも知れんな〉

と感じたことがいつまでも記憶に残っていた。

それでなくても、当時たまたま鈴木が思いを寄せていた女性に鹿児島の娘がいて、鈴木は九州という地も、その言葉もいたく気にいっていた。

〈藤純子には何か方言を使わせたいな。火の女・お竜には標準語は似合わない。もっと土着的なものが……待てよ、火の女、火の国……そうだ、熊本がいいんじゃないか〉

熊本といえば、鈴木は「五木の子守唄」が好きで、とても愛着があった。熊本なら五木村を故郷にするヒロインにしたかった。

こうしてお竜の切る仁義、

「肥後熊本は五木の生まれ、姓は矢野、名は竜子、通り名を緋牡丹のお竜と発します」

というフレーズも決まったのだった。

さっそく鈴木はシナリオハンティングと熊本弁を多少なりともマスターするのと、取材とを兼ねて熊本・五木村へと飛んだ。

現地へ赴くと、「ダム反対」の看板が立っており、ダムに沈んでいく村の娘とお竜のイメージとが重なって、鈴木にはなんとなくジーンとくるものがあった。

ダム建設反対運動の先頭に立つ村の青年たちは、

「オレが戦わずして誰が戦うのか」

と一歩も引かずに戦う気概を見せていた。

そういうものを目のあたりにして、鈴木則文は自分のなかの心情とも偶然に相俟《あいま》って、

「今度の脚本はなんかうまくいくんじゃないか」

という気がするのだった。

京都へ戻ってシナリオを書きだすと、筆は不思議なほどスムーズに進んだ。

脚本には、お竜の父親の代からの子分だった山本麟一が、仇役の大木実らに殺されて死ぬ寸前、

「お嬢さん、歌ってくれ」

と藤純子に五木の子守唄を歌ってもらうシーンもしっかりと盛りこんだ。

五木の子守唄を聴きながら、山本麟一はお竜の娘時代の可憐な姿を思い浮かべつつ、笑みを湛えて死んでいくのだ。「緋牡丹博徒」の忘れられない名場面であった。

それは鈴木則文が五木村で着想したシーンで、五木の子守唄を「日本の民衆の挽歌」とする鈴木はこの歌をどうしても使いたかった。

鈴木は脚本を書きあげると、京都撮影所長室へと赴いた。ただし、タイトルは岡田茂が提案した「女狼」ではつまらないので、「女博徒緋牡丹お竜」と変えていた。

そのタイトルをマジックペンで大きく紙に書いたものを見ていた岡田は、

「うん、これは『緋牡丹博徒』にしよう」

といった。

さすがに岡田はタイトルつけの名手であった。語呂といい、響きといい、そのほうが断然よかった。

大ヒットシリーズ「緋牡丹博徒」が生まれた瞬間でもあった。

鈴木則文は昭和8年11月26日、静岡の生まれ。もともと太宰治に傾倒し小説家志望だったのが、映画監督を志すようになったのは立命館大学経済学部3年のとき、東映京都撮影所で小道具のアルバイトをしたのがきっかけだった。映画の魅力にとりつかれてしまったのである。

同撮影所でアルバイトを続けているうちに大学を中退し、そのまま東映に入社。松田定次、沢島忠、内田吐夢監督らに、サード、セカンドの助監督としてつき、チーフ助監督になってからは加藤泰監督につくことが多かった。

鈴木の監督デビュー作は、東映入社10年目の昭和40年10月に公開された藤田まこと主演の「大阪ど根性物語　どえらい奴」であった。

この作品で、主人公に扮した藤田まことのしたたかな女房役を演じたのが藤純子で、鈴木が起用したものだった。

鈴木は藤純子とは女優になる以前からの知りあいで、京都の下宿先も彼女の住まいと目と鼻の先にあった。

藤純子は昭和20年12月1日、疎開先である和歌山県御坊市の生まれ。その後、大阪に移り住み、大阪で中学、高校へと進んだあと、途中で京都の高校へ移り、京都へと越した。鈴木則文と知りあったころは、京都女子高校へ通う高校生であったわけだ。

藤純子はそのころ、姉の允子とともに大阪よみうりテレビの歌謡番組「ハイハイ・マヒナです」のカバーガールとして出演。松竹京都撮影所からスカウトされたのは、それから少し経ってのことだった。

「お会いしたい」

といわれ、父の俊藤浩滋とともに訪ねた松竹京都撮影所で、松竹の専務とプロデューサーから、その旨を申しこまれたのだ。

返事を保留して同撮影所を辞した父娘は、その帰り道、近くの東映撮影所へ顔を出した。そのとき、たまたま次回作の準備をしていたマキノ雅弘と出会うのだ。

俊藤がこう述懐している。

《「どないしたんや」

「松竹のプロデューサーがうちの娘を女優にせんか言うてきたんで会うたんやけど、そこで帰ってきた」

「お前、娘を女優にするつもりあるのか」

「いや、俺はそんなつもり全然ない。娘はやりたいなあ言うてるんやが」

「それだったら、ここで女優にせんか」

言うなり、おやっさんは決めてしまった。

「そや、ちょうどいい。今度のシャシンに使おう」

「そんな無茶苦茶な！　芝居をやったこともないし、素養もないのに、そんなこと言うたかて」

「いやいや、大丈夫だ」

そのシャシンが『八州遊俠伝　男の盃』だった》（前掲書）

このマキノ雅弘監督、片岡千恵蔵主演の「八州遊俠伝　男の盃」（昭和38年6月公開）が藤純子のデビュー作となったのである。芸名をつけたのは、名物プロデューサー・玉木潤一郎であった。

鈴木則文が藤純子と一緒に仕事をしたのは、チーフ助監督としてついた加藤泰監督の「車夫遊俠伝　喧嘩辰」（昭和39年4月封切り、内田良平主演）が初めてだった。純子の出演は鈴木が強く推薦したものだが、彼女にとっては9本目の映画出演であった。

藤純子の根性に惚れ直した

「緋牡丹博徒」生みの親ともいえる鈴木則文は、昔から親しくしていた藤純子のことは実の妹のようにかわいがっていた。

藤純子自身、鈴木則文については、映画評論家の田山力哉のインタビューに答えて、

《前から家も近くて、家へ帰って玄関に大きな庭下駄があると、それが鈴木さんので、私の留守中、あがりこんで母と話していたり、余り親しいので、初めて監督してもらったときは〃先生〃と呼ぶのが何だかおかしくてね、でもプライベートと仕事とは割りきらなきゃいけないと思って……》（「シネアルバム　藤純子」）

と述べている。

で、藤にとって高校生活終了間際のことであり、その撮影中に卒業式とぶつかっている。

「スケジュールを調整するから卒業式には出なさい」

と鈴木が許可しても、藤は当初、

「出たいのは出たいですが、この仕事は私が自分で選んだ道ですから。私のことで皆さんに迷惑はかけられません」

ときっぱりと答えた。

〈ホー！〉

鈴木は女優に賭けようという藤純子の一途な姿に感心し、なおさら卒業式には行かせてやりたくなった。

それでなくても、藤純子は高校3年でデビュー以来、この1年間だけで9本もの映画に

出演、その他、「スチャラカ社員」などのテレビにもレギュラー出演する超多忙の身であった。そんななか、高校をちゃんと卒業できたのだから、並の根性ではなかった。

鈴木はその根性に惚れ直し、

「いや、大丈夫。撮影のことは何も心配いらないよ。一生に一度のことだから、行っておいで」

と卒業式に送り出したのだった。

その後、鈴木は世に名高い加藤泰監督の「明治俠客伝　三代目襲名」の脚本を村尾昭とともに書いた。それは女優藤純子のターニング・ポイントともなった作品といってよく、藤は薄幸の娼婦・初栄役を好演、名場面として知られる川辺で鶴田浩二に故郷の桃を手渡すシーンなど、その演技が評判を呼んだ。

そうした薄幸の娼婦、あるいはマキノ雅弘監督の「俠骨一代」での大陸へ売られてゆく芸者役など、藤純子が演じた多くの無名の脇役の女たち——鈴木則文はいわばその女性たちの無念さを代表して闘う女、戦闘者として蘇らせるべくつくりあげたのが、緋牡丹お竜——「緋牡丹博徒」であった。

お竜さんの映画初見参はあでやかであり、鮮やかでもあった。まだメイン・タイトルも現われぬ冒頭から、

「御当家の親分さん、お姐《あね》えさん。陰ながらお許しを蒙ります。向いまする上様とは今日向初の御意を得ます。したがいまして下拙ことは肥後熊本にござんす。熊本は五木の生まれ、名前の儀は矢野竜子、通り名を緋牡丹のお竜と発しまして御視見の通りしがなきものにござんす。幾末お見知りおかれましてお引立を願い仕ります」

と仁義を切って登場するのだ。

その初見参の姿を見て、映画評論家の斎藤龍鳳はこう書いた。

《闇の中で私は今後、長く長くつきあおうと一人誓い、あたりをみまわしましたが、暗い場内をみわたした時、私の目にうつった人々の表情もまた、私同様、真剣なまなざしで貴方の切る仁義を聞き惚れ、腰を落した貴方の凜々しい姿に魅いられ、画面いっぱいに咲いた牡丹の花と、時として愛嬌をかいまみせる右の片えくぼと、決して崩れることのないきりりとした貴方をみとれているのが、はっきりとうかがえました》（「新宿プレイマップ」昭和46年4月号〜緋牡丹お竜さん江〜）

昭和46年3月、43歳の若さで死んだ斎藤龍鳳は、熱烈な東映任俠映画ファンで、アパートの自室には毛沢東と藤純子の写真が貼ってあったというが、同じ文章のなかで、藤純子に対してこんなエールも送っている。

《牡丹はシャクヤク台で二年、実生台だと咲かせるまでに六年はかかるといわれ、栽培のむつかしい花だと聞きます。艶やかですけど一年一輪しかふえないとも聞きます。それは貴方に相応しい花だとつくづく思います。細い茎で雫をのせた重い花弁を、いつまでもささえ耐え、綺麗に咲き誇って下さい》（前掲誌）

もとより斎藤龍鳳ばかりか、「緋牡丹博徒」は全国の任俠映画ファンから喝采で迎えられ、たちまちシリーズ化されて「一宿一飯」「花札勝負」「二代目襲名」「鉄火場列伝」「お竜参上」「お命戴きます」「仁義通します」と昭和47年まで8本続いた。

藤純子の初主役とあって、これを撮る監督となると、
「緋牡丹なら山下耕作監督。〝花の山下〟の総決算だ」
と山下耕作に決まり、キャストも豪華版であった。

一匹狼の渡世人に高倉健、お竜の兄弟分の四国・道後の熊虎親分に若山富三郎、仇役が大木実、他に清川虹子、待田京介、山城新伍、山本麟一、金子信雄となかなかの俳優陣を配した。ワル親分の役がいつもの天津敏や安部徹、河津清三郎といった顔ぶれではなく、めったに悪役などやらない大木実であったところにも、製作側の並々ならぬ力のいれかたが感じられよう。

大木実の役どころは、その父親を辻斬りして、幸せに暮らすひとりの可憐な娘を〝緋牡丹お竜〟に変えてしまったばかりか、兄弟分である高倉健にその罪をなすりつけ、お竜の

恩ある一家に対して奸計を尽して潰しにかかるという極めつきのワル親分。最後は兄弟分の高倉健に斬られて死ぬことになるのだが、あまりに救いのない悪役ぶりに、大木実は山下耕作監督に、

「健ちゃんに斬られるとき、ひと言、『兄貴』って、いわせてもらえませんか」

と頼んでいる。

「あっ、それはいいね」

と山下も同意し、大木が斬られるとき、絞りだすように、

「兄貴……」

ということで、最後の最後に、元の兄弟分の心を取り戻すというラストシーンになったわけである。

脚本を書いた鈴木則文も、従来のようなワンパターンの単純な悪役ではなく、それなりに陰翳に富んだワルにしようとかなり工夫を凝らして造型しているのだ。明治維新という歴史の転換期のなかで賊軍となった会津藩士の流れを汲む男――没落した階級の象徴として大木実を描いている。

「いまの世の中、勝てば官軍だ」

という大木のセリフも、より説得力を帯びてくるわけだ。加えて、ゲスト出演した高倉

健も、東映任俠路線のエースとしてこのころ絶頂期を迎えており、初見参の緋牡丹お竜の助っ人としては、これ以上強力な客人はいなかったであろう。「日本俠客伝」「新網走番外地」「昭和残俠伝」という3本のドル箱シリーズを抱え、フル回転の出演でファンを熱狂させ、世は〝健さんブーム〞の真只中にあった。

「緋牡丹博徒」が封切られる3カ月前には、高倉健主演の「荒野の渡世人」(佐藤純彌監督、石松愛弘脚本)が公開されている。

これはオーストラリアでオールロケしたという〝マカロニ・ウエスタン〞ならぬ〝任俠ウエスタン〞とでもいうべき異色作で、これまた大ヒットした。

「荒野の渡世人」は脚本家の石松愛弘にとって、東映では2作目となる作品であった。

石松は昭和32年、大映東京撮影所に入社して、企画部所属のシナリオ作家養成所に配属され、増村保造監督・田宮二郎主演の「黒の試走車」を始めとする「黒」シリーズ、江波杏子の「女賭博師」シリーズ、渥美マリの「いそぎんちゃく」「しびれくらげ」といった一連のお色気物など、多くの脚本を書いた。

大映の経営がおかしくなり、ギャラの支払いもあやしくなりかけたころ、

「東映へ来て書かないか」

と声をかけてくれたのが、東大文学部の同級生だった東映の佐藤純彌監督であった。

石松は佐藤の紹介で俊藤浩滋プロデューサーに会い、俊藤に勧められ、東映で初めて書いた作品が、佐藤純彌監督・丹波哲郎主演の「続組織暴力」（昭和42年6月）だった。

それが俊藤に気に入られ、再び佐藤純彌との監督・脚本コンビで、「荒野の渡世人」を手がけることになったのである。

それは石松にとって忘れられない思い出の作品となった。オーストラリアでのオールロケであったから、俊藤・矢部恒プロデューサー、佐藤純彌とともにロケハンにも同行することになり、石松は初めての海外旅行をも体験するのだ。

昭和43年のことで、当時はまだ日本人が気軽に海外へ行ける時代ではなかった。オーストラリアへは直行便もなく、羽田から香港に寄り、当地で1泊して、そこから乗り換えてシドニーへ飛ぶというコースである。

4人はシドニーに着くと、ホテルで数日間滞在することになるのだが、いまと違って、日本からの送金が届くまでにはかなりの時間を要した。間もなくホテル代が払えなくなり、どうしようかとなったとき、俊藤が、

「競馬場へ行こう」

と提案、皆でメルボルンの競馬場へと繰りだすハメになった。

4人のうち競馬をやるのは俊藤だけであったから、皆が有り金全部をはたいて、俊藤に

勝負を任せることにした。

俊藤はパドックでじっくり馬を観察し、佐藤純彌が競馬予想紙を翻訳、

「よし、これだ！」

俊藤が賭ける馬を決めると、矢部と石松が馬券を買いに走った。

それがなんと大当たりし、翌日の新聞で報道されるほどの大穴であった。かなり大きな配当金が入って、4人はホテル代を払えたばかりか、ロケ地に予定していた奥地の砂漠へも、車で無事に行くことができたのだった。

当たっているときは何をやっても当たるという証左みたいな話だが、それがひいては映画の大ヒットにもつながり、〝健さんブーム〟に拍車をかけることにもなったのだ。

健さんは緋牡丹お竜の強力な助っ人として、8作のうち1作目、3作目、4作目にゲスト出演している。

女の色気を殺陣でも見せた

「藤純子主演で女の任俠映画を」

と「緋牡丹博徒」を企画した京都撮影所長の岡田茂は、藤純子に直接会って口説いた。

「いいか、主演だぞ、今度のは。どうだ、やるか」

「はい、やらせてください」

と藤純子が答えるのに、岡田は、

「よし、やるからには裸になれとはいわないが、片肌を脱ぐぐらいの度胸がなかったらできないぞ。いいな」

とハッパをかけた。

「やります」

藤純子の答えに、岡田は大きくうなずき、その旨を父親の俊藤浩滋にも伝え、

「彼女のあの意気ごみがあれば大丈夫だ」

といよいよゴーサインを出したのだった。

もともと5年前に「八州遊侠伝　男の盃」で女優デビューしたときから、藤純子の覚悟の程は生半可なものではなかったという。父・俊藤との間で、こんな約束も交わしているのだ。

《何年というたか忘れたが、何年間はちゃんと映画をやります、お金をいくらいくら貯めます、と、たしか十ヶ条ぐらいあって、自分のベッドのうしろの壁に書いて貼っていた。いま思うと、その約束をほとんど実行しよった。子どものころから芯の強い頑張り屋や

ったから》(「任侠映画伝」)

そんな藤純子の「頑張り屋」ぶり、決して泣きごとをいわない女優根性を当初から目のあたりにしてきた一人が、東映京都撮影所宣伝部の佐々木嗣郎だった。

撮影中、よく新人俳優などに対して、仮にうまい芝居ができたとしても、

「ダメだ」

を繰り返し、弱い者いじめを楽しんでいるようなイビリ屋の監督がいて、藤純子も最初のころは再々その洗礼を受けたことがあった。

が、彼女は音をあげたり、落ちこんでいる姿を絶対他人には見せなかった。

逆にカッカするのを押さえるように、昼休みになると、宣伝部の佐々木と衣装部の「マッちゃん」とに声をかけ、「もう許せない！　マッちゃん、佐々木ちゃん、あれ、買ってきて」

と頼むのだった。

「はいよ」

もうそのころになると、すっかり藤純子の〝取り巻き〟になっていた二人は、万事心得たものだった。二人はさっさと「あれ」を買いに走り、それを藤純子に届けるのだ。

「ありがとう」

コカ・コーラのレギュラーサイズ1ダースであった。

当時、京都撮影所の衣装部の裏には、消防ホースを日干ししているところがあって、コンクリートでできていた。

そこへコーラを運んでもらうと、藤純子はそれを1本手にするや、やおらそのコンクリートに向けて放り投げた。

「バーン！」

と瓶は大きな音を立てて砕け散り、中身の炭酸液が「ブシュッ！」と流れ出た。それを1ダース分、12回続けるのだ。

「バーン！」「ブシュッ！」

と派手な破裂音を立てさせ、コーラを12本割り続けたところで、

「ああ、スッとした」

と藤純子は晴れやかな顔で言うのだった。藤純子の即席の憂さ晴らし、ストレス解消法であった。

佐々木もマッちゃんも、藤純子の様子を傍で見ているうちに、そのタイミングがわかってきて、

「ぼちぼちあれ、買いに行くか」

と囁きあった。

コーラ1ダースでつらさも腹立ちもはね返せてしまえるのだから、安いものだった。そんなガッツとバイタリティのある女優が、藤純子であった。

「片肌を脱ぐぐらいの度胸がなきゃつとまらぬ」

と岡田茂がいったように、「緋牡丹博徒」では、女を封じこんだ緋牡丹の刺青を見せるために、ヒロインのお竜が片肌を脱ぐシーンが登場する。

2作目の「緋牡丹博徒　一宿一飯」は鈴木則文が自らメガホンをとり、脚本も野上龍雄と共同で書いたものだが、藤純子が肩の刺青を見せて、若い娘を諭すシーンは名場面として知られている。恋人の出所を前に、天津敏のワル親分に凌辱されて、絶望にうちひしがれる城野ゆきに対し、お竜の藤純子は、

「女だてらにこぎゃんもんば背負うて生きとっとよ。だけん……肌に墨は打てても、心にゃあ誰も墨を打つことはできんとよ」

との名セリフを吐くのだ。

このセリフは、鈴木則文が「砂川闘争」の際、反対派のプラカードにあった、

「土地に杭は打たれても心に杭は打たれない」

という言葉をヒントにつくったものだった。

砂川闘争というのは、昭和30年から32年にかけて、米軍立川基地の飛行場拡張計画に対し、現地東京砂川町の反対派町民と革新団体が猛烈な反対運動を展開したもので、大きな流血事件をも引き起こした。

鈴木則文がちょうど東映に入社したばかりの時期に起きた闘争で、反対派のプラカードに書かれていた言葉が、なんとはなしに心に残っていたのだ。

とはいえ、お竜が片肌を脱ぐシーンは、この2作目が最後となった。藤純子自身、7作目の「緋牡丹博徒　お命戴きます」(昭和46年6月、加藤泰監督)の撮影のとき、田山力哉のインタビューに、こう述べている。

《私ね、第一、肌を見せるのが好きじゃないのです。だからお竜の役でも前はよく刺青を見せるとき肌を出したけれども、今ではほとんどそれもやっていません。相手に斬られて、着物が切れたとき、そこから刺青が見えるぐらいね。私は芸で売りたいのです。芸だけで勝負したいのです。だから裸を売りものにしたり、週刊誌などで売りこんだり、そんなこと絶対にしたくないわ》(「シネアルバム3　藤純子」芳賀書店、田山力哉「藤純子のすべて」)

実際、藤純子の緋牡丹お竜は、片肌など見せなくても、その全身からにじみ出る色気は匂いたつようで、いくら緋牡丹の刺青に女を封じこみ、キッと眦《まなじり》を決して、

「お竜は女じゃなか。男ばい」

と啖呵を切り、精一杯強がって、横笛に仕込んだ小太刀を振りまわし、男のように振るまっても、あふれんばかりの女らしさ、やさしさは隠しようもなかった。そこが他の映画会社の女博徒物とは明らかに一線を画していたし、爆発的な人気を博した理由であったろう。

全共闘の連中がデモへ出かけ機動隊との闘いに向かうとき、ヘルメットに緋牡丹お竜のブロマイドを忍ばせる者はいても、決して女賭博師や扇ひろ子のブロマイドを忍ばせる者はいなかったのである。それでも素顔の藤純子は、お竜さん同様、女らしさやさしさ、気品だけでなく、多分に気が強いところがあったのも確かである。

映画が大ヒットし、封切り初日に映画館の舞台挨拶に立ったりすると、大勢のファンが殺到し、もみくちゃにされ、収拾がつかない騒ぎになりかけることもあった。一度など、不埒なファンにあやうくさらわれかけたこともあり、さすがにこれには彼女も身の危険を感じたのか、

「何するの!? やめんしゃい!」

と緋牡丹お竜を地でいくような熊本弁混じりの啖呵を吐いて振り払い、難を逃れたこともあったという。

「緋牡丹博徒」シリーズで擬斗を担当した殺陣師は、1作目から6作目までが谷明憲、7、8作目が上野隆三とクレジットが出ている。

上野は昭和31年、東映京都撮影所に入社、同年、「ヒマラヤの魔王」で役者として銀幕デビュー。恩師である足立伶二郎に勧められて殺陣師に転じたのは5年後のことで、昭和37年「鷹天皇飄々剣・吉野の風雲児」が初の作品となる。

翌年には任俠路線の始まりといわれる「人生劇場　飛車角」も手がけ、以後、テレビも含め、時代劇、任俠路線の数々、「仁義なき戦い」シリーズに代表される実録路線から最近の「極道の妻《おんな》たち」まで、1000本以上の作品を担当し、現在に至っている。

「緋牡丹博徒」の擬斗で、上野が心がけたのは、藤純子の色気をいかに出すかということだった。

悪人どもをバッタバッタとなぎ倒す緋牡丹お竜の立ちまわりといえば、相手の手首を逆手にとって投げ飛ばす合気道じみた術と、手裏剣ならぬかんざし投げ。それに、横笛に仕込んだ小太刀を逆手に構えて自在に振るうさまは、なかなか見ものだった。

そんななか上野が取りいれたのは、より女の色気を出すために、お竜の着物の裏地があざやかな赤であったから、斬られ役がその足元にバーンと倒れていくといった工夫であった。藤純子の足がよりきれいに映えるような足だけの立ちまわりをやってみたり、女の色気ということに重点を置いた。鶴田や健さんとは一味違った殺陣であった。

これには俊藤プロデューサーも、

「今度の殺陣、よかったで、色気あって」

と太鼓判を押した。

「いやあ、純子さん、色気ありますね」

上野が思っていることを口にすると、

「あいつ、あるかなあ」

と満更でもない父親の顔になった。

「緋牡丹博徒」シリーズが当たると、ただちに藤純子主演の新シリーズが企画され、さらに2本が加わった。

昭和44年から46年まで5本続いた「日本女侠伝」シリーズと、46年に2本つくられた「女渡世人」シリーズである。

両シリーズでも擬斗を担当した上野隆三は、「女渡世人」では、藤純子演ずるヒロインの女博徒〝妻恋いお駒〟の殺陣を、緋牡丹お竜とはガラリと変えた。

「時代劇のサムライにしろ」

と小太刀ならぬ長い刀を持たせたのである。

藤純子はその長い刀を振りまわして堂々と立ちまわりを、こなした。

それが意外に迫力があり、俊藤にも予想外の出来だったと見え、ことのほか喜んだ。

「上野、ありがとう。純子、あんなできるとは思わなかったわ。よう考えてくれたなあ」

といいたく御満悦であった。

ともあれ、「緋牡丹博徒」「日本女侠伝」「女渡世人」と3本もの人気シリーズを抱えて、藤純子という任侠の大輪の花は、いまを盛りと咲き誇っていた。

「任侠映画が市民権を得た」

昭和43年10月、「緋牡丹博徒」が封切られて約1カ月後に公開された「人生劇場　飛車角と吉良常」は、東映任侠映画史上、画期的な作品となった。

なんとなれば、この年の「キネマ旬報」ベスト・テンの第9位に選出されたからである。

後年こそ、同じヤクザ映画でも、いわゆる実録路線の「仁義なき戦い」や「仁義の墓場」といった作品が上位にランキングされるようになるのだが、こと任侠映画に関してはキネマ旬報のベスト・テンに選出されることなど、あとにも先にも初めてのことだった。

任侠映画がどれほどヒットし、ブームを呼ぼうとも、常にそうしたランキングの対象外であり、新聞に批評が載ることもなく、キネ旬に論陣を張る映画評論家あたりからは完全に無視されていた。任侠映画をとりあげること自体、沽券にかかわるとでもいった感じで、そうした〝良識派〟からは終始、

「エロ（当時はまだポルノという語は一般的ではなかった）とヤクザ映画は映画にあらず」

といったふうな扱いを受け、冷眼視されていたのが、任侠映画であった。

加藤泰の「明治侠客伝　三代目襲名」（昭和40年）、マキノ雅弘の「日本大侠客」（41年）、山下耕作の「博奕打ち　総長賭博」（43年）など、巷で傑作との呼び声が高い作品であっても、彼らから一顧だにされることはなかった。

では、そんななか、なぜ「人生劇場　飛車角と吉良常」だけはキネ旬ベスト・テンに選ばれたのか。

それだけ名作であったからといってしまえばそれまでだが、何よりその決定的な理由として、巨匠も巨匠、大巨匠・内田吐夢の監督作品であったということを抜きにしては考えられまい。

でなければ、同作品がランキング入りして、同じ年に公開された「博奕打ち　総長賭博」がその対象にもならないというのはどう考えてもおかしい、と思うのは私だけではあ

るまい。

そこにあるのは、当時のキネ旬文化人たちの度しがたい権威主義であろう——といまさらそんなことをいうのも、野暮というものであろうか。

ともあれ、そういう意味では、「人生劇場　飛車角と吉良常」は内田吐夢のお陰で任俠映画が初めて市民権を得た作品でもあったわけだ。

もとより同作品は、東映任俠路線の原点といわれる昭和38年の沢島忠監督の「人生劇場　飛車角」のリメークであり、「製作」に当時の東映社長・大川博の名があるのを見てもわかるように、東映がかなり力をいれた作品でもあったようだ。キャストも、飛車角に鶴田浩二、宮川に高倉健、小金親分に若山富三郎、おとよに藤純子、青成瓢吉に松方弘樹、お袖に左幸子、他に大木実、中村竹弥、山本麟一、吉良常に辰巳柳太郎——と極めつきのオールスター作品となった。

内田吐夢が任俠映画を撮ったのは、あとにも先にもこれ1本きりだった。内田吐夢は昭和36年から中村錦之助主演の大作「宮本武蔵」5部作を毎年1本ずつ撮り続け、40年1月の「飢餓海峡」を挟んで、40年9月の「宮本武蔵　巌流島の決斗」で5部作を完成させていた。

それから3年ぶりの仕事が「人生劇場　飛車角と吉良常」だったわけである。

なお、「宮本武蔵　巌流島の決斗」で、武蔵の宿敵・佐々木小次郎役を演じたのが、高倉健であった。

このころの健さんはといえば、前年8月に「日本俠客伝」シリーズ、この年（昭和40年）4月に「網走番外地」シリーズをスタートさせたばかりで、まさに大スターへの道を駆けのぼりつつある時期でもあった。

中村錦之助と高倉健は仲が良く、東映京都撮影所宣伝部の佐々木嗣郎は、「宮本武蔵巌流島の決斗」の撮影中、錦之助が健さんに、

「あれっ、健さん、いつ網走刑務所を出てきたの？」

とジョークを飛ばすのを聞いて、

〈ああ、そうか、東京じゃ「網走番外地」シリーズが始まったんだな〉

と印象に残ったことを、いつまでも憶えていた。

「人生劇場　飛車角と吉良常」のプロデューサーは俊藤浩滋・大久保忠幸・吉田達、脚本は棚田吾郎で、吉田は以前、俊藤から紹介してもらって、現役の親分のもとへ棚田とともに取材に行ったことがあった。

その前日、吉田が俊藤に、

「明日、行ってきます」

と挨拶すると、

「達ちゃん、先方へ行ったらな、若い衆さんが玄関で迎えてくれるからしっかり頭を下げて、どうぞっていわれたら、自分の脱いだ革靴は自分でちゃんと揃えてあがってくれよ。それが最初の勝負だからな」

と心得を教えてくれるのだった。

吉田が棚田とともに親分宅へ赴き、俊藤にいわれた通りの所作で家にあがるのだが、二人ともビクビクものである。

が、向こうは二人を歓迎してくれ、棚田のことも知っている様子で、

「いやあ、先生、この間の映画観させてもらいましたよ。『日本俠客伝　絶縁状』といい、『俠客列伝』といい、自分たちはみんな感心しております」

と作品を褒め、酒まで出してもてなしてくれるのだった。

が、棚田はまったくの下戸であった。吉田はそれを知っているから、先方に、

「棚田先生は飲めないもので……」

と断わろうとするより早く、棚田が、

「いただきます」

と飲めない酒を飲むのには吉田も驚いた。さすがに二人とも緊張の度合いはそれだけ大

きかったのだ。

さて、「人生劇場　飛車角と吉良常」がいざクランクインというとき、内田吐夢は準備ばかりしていて、なかなか撮影に入ろうとしなかった。

業を煮やして、つい吉田が岡田茂に、

「巨匠がクランクインしてくれないんですよ」

と訴えた。

「すぐ俊ちゃんに連絡しろ」

岡田が指示し、ただちに俊藤が内田と交渉することになった。

俊藤は人払いして、東京撮影所スタッフルームで内田と二人きりで話しあいを持った。

それがなかなか終わらず、吉田はチーフ助監督の三堀篤らとともにジリジリして待っていた。二人で何を話しているのか、ときどき大きな笑い声が聞こえてくる。

ようやく終わって二人が部屋から出てきた。俊藤は三堀に、

「じゃあ、来週の月曜日から撮影開始するって、巨匠がいってるから、三堀、頼むよ」

といった。吉田が俊藤に、

「うちあわせ、どうだったですか？」

と訊ねると、

「うん、あと（製作費を）250万円足せば月曜から撮影開始するって言うんや」

と答えたから、

〈あっ、こりゃうまいな〉

と吉田も三堀もこれには参ってしまった。

〈なるほど巨匠というのは、演出のうまさ以上に、会社との駆けひきや人との駆けひきがうまいもんだな〉

との印象を最初に持ってしまったのだ。

内田吐夢は俊藤のことも終始「大統領」と呼んで持ちあげていた。

もっとも、俊藤自身は、内田吐夢との思い出をこう述べている。

《あの人には「大統領」「大統領」と言われて、ええ気持になっていたら、結局、うまいこと手足のごとく使われていた。

私の知るかぎり、もっとも監督らしい監督やったと思う》（『任俠映画伝』）

内田吐夢が強い思いいれを持って臨んだのは、藤純子のおとよが松並木の延々と続く川っぷちを人力車に乗って、鶴田の飛車角から去っていく場面で、それを橋の上から鶴田が見送るシーンであった。

そのシーンを、内田はセットではなくロケーションで撮ることに固執した。

だが、撮影のスケジュールは〝両天〟と決まった。両天とは両方の天気という意味で、当日、雨ならセット、そうでなければロケで行くことになったのだという。

その場合、判断するのは進行主任の仕事で、同作品担当の白濱汎城は当日朝早く世田谷の自宅を出て、大泉の東京撮影所へと向かった。ロケなら朝8時の出発であったから、それより1時間前にはどちらかに結論を出さねばならなかった。

それほど当日の天候はあやしく、白濱が7時前に撮影所に着いたころには、雨もかなり強く降りだしていた。

すると、内田吐夢はもう撮影所の玄関前で白濱を待っていた。内田はクランクインしてからは小田原の自宅には帰らず、撮影所前の寮に寝泊まりしていたのだ。

「白濱君、君は今日どうするんだ？」

と内田は訊いてきた。

「はあ、この雨です。今日はセットです」

白濱が答えると、内田は途端に怒りだした。

「君は今日撮るシーンをどう思ってるのかね？　どういうふうに台本を読んでるんだ!?」

要するに、セットではオレの狙いとする絵が出せない、ロケでなければダメだ——といっているのだった。

そのうちに俊藤もやってきた。

「白濱、どっちや？」

「なんかこんな天気なんですけど、巨匠がロケーションだといってますから。ロケ、行きます」

「そうか」

かくて監督やスタッフをはじめ、鶴田、藤純子、大木実ら役者一行はロケ先である埼玉・志木へと繰りだして撮影し、あの名シーンが生まれたのだった。

この「人生劇場　飛車角と吉良常」が大ヒットしたのは、二枚看板スターともいえる鶴田・高倉に加え、第三の男・若山富三郎、「緋牡丹博徒」で主役を張るほどの大女優となった藤純子に、辰巳柳太郎という新国劇の大物を配したキャスティングの妙もあったのだろう。

キャスティングといえば、任俠映画ブームが頂点に達していたこの時期、ファンの間でも鶴田派と健さん派とが存在していた。

さしずめ鶴田派の第一人者は作家の三島由紀夫であった。

《私が鶴田びいきになったのは、殊に、ここ数年であって、若いころの鶴田には何ら魅力を感じなかったが、今や飛車角の鶴田のかたわらでは、さしも人気絶頂の高倉健もただの

デク人形のように見えるのであった》（「映画芸術」昭和44年3月号）

とぞっこんぶりを見せている。

一方、健さん派の代表格はイラストレーターの横尾忠則であった。人づてに高倉健からのサイン入り色紙を手にしたときの感動を、《一瞬フワッと体の重心が狂い、足もとがフーッとすくわれるように、無重力状態のようになった。軽い脳震盪を起こしたように、目の前がくらむのを、やっとおさえるのが精いっぱいだった》（楠本憲吉編「任俠映画の世界―男友＝高倉健への恋慕―」荒地出版社）と述べているのだから、もはやファンなどという生やさしい域を超えていた。

「街が一つの映画館だった」

緋牡丹お竜さんの登場に至って、東映任俠映画ブームもピークに達した感のあった昭和43年――世はまさに若者叛乱の季節でもあった。

「人生劇場 飛車角と吉良常」が封切られる4日前の10月21日、3度目の国際反戦デーを迎えたこの日に起きたのが、〃新宿騒乱事件〃であった。

国会、防衛庁、米大使館、麴町署などへ押しかけた反日共系全学連各派は、夕方から国鉄新宿駅へ向かい、午後7時ごろにはデモ隊約４５００人に群衆を加えた1万人以上が駅周辺に集結した。８時45分ごろから同駅の鉄壁と看板を倒し、線路・ホーム・駅舎に乱入するに至った。

学生たちは、排除しようとする警官隊や停車中の電車、列車、事務所、信号機に投石、駅前の警察車両を横倒しにして放火、列車ダイヤをマヒさせた。

警察庁は22日午前0時15分、騒乱罪適用を指令、７３４人を検挙した。うち22人が騒乱指揮、同助勢罪、12人が威力業務妨害罪で起訴され、妨害罪の12人、騒乱罪の12人が有罪となった。

なお、この日は全国でデモや集会が行われ、１０３０人が検挙され、警官１４００人が負傷するという大騒動となったのだった。

この年、大学紛争も燎原の火のように全国に拡がっていた。東京大学においても、駒場の教養学部教養学科では、新宿騒乱事件の翌22日から学生たちがストに入り、バリケード封鎖が12月27日まで続いた。スト突入１カ月後の11月21日には東大ならではの不思議な光景も見られた。東大正門で、バリケードに立てこもる学生たちに、

「力ずくの衝突は避けてほしい」

とキャラメルを配る母親たちの姿があったのだ。

彼女たちは、立て看やビラがあふれる構内に、

《暴徒とも反逆ともいはるゝ青年の涼しきひとみにわれはとまどふ》

との短歌まで書いて貼ったという。

これを受けてのことであったのだろう、11月23、24日に開催された第19回東大駒場祭では、かの有名な、銀杏の刺青を背負った男がイラストで描かれたポスター、

《とめてくれるな
　おっかさん
　背中のいちょうが
　泣いている
　　男東大どこへ行く》

が登場する。当時東大生だった作家の橋本治の作品といわれる。

それは明らかに健さんの「昭和残侠伝」に代表される東映任侠映画のポスターのコピーであった。全共闘など闘う学生たちに圧倒的に人気のあった同映画の影響は、こんなところにまで及んでいたわけである。

東映は当時、映画とリンクするポスターづくりのうまさ、キャッチフレーズ――惹句のうまさにかけても抜きん出ており、それ自体が独自の世界をつくりあげていた。くだんの

橋本治のポスターも真似ているように、宣伝惹句の韻を踏んだ名調子は任侠映画の美学や浪曼、情念的世界を見事に謳いあげ、表現し尽くしていた。そのポスター、惹句に魅せられ、胸躍らせて映画館の暗がりへと駆けこんだファンがいったいどれだけいたことだろうか。

《地獄みやげに拝んでおけよ
雨のしずくか血か汗か
濡れております唐獅子牡丹》（「昭和残俠伝」）
《生きていたならおふくろが
人を殺しちゃならないと
俺の頬っぺた濡らすだろ》（「網走番外地　望郷篇」）
《浅草が俺を呼んだから
ドスを抱えてきたんだぜ》（「日本俠客伝　雷門の決斗」）
《親か仁義か女をとろか
仁義抱きましょ男の世界
親の涙も見ないふり
女のいのちも知らぬふり

一本刀泣かぬ笑わぬ高倉健》（「昭和残俠伝　唐獅子仁義」）

《見せぬ刺青緋牡丹を
　それほど見たいか
見せてもいゝが　見たら
　お命いたゞきますよ》（「緋牡丹博徒　お竜参上」）

《見りゃ立派な任俠の紋……だが一皮むけば
ドスをくわえた泥犬がなんで男と云われるか！》（「博奕打ち　総長賭博」）

――とまあ、ざっとこんな調子なのだ。

これら引用した宣伝惹句はすべて名惹句師の名をほしいままにした橘喜代次によって書かれたものであった。

橘は東映宣伝部で惹句一筋に携わって、任俠路線の草創期から実録路線に移行する前の後期までの作品を一手に担当して昭和45年末に退社。

そのあと――任俠路線後期以降の宣伝惹句を受け持つことになったのが、橘を「先代」と呼んで師と仰ぐ、関根忠郎であった。

つまり、任俠路線から実録路線とおよそ20年近くの長きにわたって続いた東映ヤクザ路線の宣伝惹句のことごとくは、橘喜代次―関根忠郎という二人の惹句師によって書かれたものだった。いってみれば、その分野は二人の独壇場であった。

関根忠郎は昭和12年、東京・中野の生まれ。昭和31年4月、都立小石川工業高校電力科卒業後、東映株式会社に入社、本社総務部技術課に配属される。同年9月、新宿東映劇場に移り、電気・空調関係の保守・管理に従事、翌年、練馬区大泉の東京撮影所技術部に転勤となった。

つまりはもともと宣伝惹句とはまるで畑違いの電気技師として東映に勤めていたのだ。その関根が、同撮影所の製作部宣伝課に異動、製作宣伝マンに転身したのは昭和34年のことで、自ら希望した結果であった。

エンジニアとして入社3年目に東京撮影所へ転勤となり、製作現場に接しているうちに、映画づくりの面白さの虜となり、自分も関わりたくなったのだ。それでなくても、東映へ入社したのは、子どものころからの映画好きが高じてのことだった。

そこで製作部への異動を申し出たところ、たまたま製作部宣伝課に一つの空きがあって、

「一人ぐらいならいいだろう」

と受理され、さっそく試験を受けることになった。試験官の宣伝課長から台本を手渡され、

「明日までにこれの簡単なストーリーとキャッチコピーを書いてこい」

と命じられ、関根はその夜、帰宅すると、朝4時までかかって原稿を仕上げた。ろくに寝ないで撮影所に出勤し、それを宣伝課長に提出すると、課長はさっと目を通したうえで、

「よし、OKだ」

といい、晴れて採用が決まったのだった。

その上司にあたる宣伝課長こそ、橘喜代次であった。橘は大正12年生まれで、関根よりひとまわり以上も上だった。

それから2年ほどして橘は本社の宣伝部へ転勤となり、関根はそのまま東京撮影所に残ったのだが、しばらく経って橘から、

「こっちの広告課に来ないか」

と誘われ、関根にとっても願ってもないことだったから、

「よろしくお願いします」

と即座に応じていた。

こうして昭和37年から本社宣伝部広告課に転勤し、新聞広告の制作に従事、惹句づくりに専念する橘のもとで、関根もその修業に励むことになったのだった。

任侠路線のスタートといわれる「人生劇場　飛車角」の惹句をこう書き、路線確立を決

定づけたといわれる翌年の俊藤浩滋初プロデュースの「博徒」では、
《全身いれずみ　裸にぶっこむ日本刀！　地獄とムショの一本道を突っ走るヤクザ百人》
と書いた橘にとっても、東映の時代劇から任侠路線への転換は、ターニング・ポイント
となったようだ。
いかに任侠路線を売っていくか——と考えた末に、多くのファンを唸らせ、その心を摑
むことになる、橘ワールドともいえる独特の宣伝惹句スタイルが確立される。
《男の歪真っ二つ！
仁義背負った男の喧嘩を見せてやる！》（「博徒」）
《仁義のためだ　男命を俺にくれ！》（「博徒対テキ屋」）
《どす抜きゃ血がとぶ　血がはねかえる》（「昭和残俠伝　血染の唐獅子」）
といった七五調の韻律の名調子に酔いしれた任侠映画ファンも多かったことだろう。
こうした七五調は、橘の歌舞伎に対する深い教養があって、生まれたものだったという。
ちなみに私が、封切りから30年経ったいまでも憶えているほど気に入りの惹句は、菅原
文太が大きくドスを振りあげた横顔がどアップになった「現代やくざ　新宿の与太者」と
いう作品のポスターで、
《仁義のためなら死んでもいいが……》

との1行が最初にあり、続いて少し小さな文字で、
《この人生の裏道をじっと見つめてドス抜いた　文太、泣いているよなにくい顔――》
と書かれたもの。まだ高校生のときで、東映任俠映画を観始めたころと文太の登場とがほぼ同じ時期だったこともあり、文太に思いいれがあったせいもあって印象に残っているのだろう。

また、忘れられないのは、加藤泰の「緋牡丹博徒　お竜参上」の雪の今戸橋の名場面を描いたポスターで、まず1行、
《つろうござんす浮世のしがらみ》
と大きな文字があり、そのあと少し小さな文字でこう続くのだ。
《純子は何んにも言いません
文太も何んにも言いません
ここで別れりゃ二度とは会えぬ　熱いものがこみあげる
だが美しい――
無言で見せて
無言で演じたラブシーン》
雪の今戸橋をみかんが一つコロコロと転がった別れの名シーンが、思わず浮かんでくる

ような名惹句であろう。

当時、映画ポスターは、電柱や塀など、街のあっちこっちに貼られ、あるいは立て看が立てられていた。そこには映画館で観る任侠映画とは別の、もう一つの任侠映画の世界とでもいうべきものが、紛れもなくあったのである。街自体がもう一つの映画館であったといってもよかったかも知れない。

そういう意味でも、惹句師の果たした役割は大きかったであろう。

惹句用のセリフが独り歩き

昭和45年末、東映任侠路線の数々の名惹句をつくりだした橘喜代次が退社し、その跡目を継承した関根忠郎が、いよいよ一手に惹句づくりにとり組むことになった。

昭和38年の「人生劇場　飛車角」から始まった路線は〝任侠後期〟ともいえる時代に入っていたが、のちの実録路線の雄・菅原文太が主役の新顔として一枚看板の座に躍り出て、「現代やくざ」「関東テキヤ一家」「まむしの兄弟」などのシリーズをひっさげて登場、さらに健さんの「新網走番外地」、藤純子の「日本女俠伝」「女渡世人」といった新シリーズも加わって、任俠路線は依然として根強かった。

そんななか、惹句を任された関根忠郎がとりいれた手法は、やはり見よう見真似で身につけた〝先代〟橘流の七五調であった。たとえば、昭和46年10月に封切られた「昭和残侠伝　吼えろ唐獅子」。シリーズ8作目にして初めて手がけた関根の惹句は、

《義理に追われて旅から旅へ
　どこで果てるか、知らねえが
　また血に濡らす唐獅子牡丹
　ごめんなすって
　今じゃァ、顔にドスの傷
　〝人斬り秀〟と、けちな異名を　とりやした……》

と七五調が延々と続く。

また、評判をとった、

《今が盛りの菊よりも、
　きれいに咲くぜ唐獅子牡丹！》

というやはり七五調の惹句も、同じ「昭和残侠伝　吼えろ唐獅子」用につくったものだった。映画公開時が菊の季節であったことから生まれた惹句で、

「あっ、これはきれいだねえ」

と皆が思わず唸ったという。

当時は一つの作品で、ポスター用、新聞・雑誌広告用、チラシ用など、7パターンくらいの惹句をつくるのが普通だった。関根の場合、ポスターよりも公開直前まで時間をかけてつくることのできる新聞広告のほうに自信作は多かった。

東映はプログラムピクチャー2本立てで量産していた時代であったから、ともかく惹句師も忙しかった。台本を読み、早ければものの5分でいい惹句が閃くこともあれば、1週間かかってもなかなか出てこないときもあった。

平均すれば2、3日で書けたが、毎日それこそトイレの中だろうが、風呂場であろうと、四六時中アイデアを考えているような状態であった。床に就いてから夢の中でパッといい惹句が浮かぶことがあったから、寝る前には枕元にサインペンとメモ用紙は欠かせなかった。

関根はサラリーマンとしてはある意味で不良社員といってよく、あまり会社にはいたことのない人間として知られていた。惹句を仕上げさえすればどこにいようが何をしていようがいいというわけでもないだろうが、出勤こそすれ、あとは大概本社近辺の東京・銀座の喫茶店をハシゴするのがつねだった。

まだ携帯電話のない時代だったことも、関根には幸いした。会社に呼びだされたり、誰にも煩わされることなく、心おきなく惹句のアイデアを練れたのである。
かくて1杯の珈琲、1本の鉛筆から、任侠映画ファンの心にグッと染み透る名惹句は生まれたわけだった。
結婚が決まって、シリーズ最後となった藤純子の「緋牡丹博徒 仁義通します」は、昭和47年1月に封切られたが、関根はお竜さんにこんなオマージュを捧げている。
《ドスがひらめく白い闇
ごめんなさんせ、番傘ひとつ
お竜仁義が舞うように
ひらりとかわす白刃雪
雪がきしんで、着物が散って
渡世三年、お目にかけましょ
名残りの小太刀……》
むろん惹句ばかりでなく、ポスターづくり、そのためのスチール撮りも宣伝部の大事な仕事になるが、冷汗ものの失敗もあった。
昭和47年12月30日に封切られた正月作品「昭和残侠伝　破れ傘」のポスターができあがったときのことだ。たまたま本社宣伝部に俊藤浩滋と高倉健とが居あわせたこともあって、

関根たちは刷りあがったばかりのポスターを、
「どうですかね？」
と二人に見せた。
ポスターの構成は、破れ傘から健さんの顔がアップで出ていて、その下に、着流し姿の健さんと池部良とが河原らしきところで斬りあっているシーンもあった。それは小さい図柄であまり目立たなかった。
惹句は健さんの顔の横に、
《旅人です花田秀次郎》
と大きく1行書かれ、続いて小さな文字で2行、
《仁義渡世は男の闇か
闇と知ってもなおドスぐらし！》
とあり、むろん関根の作であった。
感想を求められて、俊藤浩滋はポスターを眺めながら、
「うん、全体にええんやないか。コピーもええなあ」
と褒めたので、宣伝部にホッとした空気が漂った。関根もうれしかった。
が、それも束の間、高倉健が関根の傍に近づいてきて、そっと囁くようにいった。

「関根、まずいな。下の立ちまわりの絵を見てみろよ」

「え?」

関根が緊張して目を凝らしてポスターを見たが、すぐには気がつかなかった。

「足だよ」

健さんにいわれて、関根は、

「あっ」

とその場に凍りついてしまった。顔がひきつり、背中を冷汗が流れた。

なんと、長ドスを振りおろしている着流し姿の健さんが白い足袋を穿いているのだ。渡世人は冬でも雪駄に素足と決まっており、足袋を穿くことはあり得なかった。

ロケは木枯しが吹きすさぶ寒さのなかで行なわれたから、撮影中は健さんも本番でないテストのときは足袋を穿いたまま演じていたのだ。

宣伝部のポスター用のスチール撮りは、本番前のテストのときを狙って行なわれるのが慣例になっていた。本番のときに撮ると、カシャッというシャッター音が入ってしまうからだった。

そのため、うかつにも健さんが足袋を穿いている姿を撮って、そのままポスターに使ってしまったのだ。とんだ失敗もいいところで、ポスターができあがってからも宣伝部の人間は誰一人それに気がつかなかった。

一人、健さんだけが気づいたのだが、もはやポスターはできあがり、封切りを直前にして全国の劇場に発送したあとだったからどうしようもなかった。

「ありゃ、足袋が……」

関根は顔色を失い、言葉を失った。恥ずかしくてならなかった。考えられないミスだった。

仕事に厳しい健さんからきつく叱られるのを覚悟して、関根が身を縮めていると、

「これからは注意してくれよ」

と、健さんはボソッというだけだった。

が、それはガツンと怒鳴られるより、関根にはこたえた。以来、このときの健さんの言葉が耳から離れなくなった。

関根は、惹句師は看板俳優とプライベートなつきあいをしたり、一緒に酒を飲んだりして仲良くなってしまうと、かえって仕事がやりにくくなるから距離を置いたほうがいいという考えかたをしていた。あくまでスクリーンの虚像を対象にして惹句を書いているわけだから、素顔は知らないほうがよかった。

それでも健さんは少しも大スターぶったところがなく、何かといえば、

「おい、関根」

と声をかけてくれ、

「これ、やるよ」

と愛用のジャンパーを気軽にくれたりするような男だった。

関根の惹句は、任侠路線よりむしろ実録路線に移行してからのほうが本領が発揮されることになるのだが、制作段階で何より心がけたのは、わかりやすさということだった。凝りに凝った挙句、ひとりよがりのわけのわからないものをこしらえても、東映の観客層に受けなければ意味がないとの思いが強かった。

関根が惹句づくりで一番苦心した作品は、任侠路線が終わり、実録路線も下火になりかけたころ、昭和53年1月に封切られた、萬屋錦之介の久々の大型時代劇「柳生一族の陰謀」のときだった。

このときは台本を読みこなし、考えに考えてもなかなかいいコピーは出てこなかった。終まいには寝ても覚めてもそのことばかり考えづめ、頭を悩ますようになったのだが、納得できるものは浮かんでこなかった。

1週間経ってもできず、7日目の朝、東映本社へ出社し、エレベーターで7階宣伝部へあがっていき、7階に着いてドアが開いたとき、突如、閃いた。

《我につくも
敵にまわるも
心して決めい！》

という例の名コピーが生まれた瞬間だった。

萬屋錦之介扮する柳生但馬守が重々しくいい放つこのセリフは、テレビスポットでもだいぶ流れ、このパロディをドリフターズがテレビで毎週使っていたこともあって、流行語のようにさえなった感があった。

実はこのセリフ、台本にはないもので、関根が宣伝惹句用に勝手につくってしまったものだった。

それが予告篇としてテレビスポットや映画館で錦之介のセリフとしてバンバン流れたものだから、当然本篇でも出てくるセリフと誰もが思ったのは無理からぬところであった。

だが、いくら待っても登場しないシーンに、

「あのセリフが聞きたくて映画館に行ったのに、さっぱり出てこないじゃないか。いったいどうなってるんだ!?」

と客からのクレームが相次ぎ、宣伝部にもそうした電話が頻々とまわされてきて、

「おい、関根、おまえが出て釈明しろよ」

と関根がクレーム担当になってしまった。
関根の書いた惹句がひとり歩きしてそれだけ世間に影響を及ぼし、流行語とさえなったケースであっただろう。
寝るときはできていなかったのに、朝起きたら知らぬ間にできていたという惹句もあった。夜中、夢うつつのなかでパッと閃いた文句を、枕元に常時置いてあるメモ用紙に書きつけて、すぐまた眠りに落ちたのであろう。
朝、目覚めたら、紙にドンピシャの文字が躍っていたのだ。
それが、
《なぜ吠える
なぜ暴れるか
野良犬文太！》
という「現代やくざ　人斬り与太」の惹句であったりした。

館主会の要望でシリーズ復活

昭和43年12月28日に封切られた「新網走番外地」は、40年から42年にかけて10本もつくられた高倉健の大ヒットシリーズ「網走番外地」のリニューアルとして1年ぶりに復活した作品であった。

旧番外地シリーズは石井輝男監督、高倉健のコンビで製作され、プロデューサーは1作目が大賀義文であった他はすべて植木照男（片岡千恵蔵の甥）がつとめ、歌とともにブームを巻き起こした。

だが、いくら大人気シリーズとはいえ、たった2年半で10本もつくればネタ切れになるのは無理もなく、42年の年末封切りの正月作品でいったんは打ち止めとなっていた。

それをまた復活させたのは、東映の館主会から、

「俊藤浩滋プロデューサーの手で、もう一度、あのシリーズをやってもらいたい」

との強い要望があったからだった。

俊藤がこう述べている。

《館主会といえば、お客さんに映画を売ってくださる人の集まりだから、その意向をええかげんには扱えない。当時、映画本部長だった岡田茂氏が私に頼みにきた。

「こういうわけや。ぜひ引き受けてくれ。『網走番外地』というのはなかなかおもろい素材やろ」

「冗談やない。ひとのやった企画をいまさらやれるかいな」

「いや、それは困る。館主会の決定なんや。いままでとはちょっと変わったものをつくってほしい」

押し問答の末、昭和四十三年の年末封切りの『新網走番外地』をプロデュースした》(『任俠映画伝』)

こうしてスタートした「新網走番外地」シリーズは、年2回、正月と盆に公開されるのが慣例となり、昭和47年の盆作品まで計8本つくられた(旧シリーズとあわせれば18本となる)。1作目の「新網走番外地」はマキノ雅弘、3作目の「新網走番外地　さいはての流れ者」を佐伯清が撮り、あとの「新網走番外地　流人岬の血斗」「新網走番外地　大森林の決斗」「新網走番外地　吹雪のはぐれ狼」「新網走番外地　嵐呼ぶ知床岬」「新網走番外地　吹雪の大脱走」「新網走番外地　嵐呼ぶダンプ仁義」という6本すべてを撮ったのが降旗康男であった。後年、高倉健との名コンビで「冬の華」「駅」「居酒屋兆治」「夜叉」「あ・うん」「鉄道員」「ホタル」などの数々の傑作を手がけた監督である。

「新網走番外地」シリーズの脚本は8本中7本を村尾昭が書いており、メインスタッフも共演者も顔ぶれがそれまでとはガラッと変わった。高倉健の役名も橘真一から末広勝治に変わって二枚目半的要素はより強くなる一方で、定番の歌がかぶさるラストの殴り込みシーンはいかにも俊藤調であった。旧シリーズの石井輝男とはうって変わった任俠調番外地的な色あいが濃くなったのだった。

降旗康男が東大文学部仏文科を卒業して東映に入社したのは昭和32年4月のことで、同期には「仁義なき戦い」シリーズのプロデューサー・日下部五朗がいる。

当時はまだ映画監督になりたいという強い志があっての東映入社ではなかった。就職先を東映に決めたのは、前年の暮れ、たまたま大学の就職掲示板を見ていたら、文学部の求人欄に、給料の高いほうから2番目に東映の名があったのがきっかけだった。1番が「有斐閣」という法律関連の出版社、3番目が東宝であった。

〈へえ、映画会社って給料が高いんだな。じゃあ、映画会社でも受けてみるか〉

と考えたのである。とはいえ、子どものころから映画を観るのは大好きだったけれど、まさか自分が映画づくりに携わろうとは夢にも思っていなかった。

それが映画監督ということをなんとなく意識するようになるのは、入社して間もなくのことだった。

その年9月封切りの関川秀雄監督の「爆音と大地」という砂川闘争を題材にした作品の撮影で、進行係としてついたときのことだ。進行係といっても、入社したばかりの新人の仕事はお茶汲みである。東京・砂川町でロケがあり、先輩たちにお茶を淹れる段になって、湯を沸かせるところがないのに気づいた。そこで仕方なく、学生時代、砂川闘争の折に馴

染みになった家が近所にあったので、

「おばちゃん、お湯沸かしてよ」

と訪ねていった。

「あら、今日は何？　いま、何やってんのよ？」

降旗を見て、おばちゃんが懐かしそうに訊いてくる。

「うん、今日はロケでね、映画会社に入ったんだよ」

と降旗が答えると、

「映画会社って、監督にでもなるのかい」

と彼女はいい、その何げない言葉に、降旗は改めて、

〈ああ、そうか、映画会社に入ったら、監督にならなきゃダメなんだな〉

と思いいたったのである。映画監督ということを意識した最初であった。降旗は当時のことを振り返るたびに、

〈いい加減な映画会社デモ監督だったなあ〉

と苦笑せざるを得なかった。

降旗が子どものころから映画ばかり観ていたのは、故郷の信州松本市には映画館が7館あって、いつでもタダで観ることができたからだった。親が館主と親しくしており、招待

券がもらえたのである。

7館のうち洋画専門館が2館、邦画専門が5館だった。いずれも週ごとに上映作品が替わって、毎日違う映画を観ることができたわけである。この当時観た映画で印象に残ったのはフランス映画で、とりわけルネ・クレール、ジャック・フェーデ、ジュリアン・デュヴィヴィエらの作品群には知らず知らずのうちに影響を受けたのかも知れなかった。

高校まではそんなふうにして映画を観ていたのが、大学に進学し上京してからは、邦画はまるで観なくなった。隆盛を極めていた東映の時代劇も観たためしがなかった。

そのため、東映の入社試験では、面接のとき、中村錦之助と大川橋蔵の区別がつかなくて、面接官の重役たちの爆笑を誘ったものだった。

昭和32年、東映に入社した降旗が進行係として初めて携わった作品が、同年6月に封切られた美空ひばり主演、春日八郎、高倉健共演、小林恒夫監督「青い海原」で、後年の名コンビ、降旗・高倉との初の出会いであった。

このとき、ちょっとした事件があった。東京撮影所での撮影中、上からウェストレックスのマイクが落ちてきて、主役の美空ひばりの鼻先をかすめた。あわやひばりが怪我するところだったのだ。

むろんスタッフの過失だが、これにはひばりの母・喜美枝が怒り、なかった。

「スタッフを代えなきゃ、もうできない」

という話になった。

大スターにつむじを曲げられたら作品は完成しないから、東映側はそれに応じざるを得なかった。

すると、

「それはおかしいじゃないか。徹夜続きでみな疲れてるからこういうことも起きるんだ。それをスタッフ代えるなんていうのはおかしい」

と助監督らとともに、彼らのうしろにくっついて猛然と抗議したのが、入社したばかりの降旗であった。

が、そのうちにいつのまにか先頭に立っているのは降旗になっていた。

結局、この一件は、東京撮影所製作部長及びその上の所長がひばりの母の前で手をついて詫びることでスタッフの交替もなく、一件落着したのだが、製作部長は降旗に対して、半ば呆れて、

「おまえみたいなのがいたら、こっちの首がいくつあっても足りない。東映のスターが出る映画には、もうおまえはつけないからな」

と申しわたした。

もとより当時の東映は、時代劇の黄金期で、片岡千恵蔵、市川右太衛門、中村錦之助、大川橋蔵、美空ひばりといったスターの全盛時代である。

降旗はついにそうしたスターの映画には、ただの一度も助監督として携わることができなかった。

唯一の例外として、監督になる直前、高倉健の「昭和残侠伝」で、助監督をつとめたのは、撮影所の合理化で人手が足りなくなったため、同じ製作部長から、

「スターの映画だけど、すまんが今回はやってくれないか」

と頼まれたからだった。

降旗康男の監督デビュー作品は、昭和41年3月封切りの緑魔子主演の「非行少女ヨーコ」であった。

続いて監督2作目が、同年10月の「地獄の掟に明日はない」という高倉健主演の作品で、健さんが原爆症のヤクザを演じた。監督と主演俳優として降旗・高倉コンビの最初となる記念すべき作品で、いわば二人の実質上の出会いとなった映画である。

それから3作目を撮るまで少し間隔があいたのは、東映の企画――大企業とのタイアップものとか、鹿島建設がスポンサーとなった「超高層の曙」といった企画に対して、「偉人伝や修身の教科書みたいな話は撮りたくない」

と拒んでいたことにもよる。そんな折に、

「それだったら、おまえ、これならいいだろう。アウトローの話だから」

といって持ちこまれたのが、俊藤浩滋プロデュース、安藤昇主演の「ギャングの帝王」

という作品だった。

アウトロー物ならやってみるかな――との思いがあったのも確かだが、加えて友人のプロデューサーが、

「俊藤さんの映画を蹴っていたら、もう東映で撮る映画はないよ」

と半ば脅すようなことまで言う。実際、東映任俠路線はもうすっかり軌道に乗っていた時期であった。

そこで降旗も決心がついて、

「それじゃ1本やってみましょうか」

と監督を引き受けたのだった。初めて俊藤浩滋と組んだ作品となったのである。

が、撮っているうちに、

〈あれ、これはアウトローの話には違いないけど、どうもアウトローの修身の教科書じゃないか〉

と、いわば俊藤浩滋流のドラマツルギーというものにも気がつくことになるのだが、俊

藤と初めて一緒に仕事をするうちに、その人柄に次第に惹かれるようにもなっていく。

幻に終わった「アラスカ篇」

昭和43年12月末の正月作品から始まった「新網走番外地」シリーズは、旧石井輝男番外地シリーズとはだいぶカラーが違ったものになったが、人気は少しも衰えなかった。

盆暮れ年2回のペースで3本、4本とつくられていく過程で、あるとき、番外地スタッフも加入する東京撮影所の労働組合が時間外労働拒否のストライキを敢行するという話になった。監督の降旗康男も、

「じゃあ、こっちもそうしよう」

と宣言していると、営業の取締役が飛んできて、

「いや、ともかく撮ってくれ。頭に網走番外地の歌があって、ラストに健さんの歌があれば中は何でもいいんだから」

というのだ。

これには降旗監督をはじめスタッフ一同が、

〈このヤロー、なんてことを……〉

と思って、怒りもあらわにするのだが、

〈待てよ、けど、考えたらそれも一面の真実には違いないか……〉

と皆が苦笑しつつも納得してしまうほど、番外地人気は高かった。

シリーズ3作目の「新網走番外地　さいはての流れ者」のときには、異色の人気イラストレーター、横尾忠則のイラストによるポスターも登場、

《見たか見たか俺らの赤い花
咲いて凍ってオホーツクの
風に吹かれる北の果て
やくざ仇花　血の櫻》

との惹句は、御存知橘喜代次の作で、そのまま番外地の曲にあわせて歌えるようにつくられていた。

《親の、親のない子が
　生きるには
こうなるほかに
　何がある
無理か、この世のはぐれ鳥

男　網走番外地》

と、これは「新網走番外地　流人岬の血斗」。これまた惹句イコール歌詞にもなっているのだ。

また、「新網走番外地」シリーズは、高倉健版寅さんといった趣きもあって、二枚目半的な健さんがほのかに恋心を抱くマドンナが毎回登場することも話題になった。マドンナ役をつとめたのは、松尾嘉代、岩崎加根子、星由里子、ジューン・アダムス、野添ひとみ、生田悦子らの女優陣であった。

が、高倉健はどうも美人女優が苦手なようであった。

「新網走番外地　吹雪のはぐれ狼」のとき、脚本を書いた村尾昭が、俊藤浩滋から、

「こっちの温泉へ骨休みに来んか」

と誘われ、ロケ地の北海道・層雲峡を訪ねたことがあった。

ちょうどこのときのマドンナ役がジューン・アダムスで、修道女を演じていた。

それを撮影中、少し離れたところで、俊藤、高倉とともに村尾が眺めていると、

「きれいやなあ」

と俊藤が思わず嘆声を漏らした。すると、高倉が、

「そうですかねえ。どうも僕はいまひとつ乗らないですねえ」

というので、俊藤が、

「健ちゃん、何でや？　あんな別嬪さんを」

と不思議がっている。

「いや、もう圧倒されてしまって……。とてもじゃないけど、太刀打ちできませんよ」

高倉が答えるのを聞いて、今度は村尾が訊いてみた。

「じゃあ、健さん、どんな女優さんがいいの？」

村尾の問いに、健さんはひと呼吸置いて、

「水前寺清子がいいな」

と照れぎみに答えた。意外な名に、村尾が「えっ」と驚いていると、高倉は、

「水前寺清子なら、何か物を買ってやりたくなるじゃないか。ジューン・アダムスさんでは、何か買ってやろうなんて気には全然ならないぜ」

とやはり照れたように言うのだ。

村尾が、なるほどなあと合点がいったのは、

〈そういえば、江利チエミに似てるところがあるなあ。健さんはああいうタイプが好きなんだな〉

と思いあたったからだった。

「再び網走番外地を撮ってもらいたい」

との東映館主会の要望に応えて、俊藤浩滋プロデューサーが復活させた「新網走番外地」シリーズだが、何か新シリーズを始めるたびに、最初の脚本を、

「おまえ、やってくれんか」

と決まって俊藤から声をかけられたのが、村尾昭であった。

それまでにも「博徒」「日本俠客伝」「昭和残俠伝」「兄弟仁義」「博奕打ち」「極悪坊主」といった人気シリーズの1作目を、共作も含めて村尾は受け持たされてきた。「新網走番外地」以降も、菅原文太の東映初主演作品であり、初シリーズともなった「現代やくざ与太者の掟」（昭和44年2月封切り）、同じく文太の「関東テキヤ一家」（同年11月封切り）シリーズの脚本を担当。それだけ俊藤プロデューサーから信頼されていたということであろう。

その俊藤から村尾に、

「『新網走番外地』をやってくれんか」

と話があったのは昭和43年秋のことだが、村尾はそのころ、若山富三郎の新シリーズ「極悪坊主」（同年8月封切り）の1作目を書き、その第2弾「極悪坊主　人斬り数え唄」（同年11月封切り）を書き終えたばかりだった。京都の旅館での缶詰め生活から解放され

て間もないころである。

京都から東京へ帰ろうというとき、俊藤も一緒に新幹線で上京することになった。なにしろ俊藤は京都と東京を行ったり来たりの生活である。

京都駅から新幹線に乗るとき、俊藤が、

「おい、村尾、新幹線で『網走』の打ちあわせしよう」

といった。

ところが、俊藤は座席にすわった途端、そのまま倒れこむようにして寝てしまった。任侠路線を一手に引き受けて、この年——昭和43年だけで担当した作品は25本、おそらく日本で一番忙しいプロデューサーであった。満足に眠る暇もなかったのであろう、死んだように眠っているのだ。その寝顔を見遣りながら、村尾は、

〈この人がこれだけ苦労して頑張ってるんだ。できるだけ負担はかけないようにしよう。「網走」もオレが苦しんで話を考えればいいんだから。よし、やろう。任せてください〉

と肚を括ったのだった。

こうしてスタートした「新網走番外地」であったが、撮影現場には必ず顔を出してつきっきりとなる俊藤にとって、雪のなかのロケが多い同シリーズは、とりわけ苦労も多かったようだ。

1日10箱も喫うほどヘビースモーカーだったのに、煙草をプッツリやめたのも、この「新網走番外地」シリーズがきっかけとなった。北海道のロケへ行き、若いスタッフと一緒に膝まで雪のなかに入って歩いていると、息切れしてついていけなくなることが往々にしてあったからだ。

「これはあかん」

現場第一主義の俊藤は、これを機に禁煙を誓い、断行するに至ったのだ。

ともあれ、昭和43年暮れに封切られた正月作品「新網走番外地」は大ヒットした。しかも、併映が鶴田浩二主演の「博徒列伝」で、小沢茂弘監督、笠原和夫脚本、共演は若山富三郎、藤純子、北島三郎、大木実、菅原文太、高倉健という東映オールスター作品となれば、当たらないほうがおかしかった。

この正月番組2本立てのどちらも俊藤がプロデューサーであったから、なるほど寝る暇とてなかったのも無理はなかった。

「新網走番外地」シリーズは、どうしても北海道が舞台となる話が多かったが、一度「アラスカ篇」をやろうという企画が持ちあがり、俊藤や監督の降旗康男をはじめメインスタッフがロケハンまで敢行したことがあった。

アラスカの最北部にあたるポイントバローへ赴いて、通訳もまじえ、現地の人といろいろ話しあったのだ。

このとき、降旗が驚き、かつつくづく感心したのは、スタッフのなかで英語が誰よりもよくわかるのは俊藤であるという事実だった。

むこうの人がペラペラ英語でまくしたてるのを、降旗たちが誰もわからずにいても、俊藤はひと言聞いただけで、

「オーケー」

とわかってしまうのだ。

また、降旗らがわからないから一生懸命聴き耳を立て、

「ここはどうなんだ？」

と英語で聞き返しても、相手にはなかなか通じなかった。すると、そのときも、俊藤が何か英語でひと言いうと、それまで首をひねっていた相手がたちどころに理解してしまうという具合だった。

これには降旗も、

〈ああ、俊藤さんは戦後、神戸で生きた英語を駆使して活躍した時代があったんだなあ。僕らのは学校イングリッシュ、俊藤さんのは生きたイングリッシュだな〉

と感心するしかなかった。

　結局、ロケハンまでやりながら、「アラスカ篇」が実現しなかったのは、アラスカに赴き、その白夜を目のあたりにしたスタッフが、

〈これじゃ寝る時間がなくなるな〉

　とひそかに恐れたからである。それでなくても当時の東映は10日ごとに2本立て興行というプログラムピクチャーで、量産体制を敷いていたから、現場のスタッフはときには徹夜作業も強いられ、かなりハードな日程で映画を撮っていた。

　それが白夜となったら、会社は短期間で寝ないで仕あげろといいだすに決まってる――とスタッフは恐れたのだ。そこで降旗も、

〈何ていってやめようかなあ〉

　と思っていると、スタッフの一人にアンカレッジで美人局にあった者がいた。これだ、と思いついて、降旗は俊藤に、

「スタッフを何十人も連れてきたら、毎晩、こういうことになりますよ。これはもうやめましょうや」

　などと言ったりした。

　そんなこともあって、俊藤もいまひとつ気乗りしなかったのかどうか、とうとう「新網走番外地　アラスカ篇」は実現しなかった。

降旗も高倉も当時はまだ30代の若さで何よりタフだった。北海道ロケでは毎晩夜通し遊んでろくに寝なくても、朝早くからの撮影はきっちりこなした。降旗はスタッフと夜な夜な酒盛り、酒をやらない健さんは若い者を集めてギター歌謡大会で盛りあがった。互いに気心が知れて長いつきあいとなり、その後、監督と主演俳優の名コンビで数々の傑作を世に出すことになったのも、この「新網走番外地」シリーズを撮った時代に培ったものが大きかったのかも知れない。

第四章　日本侠客伝

オムニバスで事件を描いた

東映任俠映画に熱狂し、拍手喝采を送ったのは、全共闘に代表される新左翼学生運動の担い手たちばかりではなかった。

それは右翼・民族派の学生たちにも多大な影響と昂揚をもたらしたのだった。

昭和44年10月、若者叛乱の季節の真っ只中、そうした左右の学生運動家たちをさらに熱くさせ、興奮させる映画が登場する。

中島貞夫監督、笠原和夫・中島貞夫脚本の「日本暗殺秘録」である。

文字通り、幕末の桜田門外の変から昭和の2・26事件まで、幕末、明治、大正、昭和にかけて起きた種々の要人暗殺事件とテロリスト群像をオムニバス形式で描いた作品で、キャストも片岡千恵蔵、鶴田浩二、高倉健、若山富三郎、菅原文太、藤純子、田宮二郎、吉田輝雄、千葉真一といった豪華オールスターであった。

この作品は、かわぐちかいじの傑作劇画「テロルの系譜」にも影響を与えたといわれ、何より活動家、ことに右翼学生を甚だ鼓舞した。

新右翼「一水会」前代表の鈴木邦男も、かわぐちかいじ「テロルの系譜」(ちくま文庫)

の解説でこう述べている。

《これは何度も何度も見た。これを見て右翼になった青年は多い。小沼正が千葉真一だった。磯部浅一が鶴田浩二だった。相沢中佐が高倉健だった。その他のキャストも皆おぼえている。右翼の集会では何度上映されたか分からない。伝説的な映画だ》

映画が封切られた当時、鈴木は早大在学中（7年目）で、民族派学生運動のリーダーの一人として精力的な活動を行なっていた。

バリバリの右翼武闘派学生だった鈴木が、映画を観て痛切に感じたのは、

〈ああ、これこそ真の右翼の生きかたなんだな。オレたちも最後はこういう形で生を閉じるんだろうな〉

という、いまから思えば、若者の客気にあふれた思いだった。

オムニバス作品ではあったが、最も重点的に描かれているのは昭和7年の血盟団事件で、前蔵相の井上準之助を暗殺した血盟団員の小沼正に扮した千葉真一が主役といってもさしつかえない映画であった。その師で「一人一殺」を唱えた国家主義者井上日召役が片岡千恵蔵、2・26事件の青年将校磯部浅一役が鶴田浩二、昭和10年、陸軍省の永田鉄山軍務局長を刺殺した相沢三郎中佐に高倉健、桜田門外の変で、井伊直弼を暗殺した水戸浪士が若山富三郎、大正10年、安田財閥の創始者安田善次郎を刺殺した国粋主義者朝日平吾役を菅

原文太、大隈重信に爆弾を投じて片足を奪い、直後に首をかき切って自決する来島恒喜役に吉田輝雄……といった役どころであった。

また、同作品では右翼テロばかりでなく、アナーキストによるギロチン社事件も描かれており、テロリストの青年役を高橋長英が演じている。

千葉真一の幼な馴染みに扮した藤純子が、

「ムチャクチャな世の中だもの。ムチャクチャに生きてやるわ」

とのセリフを吐いて、頽廃的なカフェーの女給役を演じているのも印象深かった。

鈴木邦男が最も感情移入して観ることができたのも、小沼正役を演じた千葉真一であった、という。

「農民の窮状を見るに見かねて、それを救うために自分たちが立たなきゃならないんだ――と思いつめていく姿。そして大洗で一人一人がピストルを渡される場面。言論の自由がない時代で、言葉で訴えることができないのなら、もはや自分の命を投げだしてテロをやるしかないんだと、肉体言語で訴えるしかないんだ、と。そういうのがビンビンと伝わってきましたね」

いずれにしろ、いえることは、「日本暗殺秘録」は紛れもなく任俠路線の延長上にあり、あの時代であればこそ、多くの若者が闘いに参加していた時代――熱く昂揚した時代であったればこそ製作でき、世に受けいれられた映画であったのは間違いあるまい。

中島貞夫が「日本暗殺秘録」を撮ることになったきっかけは、その前に撮った「にっぽん'69セックス猟奇地帯」（昭和44年1月）というドキュメント映画が大ヒットしたことによる。

中島はその前に、「大奥㊙物語」（昭和42年7月）、「続・大奥㊙物語」（42年11月）、「尼寺㊙物語」（43年2月）という〝マル秘〟シリーズを続けて撮っていた。

が、「大奥」シリーズこそヒットしたものの、「尼寺」は当たらなかった。映画館に来た客の満足度アンケートでも最低の記録が出て、会社から、

「おまえは大島の映画以下だ」

と文句をいわれるハメになった。

東映はかつて松竹から、ヌーベルバーグ派の旗手といわれた大島渚を招いて大川橋蔵主演の「天草四郎時貞」という時代劇を撮ったことがあった。ところが、客はさっぱり入らず、惨憺たる成績であった。

その大島の映画以下だ――とさんざんけなされて、中島も、

「じゃあ、謹慎します」

とムクれてしまった。

そんなこともあって、方向転換を模索していた折、東映と太いパイプのあったルポライターの竹中労から、

「ドキュメントをやらんか」

という企画が持ちこまれた。

それが「セックス猟奇地帯」であった。

16ミリカメラを手に日本中を走りまわり、乱交パーティ、ヌード・スタジオ、浮世風呂、フーテン集会、アングラ芝居、猟奇儀式、ボディ・ペインティング、赤線地帯、ブルーフィルム撮影現場、関西ストリップ、沖縄でB52がベトナム行きの爆弾を積む現場……等々を撮ろうということになったのだ。

「ともかく16ミリで日本中を撮ってきますわ」

と中島が本社の映画本部長である岡田茂に挨拶に赴くと、

「うむ」

と岡田もOKを出したものの、内心では、

〈これは商売になるやろか〉

と半信半疑の体であった。

「その代わり、どこへ行くかわかりませんから……」

「おお、刑事事件だけは起こすなよ」

と岡田は中島を送りだした。

撮影スタッフは中島以下5人、東京から関西、復帰前の沖縄にも飛んだ。まだ若かっただけに、体当たり撮影を敢行、危険地域の盗み撮りからいろんな撮影にも挑んだ。

だが、この「セックス猟奇地帯」、思わぬ大ヒットになった。わずか一千数百万円の製作費の映画が大当たりしてしまったのだ。これに気をよくした中島は、

「よし、じゃあ、今度はテロのドキュメントをやろう」

ということになったのだった。

これが「日本暗殺秘録」へとつながるわけだが、当初はドキュメントの予定であったから、

「これはよっぽど構成をしっかりせんといかんねえ」

と、構成を笠原和夫に依頼した。そのうえで、中島と笠原は右翼の赤尾敏を訪ねたり、いろんな素材を探し求めた。右翼テロばかりでなく、左翼のゲバルトを取りいれることも考えた。

その結果、二人が行き着いたのは、桜田門外の変で井伊大老襲撃に加わった水戸浪士の思想的バックボーンとなり、明治維新の起爆剤ともなった水戸学を生み、昭和に入って

5・15事件に参加した愛郷塾を輩出した水戸という地域であった。

「テロの本場は水戸だな」

という結論に達したのだ。

そんな折、中島に、

「すぐ来い」

と東映本社から呼びだしがかかった。

中島がさっそく東京・銀座の本社へ赴き、岡田茂映画本部長のもとへ顔を出すと、岡田は、

「おい、大川社長がおまえを呼んでるぞ。今度こそクビだな」

と開口一番、脅かしてくる。

「何でですか?」

クビだの辞めるだのという話は過去にも何度かあったから、中島にはさほどびっくりするようなことではなかった。

「あんな映画つくりやがって、もうカンカンに怒ってるぞ」

岡田が答えた。「セックス猟奇地帯」のことだった。

映画が当たったことを知っている中島には、岡田の言葉が解せなかった。

「ともかく社長室へ行ってこい」

「一緒に行ってくださいよ」

「一人で行ってこい」

岡田にさんざん脅かされ、首をかしげながら中島が恐る恐る社長室へ入ると、案に相違して社長の大川博はにこやかに、

「チミィ、よくやってくれた」

と中島を迎えた。

「はあ?」

「今度のチミのシャシンだよ。お陰で大当たりだ。役者が一人も出ないで、原価の10倍だ。これはすごいことだよ」

と中島を褒め、しきりに感心している。当時、大川は俳優のギャラで悩んでいただけに、役者の出演なしでヒットする映画に驚き、かつうれしさもひとしおだったのであろう。中島に金一封までくれるのだ。

「で、いま、何をやってるのかね?」

大川が上機嫌のままに訊いてくる。

「はい、実はこれこれこういう企画がありまして、いま取材をしている最中です」

中島はここぞとばかりに、いま準備にかかっているテロルのドキュメント映画の構想を、大川に熱っぽく語った。

「社長、こんな面白い材料はありませんよ」

中島の話に、大川も興味深そうに聞いている。

「そら、確かに面白いな。まあ、頑張ってくれたまえ」

と終まいには大川のお墨付きまでもらって、中島は意気揚々と社長室を引きあげた。

そのまま再び水戸方面へ行き、愛郷塾関係者などに話を聞いたり、シナリオハンティングを続けていると、

「取材を終えたら、こっちへ寄ってくれ」

とまたも岡田茂から呼び出された。

中島が東映本社に顔を出すなり、岡田は、

「おまえ、大川社長に何を吹きこんだんだ？」

とニヤッとして訊いてきた。

「いや、何も言ってませんよ。ただ、いま何をやってると訊かれたから、そのままを答えただけです」

中島が答えると、

「ふーん、そうか、実はな、いまおまえのやってるヤツ、ドキュメンタリーじゃなく、俳優のオールスターでやることが会議で決まったぞ」

「えっ!?」

今度は中島が驚く番だった。

倉本聰と共同で脚本を執筆

「オールスターですか?」

中島貞夫は岡田茂の話に驚かざるを得なかった。

テロのドキュメントを撮るつもりが、テロを軸にしたドキュメンタリータッチのドラマをオールスターで――という、当初の目論見とはだいぶ違ったものになったからだ。

が、本社の会議で決まった以上、それでやるしかなく、中島も肚を括った。

東映のオールスターとなれば、鶴田浩二、高倉健、若山富三郎、藤純子、菅原文太、千葉真一、待田京介……といった面々である。ほとんど俊藤浩滋お抱えの役者陣といっていいような顔ぶれで、俊藤の協力なくしてできる企画ではなかった。

そこで中島も俊藤に助けを求めることにした。ただ、そのころ、中島は「大奥㊙物語」

りしたが、「セックス猟奇地帯」などのドキュメントを撮ったりして、俊藤の路線とはまるで違うものをやっていたから、疎遠になっていたのは否めなかった。頼みにくい状況にあったわけである。

昭和9年8月8日、千葉県に生まれ、東大文学部美学美術史学科卒業後、34年に東映に入社した中島が、「くノ一忍法」で監督デビューしたのは、39年のこと。ちょうど俊藤が任俠路線を手がけ始めたころで、「くノ一忍法」を撮り終えてしばらくして、中島は、

「おい、ちょっと話があるんや」

と京都撮影所で俊藤から声をかけられた。

荒唐無稽な忍術合戦が繰り広げられる妖しい世界を見事に様式化した「くノ一忍法」を観て、俊藤は中島の才能に興味を示し、

「あれ、おもろかったな。君とならなにか思いきったことをやれそうだな。どや、今度、時代劇ミュージカルをやろうや」

と提案してきた。

「それは面白いですねえ」

と中島も答えていた。

俊藤は「アイ・ジョージ物語 太陽の子」でプロデューサーデビューしたことでもわか

るように、音楽には並々ならぬ関心を持ち、楽器に対する造詣も深かった。

結局、時代劇ミュージカルは実現しなかったものの、それを機に俊藤と中島とのつきあいが始まり、一緒に仕事をする機会も増えていく。

そもそも中島貞夫が東映へ入社後、京都撮影所へ配属され、5年目に「くノ一忍法」を撮ることになったのも、瓢箪から駒のようないきさつがあった。

東映に入社し、新人研修が終わるころ、配属を決める面接があり、人事課長から、

「君は学生時代、何をやってたんだ？」

と訊かれた中島は、

「『ギリシャ悲劇研究会』をやってました」

と答えた。

「ギリシャ悲劇？　それじゃ時代劇だな。京都撮影所へ行ってもらおう」

当時は時代劇黄金期で、そのほとんどは京都撮影所で製作されていた。

人事課長の言葉に、中島はわが耳を疑った。ギリシャ悲劇と時代劇がどうつながるのか？　呆気にとられているうちに、京都撮影所への配属が決められてしまったのである。

「ギリシャ悲劇研究会」というのは、中島が東大時代、同級生の倉本聰、村木良彦らとともに旗揚げした学生劇団であった。

4年生の5月に、日比谷公園野外音楽堂で行なったオイディプス王をテーマにした仮面劇公演は3000人の客を集め、評判を呼んだ。中島が担当したのは戯曲の翻訳と演出であった。

この公演は新聞の文化欄にもとりあげられ、高い評価を受けた。「東大ギリシャ悲劇研究会」は一躍脚光を浴び、注目を集めることになったのである。

その後も、毎年夏に日比谷公園野外音楽堂で行なわれる彼らの仮面公演は話題を呼んで、同研究会からは倉本聰や村木良彦の他にも、中島同様、東映の監督となった伊藤俊也、小平裕など、映画・テレビ・演劇界に多くの異才を送りだした。

昭和39年2月、東京撮影所から再び京都撮影所に戻ってきた所長の岡田茂は、助監督の中島貞夫に、

「おい、おまえ、ガーガー文句ばかり言っとらんで、なんか企画持ってこんかい」

と声をかけた。

東京撮影所で深作欣二や佐藤純彌に作品を撮らせてきた岡田は、京撮でも監督を育てたいという気持が強かった。

そこで田坂具隆や今井正、マキノ雅弘ら巨匠の作品に助監督としてつくことが多かった中島に目をつけたのだ。

中島は入社2年目から助監督部会のチーフとして組合活動に携わったり、スタッフと一緒に酒を飲んでは侃々諤々《かんかんがくがく》の議論をしたり、何かとうるさ型と見られていた。

岡田茂から企画を出せといわれた中島は、ほとんど冷やかし半分で山田風太郎の「くノ一忍法」の企画書を出した。自分でも通るとはつゆ思わなかった。

案の定、岡田は「ハッハッハッ」と笑って、

「こんなもん、やれるかい」

と一顧だにしなかった。

それからしばらくして、また岡田から呼びだしがかかり、中島が所長室に赴くと、

「この間言ってたヤツな、脚本だけでも書いてみろ」

と意外なことを言う。

中島はマキノ雅弘や沢島忠監督の作品の脚本を何本か書いていた。

「はあ、あれをやるんですか。ハッハッハッ」

今度は中島が笑って、あまり本気にしなかった。

すると、2、3日して三たび岡田に呼びだされ、

「あれ、やろうと思うんやが、あんなもん撮るヤツはおらんわ。おまえが撮れ」

と言いだすから、これには中島もあわてて、

「いや、それは勘弁してください。あれはジョークでした」

と弁明につとめた。

「バッカもん！　おまえが撮るんや」

かくて「くノ一忍法」が中島の第1回監督作品に決まったのである。

思わぬ話の展開に困り果てた中島は、東京にいる友人の倉本聰に、

「助けてくれ。こっちへ来て手伝ってくれ」

と電話をいれ、京都に呼んだ。

倉本は撮影所近くの中島の借家に泊まりこみ、二人でおよそ1カ月半かけて「くノ一忍法」の脚本を書きあげた。

撮影も無事に終わって公開されるや、これが当たり、すぐに会社から、

「よし、2本目行け」

とゴーサインが出て、続篇として撮ったのが、同じ山田風太郎の「くノ一化粧」であった。

当時、女の裸が登場する時代劇は珍しく、東映京都撮影所ではかつてなかったことだった。それだけに女優に脱いでもらうのは容易なことではなく、その説得や撮影に、中島は胃がやられるほど苦労した。2本撮り終えるころには胃がボロボロになっていて、

「3本目は勘弁してください」

といわざるを得なかった。

「じゃあ、おまえの好きなものを撮ってみろ」

「くノ一」がヒットした御褒美の意味もあったのだろう。岡田が声をかけてくれた。

そこで中島は三角寛の小説の映像化に取りくむことにした。再び倉本聰と組んで脚本を書いた。

キャスティングを決め、ロケ場所を神奈川の相模湖畔近くの山中に決めてプレハブを建てるべく準備しているとき、大川博社長から突如呼びだしがかかった。

中島が本社の社長室に顔を出すなり、大川は怒鳴り、

「チミ！　なんだね、これは！」

とやおら脚本を投げつけてきた。

倉本と二人で大層粋がって書いた今度の脚本で、それは大川にはちんぷんかんぷんの代物だった。固有名詞をいっさい使わない、当時とすればきわめて前衛的なシナリオであったからだ。

これには中島もすっかり頭にきてしまった。脚本を直すつもりもなく、もはややる気も失せた。せっかく意欲的に取りくんできたものを頭ごなしに否定され、

〈こんなに制約が多いところなら……〉

と東映を辞めようかとさえ思った。

京都に戻ると、会社にも行かず、家でフテ寝を決めこんだ。そんな鬱々とした日々を1カ月ほど過ごすことになる。

そのうちに、

〈いつまでもこんなことをやっていてもしようがない。なんとかしなきゃいかんなあ〉

と思い直し、脚本にうちこむことにした。

そのため、中島は大阪・あいりん地区に住みこんで、シナリオハンティングまでした。なんとか現代劇をやりたい――との一念で、意地になっていた。

1本書きあげて、岡田茂に提出すると、

「あかん。うちは大学の映研と違うんじゃ」

とにべもなかった。

続けて〝通天閣の兄やん〟という、いまの暴走族の走りのような若いライダーの話、さらにもう1本を大阪で仕上げた。

が、2本とも陽の目を見なかった。

4本目に書いた脚本が、「893愚連隊」であった。

いまもファンの間に根強い人気を誇り、「光の雨」の高橋伴明監督をして「最も好きな映画」といわしめる伝説的な作品である。

「うん、おもしろいやないか」

岡田茂も初めて乗ってきた。

「893愚連隊」の封切りは昭和41年5月15日のことで、中島にとって、2カ月前に封切られた「旗本やくざ」（大川橋蔵主演）に次ぐ4作目の監督作品となった。前作の「くノ一化粧」から1年5カ月経っていた。

同作品のプロデューサーは日下部五朗・天尾完次、キャストは松方弘樹、荒木一郎、ケン・サンダース、近藤正臣、桑原幸子、高松英郎、天知茂といった面々であった。

「893愚連隊」はヤクザ映画というより、タイトル通り、京都を根城とする愚連隊の生態を描いたチンピラ映画といっていいものだった。ラストシーンが有名で、橋の雑踏のなか、松方弘樹と荒木一郎の会話、

「何ぞ、いいシノギないかな」

「ないな。シノギにくい世の中や」

「粋がったらアカン。当分はアカンで。ネチョネチョ生きるこった」

という「ネチョネチョ生きる」とのセリフがとりわけ有名になった。

閉塞状況にあった、当時の中島の心情がそのまま反映されたものだった。

約20分のフィルムをカット

中島貞夫が初めて俊藤浩滋と一緒に手がけた作品は、「男の勝負」という村田英雄主演の本格的な任俠映画であった。「893愚連隊」のすぐあとの仕事である。

俊藤のプロデュースで、マキノ雅弘監督、キャストも村田英雄、天知茂、北島三郎、藤純子、長門裕之、藤山寛美、高倉健という豪華版だった。中島は同期の鳥居元宏とともに脚本を担当することになったのだが、監督がマキノとなれば、どんなものを仕上げようと書き直しはつきものだった。とくにマキノにかかると、台詞は徹底的に直された。

ひどかったのは、中島が鈴木則文とともに脚本を担当した「日本俠客伝　白刃の盃」のときで、第一稿を完成させてマキノに渡すと、

「違うなあ」

案の定、マキノは首を横に振った。高倉健と藤純子の、男と女のからみの部分が違うというのだ。

2度目の脚本を持っていっても、

「ダメだ」

とにべもない。３度目も、

「違う。書き直してくれ」

４度５度と直しても、やはり男と女の場面が気に入らないようだった。

マキノはしつこかった。中島が次回作の準備のため、シナリオハンティング中の地方の旅先にまでプロデューサーがやってきて、

「マキノの親父が書き直せと言ってるんですよ」

と告げるのだ。

中島はとうとう頭にきて、一番最初に書いたものと同じ脚本をそのまま渡すことにした。ちょうど10度目になっていた。一読するなり、マキノは、

「これやないか！」

と言うから、中島もカーッとなって、

「親父さんねえ、これ、最初のヤツですよ」

「ほうか」

マキノは少しも意に介さなかった。

中島は呆れて、俊藤にそのことを報告し、

「もうやってられません」

と訴えたが、俊藤も、

〈親父さんもしょうがないな〉

というふうに、ただ笑うだけだった。

が、自分で監督をやるようになると、中島にも、

〈あんな大ベテランでも試行錯誤してんのやなあ〉

と、そうしたマキノ流のやりかたが少し理解できるようになった。

〈マキノの親父にとって、あのシーンがシャシンをつくる起点になっているから、自分の試行錯誤がそのまま「ダメだ、ダメだ、ダメだ……」となり、「これやないか！」というときに、だいたい骨子が固まってきたということなんだろうな〉

ところが、「男の勝負」のときは、中島が脚本を書き終えると、撮影を前にして、マキノが体調を崩し倒れてしまった。

「おい、ちょっと最初撮っておいてくれ」

マキノに言われ、中島が、マキノが戻ってくるまでの間、補助的に撮ることになった。

それはマキノの助監督時代にもあったことで、夕方になるとさっさと帰ってしまう監督であったマキノは、

「あと撮っておけ」

と助監督の中島に撮らせることも少なくなかった。それが中島をずいぶん鍛えた。

そういうことがあったので、

「じゃあ、4、5日、撮っておきますわ」

と引きうけ、無難なところを撮ることにしたのだった。

だが、マキノの体調はなかなか回復せず、結局、この仕事はできないということになった。当然ながら、そのピンチヒッターは中島にまわってきた。中島はあわてて、

「任俠映画撮るなんて勘弁してください」

と断わった。任俠映画のパターン化されたドラマツルギーには、どうしても馴染めず、任俠映画は中島の体質にあわなかったのだ。

中島は、岡田茂と俊藤に呼びだされ、

「おまえ、何言うてんのや。やれ」

「いや、やれませんよ」

ごねる中島を、岡田と俊藤はマキノのもとへ連れていった。

「なんでおまえは撮れへんのや？」

マキノが訝しがった。

「いや、ちょっと脚本がもうひとつですわ」

「バカモン！」

結局、皆に押しきられる形で中島が引きうけたときには、封切りまで20日もなかった。

中島は、

〈いやあ、こりゃえらいことになったなあ〉

と思いながらも、ろくに考える暇もなく、徹夜の連続で撮り、どうにか完成させたのが「男の勝負」であった。

中島貞夫監督作品としてはきわめて珍しい本格的任俠映画となったわけである。

ちなみに、この「男の勝負」は村田英雄主演のシリーズとして、「男の勝負　仁王の刺青」（昭和42年3月、鈴木則文）、「男の勝負　関東嵐」（42年9月、山下耕作）、「男の勝負　白虎の鉄」（43年1月、山下耕作）と4本つくられた。

「男の勝負」をマキノの代役で撮り終えた中島が、続いて「任俠柔一代」（41年10月、村田英雄主演）を撮り、次に撮ることになったのが、「あゝ同期の桜」という戦争映画であった。

俊藤浩滋の企画によるものだが、実は中島も以前から、

〈現代劇でいつかこんなものをやってみたいな〉

とぼんやりと考えていた企画だった。

俊藤が「任俠映画伝」でこう述べている。

《戦争映画を企画したのは、受けに受けまくっている任俠映画とは別に、何か違うことをやろうとしたわけではない。駅の売店で海軍飛行予備学生の遺書や日記を集めた本を買うて、読んで、どえらく感激して、ぜひ映画にしたいと思ったのだ。

ところがこの企画は本社で「戦争ものは当たらん」と猛反対を喰ろうた。そこで、私は大川博社長に直談判してＯＫを取った》

原作となったのは、毎日新聞社から刊行された「海軍飛行予備学生第十四期会編」の「あゝ同期の桜」で、そこには東大法学部をトップで出て、人間魚雷「回天」の演習中に死んだ和田稔という男の手記も載っていた。

中島は日比谷高校時代、その和田稔の妹と友人であった。彼女から兄・稔の話をいろいろ聞いていたこともあって、いつかやってみたいという気持があったのだ。

もとより中島に、特攻隊の散華を美化する映画を撮るつもりは毛頭なかった。

中島は俊藤とも大いに意見を戦わせ、互いにぶつかりながらも、松方弘樹、千葉真一、藤純子、佐久間良子、高倉健、鶴田浩二らのオールスターキャストによる「あゝ同期の桜」を撮り終えた。

が、それは本社のお気に召すものではなく、2000フィート、約20分間ものフィルムを寸断されることになる。

中島は京都撮影所の所長室に呼ばれた。岡田と俊藤がむずかしい顔をして待っていた。

岡田が口を開いた。

「社長の意向でな、おまえ、最後のところだけ、切れ。あとはワシらがなんとかするから」

「それだけは嫌です」

中島は言下に拒否した。

ラストシーンというのはこうだった——。

特攻機が敵艦に向けて突っ込んでいく途中、ストップモーションとなり、《その瞬間、彼らは生きていた》とのテロップが入る。直後、特攻機は猛然と海へ突っ込んでいく。

《3カ月後、戦争は終わった》

と再びテロップが入って、エンドマークとなるのだった。

そこには、特攻隊で死ぬことは犬死ではないのかという、父親を戦争で失っている中島なりの思いがこめられていた。

中島は辞表を出す覚悟を決めていた。岡田にいわれ、外に出てしばらく頭を冷やしてか

ら所長室に戻ると、

「わかった。ラストは切らせんから。その代わり、社長に《この映画を散華した英霊たちに捧ぐ》というタイトルを入れさせる。それなら社長も納得するやろ。どうだ」

と岡田は提案したが、中島はそれでも納得できなかった。

「ちょっと考えさせてください」

といって再び外に出てボーッとしていると、いつのまにか夜中になっていた。

やがて岡田と俊藤の待つ所長室へ戻った中島は、

「さっきのタイトル――英霊たちに捧ぐっていうのを、東映マークが出る前に、大川博社長の署名入りで入れてもらえますか。それならＯＫです」

と主張した。

ここに至って、岡田も折れた。

「わかった、おまえらしいわ。社長に言わんと、おまえの言う通りにするわ」

岡田は言い、俊藤と顔を見あわせて苦笑いを浮かべた。

かくて「あ、同期の桜」は封切られた。封切りの日、中島は俊藤から電話を受けた。

「おい、入ってるぞ。本社ではなんか乾杯しとるらしいわ」

大ヒットであった。

それから間もなくして、中島は岡田に呼びだされ、所長室に顔を出すと、岡田は、

「大川社長が『あいつはクビだ』って、おまえのこと言ってたぞ。それでなあ、クビになる前に、一本撮る準備に入っとけ」

というのだ。

それが「大奥㊙物語」で、同作品は大ヒットし、中島はクビにならずに済んだ。

そんないきさつがあって、中島は「日本暗殺秘録」で、ずいぶん久しぶりに俊藤と一緒に仕事をすることになったのだった。42年12月に封切られた「兄弟仁義　関東兄貴分」を撮って以来だから、約2年ぶりのことであった。

中島は俊藤の事務所へ赴くと、「日本暗殺秘録」の企画を話し、

「……ということなんですわ。助けてください」

と俊藤に協力を求めた。

「しゃあないな。誰が欲しいんや」

と俊藤は答えた。東映のスターとなれば、ほとんど俊藤が握っているようなものだった。

「いや、実はオールスターなんですわ」

「全員放りこむのか」

「ええ、そうです」

「わかった。まあ、協力するわ」

こうして俊藤浩滋がプロデューサーとして企画に加わる形となって「日本暗殺秘録」はいよいよ製作される運びとなったのである。

文太の殺陣に観客が「おお！」

「日本暗殺秘録」の脚本を書くにあたって、芯の話をどうしようかと、中島貞夫、笠原和夫ともども悩みに悩んだ末に、

「血盟団で行こう」

と決めたのだ。

血盟団というのは、井上日召を中心に国家革新を企てる農村青年・学生たちで、一人一殺を狙い、昭和7年2月9日、団員の小沼正が前蔵相の井上準之助を、同年3月5日、同団員菱沼五郎が三井合名理事長・團琢磨を射殺。同年5月の5・15事件の先駆となったテロ事件であった。

中島と笠原は、この血盟団事件の小沼正を中心にして、その前後に桜田門外の変から2・26事件までのテロ事件をくっつけて描くことにしたのだった。

中島と笠原の狙いは、

「任俠映画の極致でいこう。徹底的な情念映画にしてしまおう」

ということだった。

笠原和夫はこの「日本暗殺秘録」についてこう述べている。

《僕は自分ではできなくて卑怯なようだけども、テロリズムというものに惹かれるんです ね。例えば、マルローの「人間の条件」ですか、あれでチェンという男が商人を殺しに行くでしょ。あれにシビレちゃうんですなあ。世代的なものがあるのかも知れないけども、何かテロリストを描きたいというのがあるんですね。それは今でもあるし。まあ、やくざ映画のやくざだって最後にはテロリストになりますからね。あれは全部、テロリズムですよね。で、ここでは実在のテロリストたちが持っていた光芒というか、その輝く様を出したいという、ある種、観念的な主題で始めたんです》(笠原和夫・荒井晴彦・絓秀実「昭和の劇　映画脚本家・笠原和夫」太田出版)

当時、小沼正は存命で、都内に事務所を持っていたから、中島と笠原は、

「ともかく取材に行こう」

と訪ねていくのだが、初日も2日目もけんもほろろに拒否された。

3日目、2人が、

「今日でダメだとなったら諦めよう」

と半ば諦めて行ったところ、小沼は、

「おまえらもしつっこいやつらだな。よく3日もちゃんと来たな。実は今日も来るかどうか待っていたんだ」

と言い、前日まではうってかわって、協力してくれるのだった。

小沼に会った印象を笠原は、

《人を殺した人というのは目が違うんだよ。ギラッとして底光りしている。それで、心の奥底のほうはいまだに活火山みたいで、マグマが燃えたぎってるような感じでね。あの歳になってもまだね、「何かあったら、またやりますよ」と言ってるわけだから（笑）》（前掲書）

と述べている。

この小沼正の役を演じたのが、千葉真一であった。

中島はこの大役を誰にするか、最後まで迷いに迷った果てに、結局千葉に決めたのは、決して小器用な芝居のできる役者ではなく、一途さのようなものを出せるところを買ったのだった。笠原が千葉に、

「千葉ちゃん、これはもうあんたにとって一世一代の大役になると思うよ。監督のところ

へ寝泊まりするぐらいの姿勢を見せなきゃダメだぜ」

と発破をかけた。

すると、クランクインとなるや、千葉は荷物を持って本当に京都・嵯峨の中島の家にやってきた。撮影の間中、監督邸に泊まりこんで、その演技指導を受けることになったのである。それぐらい千葉は、小沼正役に賭けたのだ。

中島は、小沼の師である井上日召役を、当初は三國連太郎と考えていた。その案を出したところ、岡田茂に、

「三國連太郎ではダメだ。他の役者に代えろ」

と一蹴された。当時、東映のシャシンは三國連太郎では客が入らない――とのジンクスがあったのだ。

そのうえで岡田は、

「そうだな、御大にでも頼んでこい」

というから、

「えっ⁉」

中島は驚いた。

御大というのは、東映の重役でもあった片岡千恵蔵のことであった。中島は助監督時代、

中村錦之助の時代劇にもよくついたが、片岡千恵蔵とはそれまで一度も一緒に仕事をしたことはなかった。

〈御大がやるわけないじゃないか……〉

と思いつつ、

〈どうしたらええんや〉

と悩んで、俊藤浩滋に相談にいくと、俊藤は岡田案を聞くなり、

「ほう、そら、おもろいやないか。御大に頼みにいこう」

と乗り気になった。

俊藤と千恵蔵とは、鶴田浩二の博徒シリーズ3作目、「博徒対テキ屋」（昭和39年12月）をプロデュースした際、出演してもらって以来、親しくなっていた。さっそく中島と一緒に京都の片岡千恵蔵の自宅へと出向いた。

千恵蔵は、監督として名が通ってきていた中島のことも知っていた。

「御大には血盟団事件の井上日召役で出て欲しいんです。千葉真一を育ててやってもらいたいんですわ。お願いします」

俊藤と中島の頼みに、千恵蔵は、

「わかった、出よう」

と応じてくれたが、

「ただ、条件がある。ワシはもう歳だから坊主はダメだ。髪の毛を切ってしまうと、もう生えんから、ヅラでよかったらやる」

というのだ。ヅラとはカツラのことである。これには中島も、

「う〜ん、困ったなあ」

と頭を抱えたが、俊藤は、

「出るといってくれてるんやから、しようがないやないか」

と中島を説得するしかなかった。

任俠映画のドン・俊藤をしてそう言わしめるほど、往年の大スター片岡千恵蔵といえば、それだけ超大物であった。それから1週間ほど経って、片岡は〝ヅラあわせ〟のため、京都撮影所にやってきた。

中島は最後の手段として、井上日召の実物の写真を片岡に見せることにした。

そこには、国家革新運動に従事する一方で日蓮宗に帰依し、茨城・大洗に立正護国堂を設立して近村青年を指導、〝一人一殺〟を唱えた国家主義者の凄みと貫禄のある坊主頭が写っていた。

「御大、これがモデルですわ」

中島が千恵蔵に写真をさしだすと、彼はそれを手にとり、目を近づけて見た。
中島には、御大がずいぶん長い間写真を見ているように感じられた。
やがて、目の前で固唾をのむ感じで控えている中島に、千恵蔵はボソッと漏らした。
「しゃあないわ。頭、刈るしかないわな」
それが中島にはどれだけうれしかったことか。言葉では言い表わせなかった。
初めて千恵蔵と取りくんだこの仕事で、中島は、
〈御大という人は面白いなあ。本当の役者やなあ〉
とすっかりファンになった。
後年、千恵蔵は中島の「日本の首領《ドン》　完結篇」（53年9月）、「真田幸村の謀略」（54年9月）にもゲスト出演し、中島を感激させている。
「日本暗殺秘録」の宣伝ポスターの惹句は、大きな文字で2行、
《暗殺は
是か!?　否か!?》
とあり、そのあとに小さく、
《日本暗殺の歴史百年を描いて躍動する東映オールスター！》
と続いている。

キャスティングも何かと話題を呼んだ。東映のお馴染みのオールスターに加えて、「悪名」のモートルの貞役や犬シリーズで大映の看板スターであった田宮二郎。「白い巨塔」の宣伝ポスターの俳優序列問題で会社と衝突して大映を飛びだし、ブランクが長かった田宮にとって、久しぶりの映画出演となったのである。田宮が演じたのは、血盟団の井上日召とクーデターを計画する霞ヶ浦海軍飛行学校の海軍青年将校・藤井斉中尉役だった。

また、唐十郎と状況劇場の面々も出演、大久保利通の乗る馬車を襲って暗殺する元金沢藩士たちの役どころを、飛んだり跳ねたり、馬車に飛び乗ったり、アングラ芝居のノリで生き生きと演じているのだ。

タイトルもズバリ「日本暗殺秘録」で、全篇これテロル、アクションの連続とあって、擬斗を担当した殺陣師の上野隆三も、いつもの作品以上に大忙しだった。

毎作やるたびに、

「何かやってやろう」

とつねに何か新しい工夫を考えていた上野は、ここでは、安田財閥の創始者・安田善次郎を刺殺する朝日平吾を演じた菅原文太の殺陣に趣向を凝らした。

座敷で安田老人と向きあった文太が、正座したままポーンとテーブルを飛び越えて相手を刺殺するという殺陣である。

上野はまず自分でやってみようと、家で何度も練習を重ねた。正座したままジャンプするのは至難の業であったが、何度も何度もやるうちにどうにかできるようになった。それを文太に告げると、文太は目を丸くして、

「そりゃ無理だ」

と首を横に振った。

「じゃあ、文ちゃん、それなら飛びあがる瞬間だけやってよ。あとはカット割るから」

「よっしゃ」

文太の安田善次郎刺殺シーンが劇場で「おおっ！」と声があがるほど迫力あるものになったのは、そんな殺陣師の人知れぬ苦労もあったわけである。

「日本暗殺秘録」が封切られたのは昭和44年10月15日のことで、笠原和夫が「テロリストの光芒を描きたかった」というこの映画は、奇妙に時代とリンクしていた。

10・21国際反戦デーを目前にして世は殺気立っている感じだった。全国で28万9000人のデモ隊を集め、反日共系全学連各派が新宿駅に乱入して〝新宿騒乱〟を巻き起こした前年のことを考えれば、どの党派も〝革命前夜〟を呼号しても少しもおかしくなかった。

それはきわめて現実味を帯びており、彼らがこの日に期するところは大きかった。

火炎ビンからテロの時代へ

「日本暗殺秘録」が封切られて7日目の昭和44年10月21日は、4度目の国際反戦デーにあたった。この日に懸けていたのは新左翼党派だけではなかった。

「楯の会」を主宰していた作家の三島由紀夫も、この日に期待するところは大きかった。三島が当初、楯の会で企図したのは、反革命の側に立ち、革命的状況が起こったとき、ゲリラとなって100人単位の民間人を指揮する将校の養成であった。だが、世の革命前夜のような状況を目のあたりにして、次第にそんな悠長なことをいっていられなくなった。三島ははっきりと'70年安保に照準を定め、革命勢力に対して、自衛隊の治安出動の呼び水となって斬り死にすることを熱望するようになっていた。

その最大の好機ととらえ、三島が最も期待を懸けたのが、44年10月21日の国際反戦デーであった。「'70年決戦」を叫ぶ新左翼党派にとって、この日は、その最大の前哨戦となるはずだったし、三島も騒乱を待望していた。つまり、騒動が最高潮に達し、警察力ではどうにも押さえがきかなくなり、そのうえで自衛隊の治安出動が発動される状況を、である。

そのときこそ、楯の会の出番と考えていたのだ。

だが、この日、三島の期待は見事に裏切られた。

反日共系の各セクトは、新宿を中心に都内各所でゲリラ的に暴れまわったものの、機動隊の厚い壁に阻まれ、東京だけで1200人近くが逮捕され、しかも大衆の支持を得ることはできず、孤立して終わったのである。圧倒的な警察力の前に、革命勢力は完璧に押さえられたのだ。

三島は楯の会会員とともに新宿駅付近を歩きまわり、この状況をつぶさに見た。そして革命勢力のだらしなさに呆れはて、深い失望が残った。

「ダメだよ、これでは。まったくダメだよ」

新宿を歩きながら、やり場のない怒りが三島の口をついて出ていた。

楯の会を〝おもちゃの兵隊〟と嘲笑し、「ノーベル文学賞候補作家のお遊び」としか見ていなかった世のおおかたの人間には、三島の10・21に対する失望の深さなど、知るよしもなかった。

それから半月後の11月5日、山梨県大菩薩峠で、軍事訓練のため合宿していた赤軍派53人が、警視庁の警官隊に襲われて逮捕され、鉄パイプ製爆弾などが押収された。

赤軍派は、この年4月28日、東京の霞が関一帯を占拠しようとして失敗した共産主義者同盟《ブント》のなかで、武装闘争を主張する関西系のグループが8月ごろから赤軍を名のって誕生したものだった。赤軍派は前段階武装蜂起――世界革命戦争を謳い、翌年3月には、革命根拠地をつくるとして日航機よど号のハイジャック事件を起こした。

ともあれ、「日本暗殺秘録」はそうした騒然とした時代の真っ只中に登場、ヘルメット・ゲバ棒・火炎ビンから爆弾闘争――テロの時代への移行を予感させる象徴的な作品となった。

昭和45年11月25日――その日、そのとき、自分が何をしていたか、ある年代以上の者ならいまだに鮮明に憶えている人は多いかも知れない。

「関東テキヤ一家　喧嘩火祭り」のロケハンのため、5人のメインスタッフと浜松へ向かう車の中にいたというのは、鈴木則文監督。

カーラジオの歌謡曲を聞きながらうとうと眠ってしまい、ふと目を醒ますと、ラジオは歌謡曲ではなく、三島由紀夫の略歴を語っていたという。鈴木はこう書いている。

《私は運転手氏に「三島由紀夫がノーベル賞でも貰うたんか」ときくと、「切腹しはったんですわ」「えっ」「自衛隊の中で切腹したらしいですわ、なんや、もう一人切腹した奴がいるいうてましたで」「ホントか？　なんでおこしてくれへんかったんや」「せやけど、ようねてはるようやったし……」「な、なにいうとるんや、そんな大事件を……」

後はもう声もうわずり、気は動転で、ただただ腰が抜けるほど驚いたというのがその時の気持だった》（鈴木則文「仮説・兄弟仁義」「映画芸術」昭和46年2月号）

世にいう〝三島事件〟の勃発であった。

楯の会隊長の三島由紀夫が、楯の会学生長の森田必勝とともに市ヶ谷の自衛隊で壮絶な割腹自決をとげた、いわゆる三島事件が起きたとき、東映の劇場で全国一斉に上映されていたのは、4日前から封切られていた鈴木則文監督、若山富三郎主演の「シルクハットの大親分　ちょび髭の熊」であった。

藤純子の「緋牡丹博徒」シリーズで若山が演じた、お竜の兄貴分であるズッコケ親分、〝道後の熊虎〟こと熊坂虎吉を独立させてつくられたのが「シルクハットの大親分」（昭和45年6月）で、この作品はシリーズ2作目だった。「緋牡丹博徒」とは逆に、藤純子のお竜さんがゲスト出演し、熊虎が危機に陥ったとき、さっそうと助っ人に現われるのだ。それは2作とも絵に描いたようなカッコいい登場の仕方だった。

ピンチを救われた若山が思わず藤純子につぶやく、

「あんた、いつもええところで出てくるなあ」

との楽屋オチ的セリフに、観客はドッと沸いたものだった。

ちなみに〝三島事件〟の日、藤純子は東映京都撮影所で新シリーズ「女渡世人」（46年

1月23日封切り、小沢茂弘監督）を撮影中で、浜松のロケハンから帰った鈴木則文がこう証言している。

《夜になって京都の撮影所に着いた私は廊下ですれ違った小沢茂弘監督と藤純子さんと一寸立ち話をしたら小沢氏曰く「勇気がある。口先だけで何もできない奴が多いのに、凄い人だ」藤さん曰く「……（ポツンと）あたしも自殺しようかしら……」（勿論、本気ではないが批評をしない美徳をもつ女のやさしさは男にとって女神に近い存在である）》（前掲誌）

そう、多くの東映任侠映画ファンの男たちにとって、当時、藤純子は女神に等しかった。

さて、「シルクハットの大親分」は2作とも、監督は鈴木則文、脚本は高田宏治であった。この作品を俊藤浩滋がいたく気にいって、

「このごろは（ホンは）高田宏治が一番や」

と評価しているというのを、高田はプロデューサーの橋本慶一から聞かされることになる。

当時は俊藤に褒められることが、東映の脚本家にとって一つのステータスでもあったから、高田はことのほかうれしかった。

もっとも、それは他の脚本家にわざと聞こえるように言っているのは明らかで、俊藤流の競わせかただった。つまり、高田より高いギャラをとっている脚本家に対して、暗に、〈おまえらも気をひきしめてやらなあかんで。ボヤボヤしとったら新しいヤツに追い抜かれてしまうぞ。もっともっとええもん書いてくれよ〉

と緊張感を持たせるのが、俊藤流であったのだ。

それは高田もあとでわかってくるのだが、ともかく「シルクハットの大親分」で、高田は俊藤に認められたのだった。

高田宏治は昭和9年、大阪生まれ。東大文学部英文科卒業後、東映に入社。入社2年目に「白馬童子　南蛮寺の決斗」でシナリオライターとしてデビュー。以後、「柳生武芸帳」「新黄金孔雀城」「十兵衛暗殺剣」といった時代劇を数多く手がけた。

が、時代劇のブームが下火になったのを機に、東映を去り、しばらくはテレビの脚本を専ら書いていた。そんな折、京都の家の近所に住んで親しくしていた東映プロデューサーの橋本慶一が、

「うちでやらないか」

と声をかけてくれた。

そこで俊藤浩滋にひきあわされ、小沢茂弘、村尾昭との共作で初めて書いた任侠映画が

「博奕打ち」(42年1月)であった。

かくて俊藤一家に連なって「男の勝負　仁王の刺青」(42年3月)を村尾昭と、「博奕打ち　一匹竜」(42年5月)、「博奕打ち　不死身の勝負」(42年7月)を小沢茂弘との共作でたて続けに書いた。

5本目に取りくんだのが「男の勝負　関東嵐」(42年9月)で、橋本慶一から、

「とにかく一人でヤクザ映画を書いてみろ」

といわれて初めて一本立ちして書いた任侠作品であった。

それを仕あげて、京都の「花柳」という旅館で打ちあわせをしたとき、企画部長がいきなり大きな声で、

「面白くない！　何だ、こんなホンは」

とけなしだしたから、高田はがっくりきた。

そのとき部屋へ入ってきたのが、この作品の監督である山下耕作で、襖をあけるなり、

「高田君、面白いじゃないか」

と褒めた。途端に情勢はガラッと変わって、皆が山下に同調し始めた。

高田はそのひと言でどれだけ救われたことか。以来、山下には頭があがらなくなった。

本当のところ、開西人気質の濃厚な高田にすれば、「ええかっこしい」にしか見えない

ストイックな主人公しか出てこない任侠映画はあまり好きでなかった。そんななかで、むしろ高田が得意にしたのは笑いをとる場面、遊びの部分だった。

たとえば、「博奕打ち」シリーズで、ゲストの藤山寛美が遊郭へ遊びに行くシーンがあり、寛美が、

「はい、お2階で」

と案内されると、

「えっ、ボク、2回もできるの」

といって喜んだりする場面。

あるいは、芦屋雁之助と小雁の散髪屋が客のヤクザの顔を剃っているところへ、警官が来たので、

「はよ閉めえ、はよ閉めえ」

とあわてていうヤクザに、

「ええのか」

といって、雁之助と小雁が首を絞めたりするシーンである。そんな高田の書く上方流のくだけたお笑いを、俊藤浩滋は「おもろいな」と大層喜んだ。

俊藤は本格的な任侠物であっても、そうしたお笑いの〝遊び〟をとりいれるのが好きだ

ったようで、いろんな作品に大勢の喜劇人をゲスト出演させている。

若山富三郎に「シルクハットの大親分」熊虎役のような三枚目を演じさせたのも、俊藤のアイデアであった。

任侠路線も模索の時代へ

昭和46年6月1日、藤純子の大人気シリーズ7作目「緋牡丹博徒　お命戴きます」（加藤泰監督）との併映で、きわめて異色の型破りなヤクザ映画が封切られた。

俊藤浩滋企画、中島貞夫監督、高田宏治脚本、菅原文太主演、川地民夫、葉山良二、安藤昇共演の「懲役太郎　まむしの兄弟」である。

刑務所を出たり入ったりしている〝懲役太郎〟の菅原文太、川地民夫の愚連隊コンビ――通称〝まむしの兄弟〟が神戸・新開地を舞台に暴れまくる話なのだが、やることなすこと大ズッコケという、コミカルなタッチによる任俠映画のパロディともいえる作品であった。

同作品で舎弟分〝不死身の勝〟役の川地民夫との凸凹コンビで新境地を切り拓いた文太が、限りなく三枚目に近い〝ゴロ政〟役を生き生きと演じているのも評判を呼んだ。映画も大ヒットしてシリーズ化され、50年の「まむしと青大将」まで9本製作された。

この「まむしの兄弟」は、任俠路線から実録路線に移行する過渡期に登場した傑作であり、任俠路線から実録路線への橋渡し的な役割を担う作品ともなったのだった。俊藤浩滋がこう述懐している。

《文太は普通の二枚目ではない。〝二半〟もできる。そう見抜いてつくったのが『懲役太郎　まむしの兄弟』だった。

ま、発想は単純なもので、われわれは子どもの時分、近くの山に遊びに行って、マムシは毒があって喰いついたら離さんというのでえらい怖かったから、あれでやってみよう、と。いったん何かに目をつけたら、人のことなんか配慮せんと、ガーッと突っ走りよるんだが、その非常識さをコミカルに描くところに面白さがある。

あれは文太の弟分に川地民夫をもってきたのも良かった。誰かいないかなあと見回して、少し前まで日活でなかなか個性的な芝居をやっていた川地民夫を引っ張ってきた》（『任俠映画伝』）

確かにこの「まむしの兄弟」の川地民夫は、「昭和残俠伝」の池部良、のちの「日本の首領」の佐分利信同様、意外なキャスティングで成功した好例といってよく、俊藤がつねづね自負していた「キャスティングの妙」というものであっただろう。

監督の中島貞夫も、当初は、

「文ちゃんと恒さんでどうかな」

と文太・渡瀬恒彦コンビを考えていたので、俊藤から、

「川地民夫でいきたい」

と言われたときには、

「えっ!?」

と思わず声をあげたほど意外な感じを受けたという。俊藤は役者のキャスティングばかりでなく、監督や脚本家に関しても適材適所、彼らがどんな作品で本領を発揮できるのか、その適性を見抜くことにかけても他の追随を許さぬプロデューサーであった。

そういう意味では、「まむしの兄弟」の中島貞夫監督、高田宏治脚本は絶妙の組みあわせで、二人ともどちらかといえば正統派の任俠物は体質にあわず、むしろ任俠映画の定型をうち壊す、パロディとしての「まむし」のような作品でこそ持ち味を出せる──と俊藤がしっかり見抜いていたのは間違いない。

実際、二人は水を得た魚のように乗りに乗って、呼吸もぴったり合って、「まむしの兄弟」に取りくんだ。二人が挑んだのは、任俠映画を逆説的に見たらどうなるか、自己犠牲よりバカげた自己主張を貫く男たちのズッコケぶりをテーマにして、任俠映画を裏から笑

ってやれ——という新しい試みだった。

そのため、やがて「まむしの兄弟」シリーズとかぶさって深作欣二監督の「仁義なき戦い」が始まり、任侠路線が終焉となり、実録路線の時代へと移行していったとき、中島貞夫が人からよく冗談で言われたのは、

「東映というのはひどい会社だ。任侠映画をやって、次は任侠を笑いとばして、今度は実録路線をやって——と、ヤクザを徹底的に食い物にしてるな。ヤクザ以上だな」

というもので、これには中島も、苦笑するしかなかった。

昭和38年3月の「人生劇場　飛車角」から始まったとされる東映任侠路線も9年目を迎え、マンネリ化は否めず、そろそろ客から飽きられつつあったのは、興行成績を見ても明らかだった。そんななか、何か新機軸を見つけていこうという模索のなかで生まれた企画が、「まむしの兄弟」であった。

俊藤からこの企画をもちこまれ、

「シャバで休む間もなく、年中懲役へ行っとるモンがおる。いや、ほとんど半年ずつ刑務所とシャバを行ったり来たりしとるモンがおるんや。こういうヤツを〝懲役太郎〟いうんやが、こいつが刑務所から出て暴れまくる映画をつくろう」

との話を聞いたとき、高田宏治は、

「そういうのはどういうヤツですか?」

と訊ねた。すると、俊藤は、

「それは食いついたらもう絶対離れん、まむしみたいなやっちゃ」

と答えたので、

「ほんなら、まむしの兄弟ですわな」

と思わず高田の口を衝いて出た。期せずしてタイトルが生まれた瞬間だった。

かくて「まむしの兄弟」の脚本を担当することになって、まむしコンビのハチャメチャな掛けあい、大阪の漫才のようなやりとりは、高田宏治の独壇場といってよく、何より得意とするところだった。

たとえば、警察に捕まったまむしの二人に、佐藤友美扮する婦人警官の身元引受人が現われたときも、

「兄貴、ミモトヒキウケニンて何や?」

「知るか、そんなもん」

そのうえで、二人の釈放が決まり、谷村昌彦扮する警察署長に、

「拇印《ボイン》を押せ」

といわれて、不死身の勝役の川地民夫が大真面目に、

「ええのんか」

と佐藤友美のおっぱい＝ボインを押すシーンなどは、高田の真骨頂であった。俊藤もまたそういうギャグが大好きだったから、その場面を大層喜んだ。

まむしがそのとき捕まった理由も、塀の上から巡回中の警官に小便をひっかけたことによるという筋書だったのだが、それも俊藤から、

「たとえばなあ、ヤクザが一番憎むのは警官や。お巡りや。お巡りは最後まで仇、もう恨み骨髄に達しているんや。警官が来たらな、二人は上からションベンをかけるくらいのことはするやろ」

という話を聞いて、そのまま使ったものだった。

もう1つ、俊藤から言われたのは、金筋ヤクザの象徴としての刺青。〝我慢〟ともいい、根性者の証でもあり、甲斐性がないといれられない刺青は、チンピラにとって憧れの的であるという。そうした話を盛りこもうということになったのである。

「ごっつい刺青してる金筋に出会って、二人が『これや！』と思うんやが、彫るカネがない。そういうチンピラヤクザの哀しさのようなもんを書いてくれんか」

と俊藤は言い、その金筋ヤクザの役を誰にしようかとなったとき、

「やっぱり本物に出てもらえ」

と安藤昇に決まったのだった。

安藤昇演じる早崎という組織の最高幹部は、まむしの兄弟が憧れる筋金入りのヤクザであった。

あるとき、その背中一面に彫られた一匹竜を見て、度肝を抜かれた二人は、本物の男になるため自分たちも刺青を入れようと決意する。さっそく彫師のもとへ通うのはよかったのだが、筋彫りの段階であまりの痛さに唸り顔をゆがめてしまう……。

そしてラストの殴り込みシーン。二人の背中には見事な大蛇の刺青が彫られていた。だが、雨の中の格闘シーンで、二人の刺青はドロドロに溶けて消えていってしまう。

このシーンに、映画関係者やファンの間からは、

「あれ？ 雨で刺青が消えるなんて、そんなバカな。撮影ミスじゃないのか」

との声もあがり、ちょっとした論議を巻き起こすことになる。実はまむしの刺青は完成していなかったというのが正解だが、その説明を映画ではいっさいしていなかったので、混乱が起きたのだった。

高田宏治も「こっちの冒険だった」として、こう述べている。

《あそこで、金筋に対するペシミズムみたいなものを作家的には出してるんです。最後に殴り込むときだけは自分を飾ろうじゃないかというので、筋彫りの上に絵の具を塗るんで

す。それが雨で流れ落ちてしまい、兄弟は納得してふたたび懲役に戻っていく。俺たちの住む世界はあそこしかないんやというのがこの映画のテーマですからね。このあたりに自分の生き方とか世界観とかを出していこうとしたんです》（高田宏治・西谷拓哉「高田宏治　東映のアルチザン」カタログハウス）

また、トラックで殴り込みに向かう道中、まむしに、

「雨のしょぼしょぼふる晩に……」

という「朝鮮民族の歌」を歌わせているのは、高田の脚本にはなく、中島貞夫のアイデアであった。

二人の生いたちを匂わせているわけで、現代派の暴力団ではなく、それ以前の、ヤクザになるしか道がなかった男たちに対する中島なりの共感がこめられていた。

《あのころの中島はシャープだった。やくざやチンピラに限らず、ドロップアウトした暴れ者を描くとじつにうまい。映画のリズム、流れがいいんです》（前掲書）

と高田は述懐しているが、2人のコンビネーションも抜群によかったのであろう。

当時は中島も、若さに任せてかなり無茶なことをやってのけていた。京都撮影所で仕事を終えたあと、最終の新幹線で東京へ出て、新宿ゴールデン街で飲みあかし、朝一番で京都へ帰ってきてセット入りするというような生活を送っていたのだ。酒の飲みすぎで2度

ほど血を吐いたのもこのころであった。

また、「まむしの兄弟」シリーズは、9本中、2作目の「まむしの兄弟　お礼参り」、3作目「まむしの兄弟　懲役十三回」、4作目「まむしの兄弟　傷害恐喝十八犯」、5作目「まむしの兄弟　刑務所暮し四年半」には、いずれも「原案・斯波道男」のクレジットが入っている。これは俊藤浩滋のペンネームだった。

ともあれ、隆盛を極めた任俠路線も後期に入り、手を替え品を替えての模索の時代に入っていた。

監督と殺陣師が真剣激論

昭和46年秋、東映任俠映画ファンや関係者を仰天させるような事態がもちあがった。

任俠路線に咲いた大輪の花ともいうべき人気女優の藤純子が突如、歌舞伎俳優尾上菊之助（現・尾上菊五郎）との婚約を発表、同時に女優引退宣言を行なったからだ。

「えっ!?……」

お竜さんに恋焦がれ、女神のように藤純子を崇めていた大勢のファンは、あまりのショックに絶句した。

《岡田茂社長もびっくりしよった。ちょうど大川博の後を継いで社長になった直後だったから、頭を抱えて、ほとんど怒っていた。東映の大事な宝を奪われてしまうようなもんやから、「そんなもん、馬鹿にしてるわ」と》(「任俠映画伝」)

ファンもまた、岡田社長と同じ気持だった。

「何が尾上菊之助だ。ふざけやがって！　あんな優男に、われらがお竜さんが奪われてしまうなんて……。そんな理不尽なことがあっていいのか」

お竜さんのブロマイドをヘルメットの裏に貼ってデモに向かった学生も、一報に呆然となり、しまいには怒りの声をあげた。そうした学生たちの間で「藤純子の結婚を断固阻止する会」が結成された、などという話も、まことしやかに伝わってきた。

「みんなNHKが悪いんだ。あんな大河ドラマにわれらが純子さんを引っ張りだしたから、菊之助なんかとできちまったんじゃないか」

挙句は、NHKを逆恨みするファンまで現われる始末だった。2人のロマンスは、昭和41年のNHK大河ドラマ「源義経」での共演(尾上菊之助が源義経、藤純子が静御前役を演じた)をきっかけにして生まれたものだったからだ。

ともあれ、藤純子の引退はファンにとってそれほどショッキングな出来事だったし、またそれほど熱狂的なファンが多かったのも確かだった。

落ち目になっての引退ではなく、それこそ「緋牡丹博徒」「日本女侠伝」「女渡世人」というドル箱シリーズ3本を持って人気絶頂、最もいまが盛りの時期──最も花が咲き誇った時期にきっぱり身を引くというのだから、ファンにはたまらなかった。

かくて藤純子にとって最後の作品となるべき引退記念映画「関東緋桜一家」が公開されたのは昭和47年3月4日のことだった。

監督はデビュー作と同じマキノ雅弘、脚本は笠原和夫、共演は鶴田浩二、高倉健、若山富三郎、菅原文太、待田京介、伊吹吾郎、山城新伍、長門裕之、南田洋子、木暮実千代、嵐寛寿郎、水島道太郎、悪役陣の遠藤辰雄、天津敏、名和宏らにくわえ、藤山寛美、片岡千恵蔵という超豪華オールスターであった。

藤純子の引退劇は後年の山口百恵の引退騒動にも似て、テレビ、ラジオ、週刊誌、スポーツ紙などマスコミがこぞってとりあげ、一大センセーションを呼びおこし、一つの社会的現象ともなった。

東京・池袋の東武デパートでは引退にちなんで「藤純子展」まで催されたほどだった。引退記念映画「関東緋桜一家」はいやでも話題を集め、封切り日には観客が映画館の前に長蛇の列をつくった。

私自身に即していえば、ちょうど大学へ入学した年のことで、劇場の正面に掲げられた看板に、三角マークとともに「今をときめく任俠東映」のキャッチフレーズが躍る東京の池袋東映で、胸躍らせて観た記憶がある（池袋東武デパートの「藤純子展」へ行ったのはまた別の日であった）。

映画館前に掲げられてある立て看のポスターの、

《今さら何んにも云いません

たゞ黙って見て下さい純子別れのあで姿》

との惹句が切なくて、これがいよいよ最後、藤純子の見収めかと思うと、なんとも寂しさが募ってきた。

満員の館内の雰囲気もなんとなくいつもと違って感じられた。映画が始まってからもなんだか妙に落ち着かない。考えられないようなオールスターキャストが次から次と登場し、お馴染みの大団円、怒濤の殴り込みシーンへと向かっていく。

忘れもしない、ラストシーンで、藤純子がキャメラに向かって、

「お世話になりました」

と頭を下げたとき、私の隣りにすわるおっさんが、感きわまったのか、涙声で、

「うん、それでいい。それでいいんだ、純子」

と大きくうなずきながらつぶやいたセリフは、まさに私の内なる声でもあったような気

がする。

この「関東緋桜一家」は、藤純子へのはなむけとして、東映任俠路線を支えてきた看板スターが勢ぞろいし、監督マキノ雅弘、脚本笠原和夫という最強コンビであったにもかかわらず、作品自体はあまり高い評価を受けなかった。超豪華オールスターキャストということが逆に裏目に出たようで、どうしても大味な感じになったのは否めなかった。

マキノ雅弘もこう述べている。

《「関東緋桜一家」には純子の映画の何もかも詰め込んだが、逆にそのために内容は薄いものになった。『緋牡丹博徒』シリーズのイメージが強く、立回りのシーンが多かったが、そちらの方の演出はほとんど小沢茂弘に任せてしまった。

映画は二十二、三日で上り、完成祝いが純子の送別会になった。ニコニコ笑っていた純子に私が花束を持って行った時、初めて泣いた。泣いてくれた。私は嬉しかった。

「君は今まで作品にやきもちを焼いたが、これからは十二分に御亭主に甘えて焼いてやれ」

と私は云ってやった》（マキノ雅弘「映画渡世・地の巻　マキノ雅弘自伝」平凡社）

マキノ雅弘は、藤純子を「八州遊俠伝　男の盃」でデビューさせ、健さんの「日本俠客伝」シリーズや「昭和残俠伝」シリーズ、あるいは「俠骨一代」といった作品で、その女優としての魅力を存分に引きだした。いわば、純子育ての親ともいえる監督であったわけだが、マキノにとっても、この「関東緋桜一家」が最後の監督作品となった。

擬斗を担当した上野隆三にとっても、この作品がことのほか思い出深いものとなったのは、天下のマキノ雅弘に少しばかり逆らった記憶があるからだ。

立ちまわりのシーンで、マキノが時間がかかるのを嫌ってキャメラ2台で撮ろうとするのを、上野が、

「ワンカメでいきます」

といい張ったのだ。殺陣師としての譲れない一線だった。

が、あくまで巨匠は、

「ダメだ。ツーカメでいけ」

と命じる。それでも上野は、

「いえ、ワンカメでいきます」

と引かなかった。

そのやりとりをマキノのうしろのほうで見ていた鶴田浩二と小沢茂弘が、上野に、

「よし、上野、行け、行け。もっと押せ！」

といったサインを送ってくる。鶴田となると、拳を突きあげ、「負けんなよ！」という仕草でエールを送ってくるから、上野もつい調子に乗ったきらいがなくもなかった。

「ワンカメでいきます」

と押し通すと、しまいには巨匠も折れ、

「いいわい、おまえ、好きなようにやれい。オレはなあ、42年監督やってるけど、オレに盾突いた殺陣師はおまえが初めてじゃあ」

と呆れ顔になった。

その日の撮影が終わり、上野が撮影所の風呂に入っていると、スタッフの一人が、

「上野さん、マキノの親父さんが呼んどりまっせ」

と告げに来た。

また怒られるのかと思いながら、上野がマキノの部屋に恐る恐る顔を出すと、

「おお、これからメシ食いに行くか」

マキノが言うのに、

「え？」

「鍋でも食おう」

「はい」

思いがけない誘いに、上野が恐縮して答えた。

店へ赴くと、鶴田浩二や藤純子をはじめ、主だったスタッフがみな顔をそろえていた。

鶴田が上野を見て、ニヤッと笑った。

食事をしながらマキノが上野にしみじみと言った。

「おまえ、今日オレに盾突いたけど、あとで考えたらあれでいいんだよ。なんでもオレの言う通りやってたらあかんもんな」

マキノは「関東緋桜一家」が最後の映画作品となったが、その後、テレビで「長谷川伸シリーズ」を撮ることになり、やはり上野が殺陣を担当した。

撮影が終わったあと、マキノが上野に声をかけてきた。

「上野、おまえ、今回はオレの言う通りやっとるなあ」

上野が、

「いえ、やはり先生のおっしゃってることが理にかなってますから」

と答えると、巨匠は、

「そうかあ」

と相好を崩した。

名匠マキノ雅弘が世を去ったのは平成5年10月29日のことだが（享年85）、その少し前

に、

「みんなに会いたい」

と京都撮影所を訪ねてきたことがあった。

ちょうど上野も仕事中だったが、撮影所のお偉いさんから、

「マキノの親父さんが、会いたい言うとるから、会うてくれ」

との連絡が入り、上野がすぐに駆けつけると、マキノはニッコリと笑い、これ以上はないほどうれしそうな顔になった。

その顔が胸に沁み、上野はいつまでも忘れられなかった。いまだにそのときの顔が脳裡に浮かんできて、

〈昔のかたは口は悪くても情があったなあ。それに監督としても、失礼だけど、いまのテレビ撮ってるような人たちとは根本的に違ってた。やっぱり格が違っとったなあ……〉

としみじみ思わずにはいられなかった。

ともあれ、藤純子引退記念映画「関東緋桜一家」は、撮影の段階からある種のお祭り騒ぎとなった。

京都撮影所へは、東京から「藤純子とお別れする会」と称するツアーを組んだファンが、バスを何台も連ねてやってきた。彼らは撮影を見学し、藤純子と一緒に撮影所の大きな食

堂で記念写真を撮った。

その諸々を仕切るほうもひと苦労であった。それは東映任俠路線の最後を飾る大イベントといってよかったかも知れない。

第五章

仁義なき戦い

悪いヤツを主人公にしたい

藤純子の引退記念映画として、社会的現象となるほどマスコミが大騒ぎしてくれたこともあって、「関東緋桜一家」は大ヒットした。が、同時にそれは看板女優藤純子の引退という厳とした事実とともに、東映任俠路線の終焉を告げる象徴的作品ともなった。

思えば昭和38年3月に封切られた「人生劇場 飛車角」からスタートした東映任俠路線もちょうど丸10年、むしろ10年間も人気を保ったまま続いてきたということのほうが奇蹟といってよかったかも知れない。それも渥美清の寅さんのように正月と盆に年2本だけ撮っての10年ではなく、それこそ20本も30本もつくったうえでの10年なのだ。なおかつその基本的なパターンはどれもほとんど同じなのだから、いやでもマンネリ化は免れず、客に飽きられないほうがおかしかった。

そんななかで、どうやって新機軸をうちだしていくか、あるいは任俠路線に代わる新たな路線を発掘できるのか、東映も暗中模索の時期に入っていた。

そうした転換期に、1本の斬新なヤクザ映画がつくられた。「関東緋桜一家」の2カ月後に公開された深作欣二監督の「現代やくざ 人斬り与太」である。

同作品はそこそこにヒットしてシリーズ化され、2作目の「人斬り与太 狂犬三兄弟」も同年10月に封切られている。

それは紛れもなく任侠路線から実録路線へ切り換わる記念碑的な大ヒット作「仁義なき戦い」(昭和48年1月)のために用意され、そのためのジャンプ台ともなった作品といって過言ではなかった。

実はこの時期、深作欣二も映画づくりにおいて試行錯誤し、何かと模索していた。10年にわたって隆盛をきわめた東映任侠路線にあって、深作欣二は必ずしも路線の本流を担う監督ではなかった。

「チョンマゲのない時代劇」といわれた主流の着流し任侠映画に対して、深作が一貫して撮ってきたのは、現代劇としてのヤクザ映画だった。

「解散式」「博徒解散式」「日本暴力団 組長」「血染の代紋」「博徒外人部隊」といった作品群である。

深作欣二は生前、私にこう語ってくれたものだ。

「私は、現代劇としてヤクザ映画をつくることを求められた。任侠映画としてなら勧善懲悪はいいだろう。あるいは悲劇としてのヤクザ映画も成立させられるだろう。ところが、現代劇ですと、そうはいかないんですよ、現実との落差が大きすぎて。そんないい人のヤクザじゃ、生きていけないわけですから。また、魅力もない。それじゃしょうがないんで、悪いヤツでなぜいけないのか。そうでないと、現代劇としてのヤクザ映画は成立させられない、と。何だかんだ言ったわけですよ。つまり、悪いヤクザといいヤクザが戦うっていうのは、コップの中の嵐みたいなもんだけど、背景は否応なく一つのリアリティを持たなきゃ、それも嘘になる。本当に難しい。リアルな背景を持った現代劇としてのヤクザ映画。何本か撮ったけど、やりづらくてね、これはダメだな、オレは、と。それでよそへ行って撮ったりもしたんだけど……」

確かに昭和43年から47年にかけて、深作は前記の東映作品と併行して、松竹や20世紀フォックスなど、他社でも何本か撮っている。「黒蜥蜴」「恐喝こそわが人生」「ガンマー第3号 宇宙大作戦」「黒薔薇の館」「君が若者なら」「トラ・トラ・トラ！」「軍旗はためく下に」と、丸山明宏（現・美輪明宏）主演映画からチンピラ物、SF物、戦争映画ありという賑やかさだが、ヤクザ映画は1本もない。

「よそでも苦しかったですね。ただ、そのなかで『軍旗はためく下に』は、たまたま自分の戦後史みたいなものをやりたいなと思っていた素材がポンと出てきたので撮ったんですが、どうもうまくいかない。これは上官殺しがテーマだったんですが、いままで反戦映画というと、兵隊は被害者であって上官・将校以上が悪であるという構図で、これまた勧善懲悪。それが一番つまらなかったわけで、それじゃ上官ぶっ殺して何が悪いかという映画をつくったら、反戦映画としては評価できるが、暴力装置がイマイチとムチャクチャ言う批評家がいて、ソ連の映画祭に持っていっても同じような評価になってくる。そこで猛然と反発心が起きてきて、もういっぺんヤクザ映画やりたくなったわけですね」

こうして生まれたのが、「仁義なき戦い」を予感させ、その呼び水ともなった作品、「現代やくざ　人斬り与太」「人斬り与太　狂犬三兄弟」の2本であった。

深作に幸いしたのは、このとき、菅原文太という役者と真の意味での出会いがあったことであろう。それまでも監督、俳優として「日本暴力団　組長」「血染の代紋」で一緒に仕事をする機会はあったのだが、深作はこの「人斬り与太」で初めて文太を意識し、二人は強力に結びついた。

深作が「人斬り与太」を撮るにあたって、東映に提案したのは、

「一番悪いヤツを主人公にしたい。そういうつくりかたのほうが面白くて新しいものにできるんじゃないか」

ということだった。その主役のイメージにピッタリの役者が文太であったのだ。

深作が文太に、

「スターでもってこういう役をやるのは、きっと君が初めてだと思うけど、この作品のなかで一番悪いヤローっていったら、主役やるおまえさんなんだ」

と注文を出すと、文太はかえって喜び、嬉々としてその役どころに取りくんだ。

文太が演じたのは、徹底して組織に楯突き、本能のままに暴れまくるチンピラヤクザの役であった。女を力ずくで犯し、拳銃で撃たれては「医者だあ！」とわめき散らすような、およそかつての健さんや鶴田が演じた任侠ヒーローとは極北に位置するアンチ・ヒーローだった。文太は、それを水を得た魚のように熱演しているのだ。

かくして東映任侠路線から実録路線への転換を予感させる先駆け的作品「人斬り与太」が誕生し、深作・文太という実録路線を担うエースコンビの登場となったのだった。

時代も大きく変わろうとしていた。この年——昭和47年はいったい何が起きた年であったのか。

任侠路線が終焉を告げるのと軌を一にするように、任侠映画に最も熱いエールと拍手喝采を送った者たちによって担われた学生運動も幕をおろそうとしていた。

連合赤軍によるあさま山荘事件が勃発し、同時に世を震撼させた彼らの大量リンチ殺人事件が発覚したのも、この年、ちょうど「関東緋桜一家」が公開される前後のことであった。

2月7日、群馬県下で連合赤軍のアジトが発見され、群馬・長野両県警は19日までに森恒夫、永田洋子ら8人を逮捕、残る5人が長野県軽井沢の河合楽器あさま山荘に管理人の妻を人質にしてたてこもったことが事件の発端となった。警察は装甲車を繰りだして山荘を包囲、10日目の28日午前10時、山荘攻撃を開始した。工事用の大鉄球で壁を破り、水とガス弾を注入、犯人は猟銃、拳銃、手製爆弾などで激しく抵抗したが、8時間の攻防の後に機動隊員が突入、人質を救出し5人を逮捕した。警官2人が殉職し、12人の負傷者を出したこのあさま山荘事件は一日中テレビで実況中継され、記録的な高視聴率をあげた。

さらに逮捕者の取調べから、彼らの間で「総括」と称して大量のリンチ殺人が行なわれたことが判明。同年3月、群馬県下で12人、千葉県下で2人、合計14人の死体が発掘され、その陰惨さが社会に衝撃を与えた。

この連合赤軍リンチ事件は「学生運動の墓場」とも評され、多くの学生や一般大衆が離れていき、運動が一挙に衰退していく要因ともなった。

あさま山荘事件のとき、深作欣二はちょうど旅館にこもって、あるシナリオを執筆している最中であった。

テレビでニュースが始まると、もう脚本どころではなくなって、テレビに釘づけになった。そのせいで締切りには間にあわなくなり、何よりも事件に触発されて、脚本が別の方向へねじ曲がっていくハメになった。深作自身、執筆しつつも、

〈こりゃ危ない、危ない〉

と思いながら、どうにか書きあげた。

が、会社からは案の定、

「何だ、これは。ダメだ！」

と一顧だにされず、原稿は通らなかった。当初意図したものとはまるで違った脚本ができあがっていたからで、結局企画自体も流れてしまった。

そのあとすぐに、同じ旅館にこもって取りくんだ脚本が、「現代やくざ　人斬り与太」であった。

深作はそれを一気呵成に書きあげた。やはり連合赤軍事件の影響は免れなかった。

深作は当時を振り返って、

「あさま山荘事件からは、映像的な意味での触発のされかたというのもあって、増感現像でフィルムの粒子を荒らしてしまおう、と。つまり、ベタベタとライトを当ててきれいに撮るということをできるだけ避けるような方法はこれからやりだしたわけです。それは『仁義なき戦い　広島死闘篇』の映像につながってるわけですよ」

と語ってくれたが、ここでいう「広島死闘篇」の映像というのは、北大路欣也扮する殺人鬼といわれたヤクザが、警官隊に囲まれて逃げまわるエンディングに近いシーンのこと。確かにそのシーンは、まるで記録映画と見まがうような臨場感あふれたリアルな映像となっている。

あるいは「仁義なき戦い」シリーズ全般にわたる、手持ちキャメラやテロップ、ストップモーションを多用した深作の独特の演出というのも、連合赤軍事件からの「映像的な意味での触発のされかた」ということであったのかも知れない。

「70年代のあのハチャメチャさが、僕には一つの核みたいになってるようなところがあるわけですよ」

ともつねづね述べていたように、方法論的にも情念的にも時代の影響をもろに受けたという深作。

だから、連合赤軍をはじめ70年代をリアルタイムで知らない若い世代が、ビデオで「仁義なき戦い」を熱狂的に観ているという現象は、いまひとつピンとこなかったようだ。

が、それほど「仁義なき戦い」の面白さは理屈抜き、時代を超えて普遍的であるということなのだろう。

深作監督が「ぜひやりたい」

戦後の広島ヤクザ興亡史を描いて大ヒットした東映実録路線の金字塔——というより、いまや伝説のヤクザ映画と化した感のある「仁義なき戦い」。

あの〽ズンズンズンズン……と、いまにも血の抗争を予感させ、不安をかきたてるようにあやしく鳴り響くテーマ曲。主役の菅原文太をはじめ松方弘樹、梅宮辰夫、千葉真一、北大路欣也、小林旭、山城新伍、渡瀬恒彦、金子信雄、成田三樹夫、加藤武、田中邦衛、川谷拓三、室田日出男……等々、ズラリそろった多彩な個性派役者陣。彼らによって演じられるすさまじいバイオレンスシーン、あるいは陰謀劇のどろどろしたリアリティ、滑稽さ、名セリフの数々……。

思い出しただけで、いまも血湧き肉躍らせるオールドファンも多いことだろう。

あの傑作を支えたのは、笠原和夫の名シナリオもさることながら、実録にもとづく複雑にいりくんだストーリー自体の面白さ、「殺っちゃれ」「……じゃけんのう」などという独特の広島弁の味わい、はたまた前述の個性的な津島利章のテーマ音楽やナレーション、役者陣の迫真の演技もあったろう。何よりハンディキャメラやテロップ、ストップモーションを多用した深作欣二監督のドキュメントタッチの切れ味鋭い演出も最高に光っていた。

これらすべてが相乗効果となって、「仁義なき戦い」は大ブレイクしたのだった。

しかも、40年以上も前に公開されたこの作品、いまだにレンタルビデオ店で根強い人気を保ち続けているのは、リバイバル人気というより、リアルタイムで観られなかった若者たちに圧倒的な支持を得ているからという。

伝説のヤクザ映画といわれるゆえんだが、では、この「仁義なき戦い」はどのようにして生まれたのだろうか。

昭和46年春——。日下部五朗と笠原和夫は、大阪・豊中の飯干晃一邸を訪ねていた。麻薬Gメンを描いた「囮」という飯干晃一の小説を映画化するためだった。

書斎での打ちあわせを終えたとき、日下部はふと机の上に山のように積みあげられた原稿の束に目を止めた。

「飯干さん、これ、何ですか？」

日下部が訊ねると、

「ああ、これね、実は面白い話があってね」

と飯干は切り出し、

「広島の美能幸三というヤクザが牢獄のなかで書いた、自分の親分を告発した手記なんだけど、ここには終戦直後からの広島ヤクザのすさまじい抗争事件が書かれてあってね、ともかく面白い。なんとかまとめてみたいと思ってるんだ」

「へえ～、それならぜひ東映でやらせてください。うちに映画化権をください」

日下部はすぐに乗り気になって、飯干に申し出た。

やがて、この美能幸三が5年がかりで獄中で綴ったという手記は、飯干の手によって再構成され、「週刊サンケイ」で連載が始まった。それが「仁義なき戦い」であった。

〈ええタイトルやなあ〉

京都から東京へ向かう新幹線の中で、たまたまその連載第1回目を目にした俊藤浩滋は、思わず唸った。

東映本社で行なわれる企画会議に出席するための上京であった。「週刊サンケイ」は新幹線に乗るとき、なんとはなしに買ったものだった。

「仁義なき戦い」はタイトルばかりか、読むと中味も面白かった。

〈これはいけるで〉

俊藤はそのまま東映本社の企画会議へ出ると、岡田茂社長に「週刊サンケイ」を見せ、「仁義なき戦い」映画化の企画意図を話した。

岡田はその場で答えた。

「よし、これ、やろう」

岡田自身、広島が故郷であったから、「仁義なき戦い」の舞台となった土地や抗争にも馴染みがあり、登場人物のことも知っていたりして、誰よりも映画化への意欲を撚やした。やはり同じ企画を出してきた日下部五朗に対しても、

「これは面白いぞ。何が何でもやろう。すぐに準備にかかれ」

との号令を出したのだった。

だが、映画化にあたって、原作者の飯干晃一の承諾は取れても、肝心の原手記者の美能幸三の許可は得られず、本人は、

「週刊誌が出ただけで身辺が危ないという話になっとるのに、映画化などとんでもない」

と頑なに拒否しているとの話も伝わってきていた。

シナリオを担当することになった笠原和夫は、何より取材に重きを置く脚本家であっただけに、

「現地へ行ってモデルに取材をしなけりゃ、いいものは書けない」

と強く主張していた。が、東映本社は、

「まだ広島は触ったら火がつきそうな状態だから、現地取材はするな」

との方針をたてていた。

そこで笠原は、日下部とともにこっそりと美能が住む広島県呉市へと出かけていくことにした。が、呉に着いても、美能と会う手段がひとつもなかった。思案に暮れているうちに、日下部がふと思い出したことがあった。

5年前の昭和42年秋、「人間魚雷　あゝ回天特別攻撃隊」という43年正月用の作品の撮影のため、江田島へロケに来たとき、いつも飲みに出かけていたのが呉だった。呉まで出ないと酒場がなかったからだが、そのとき、宣伝部の者に紹介されて何度か通ったスナックがあった。「蘭」という店で、ママが歌がうまくて気さくな女性だった。

その「蘭」のママを思いだし、日下部が藁をも摑む思いで電話を入れ、事情を話すと、

「えっ、美能さん？　お客さんでよう知っとるわよ。まかせなさい」

と嘘のような答えが返ってきた。そのうえ彼女は、翌日には美能と会えるように段どりまでつけてくれた。幸運としかいいようがなかった。

翌日、笠原だけが美能に会いに行くことになったのは、

「自分が行ったんでは、東映の代表になってしまい、大事になるから」

と日下部が判断したからだった。

かくて笠原が美能と初めて顔を合わせたのは昭和47年9月29日のことで、笠原はその日をこう回想している。

《（前略）映画化は絶対困るというのが、氏の冒頭の言葉だった。そうと決まれば一刻も早く退散したい気持に駆られたが、シナリオ・ライターなどという奇ッ怪な商売人に会うのは氏にとって初めてらしく、ギャラは幾ら貰ってるんだとかどうだとかで先方で放してくれない。話している内に、氏と私が同じ広島の大竹海兵団の出身であることが分かった。氏は上等飛行兵曹で、ゼロ戦のパイロットであった。私は練習生で終戦時に二等兵曹で復員した。そんなことから、映画化は断るが、話の分からない所は説明してやろう、と氏の自宅（と云っても、そのころはまだつましいマンションの一室だったが）に招かれてブランデーを飲み合いながら六時間余り質疑したのが、以来一年間にわたる仕事の糸口になったのであった》（笠原和夫「ノート『仁義なき戦いの三百日』」幻冬舎アウトロー文庫「仁義なき戦い」）

同じ海軍同士ということもあって、美能は笠原に胸襟を開き、ざっくばらんに何でも話したのだが、それでも最後に、

「絶対に映画は許さんぞ！」

と念を押すのは忘れなかった。

そこでこの難攻不落の砦を落とすべく、日下部は足繁く呉に通うことになる。日下部は美能を口説きに口説いた。

「美能さん、あなた、自分を裏切った親分や寝返った組長に対して、恨みを晴らすために書いたんでしょ。刑務所の中で、許せないとの一念で、腹を括って書いたんじゃないですか。じゃあ、とことんやりましょう！　映画ならもっと効果があがりますよ。映画であなたの仇に追い討ちをかけましょう」

と獄中18年余の元組長に対して、けしかけるようなことまで言ってのけた。

このとき、日下部はまだ38歳。若さゆえの怖いもの知らずと、なんとしても映画にしたいという情熱が言わしめた言葉だった。

これには美能も、

「……そこまで言うんじゃったらええわい」

と渋々承諾したというが、なおまだ広島には美能元組長と敵対する者たちの存在もあって、不穏な噂が飛びかい、映画化実現には難関が残っていた。

では、そうした諸問題をクリアーしてくれたのは、誰であったのか。

俊藤浩滋が生前、私にこう語ってくれたものだ。

「そのときにね、〝ボンノ〟こと菅谷政雄組長の舎弟だった波谷守之さんという、同じ呉出身の親分が仲に入って話をまとめてくれたんです。美能にもし危害を加えるヤツがいたら、オレが相手になる、と。この波谷組長の親分筋にあたる人に、原爆で亡くなった広島の渡辺長次郎親分がいて、僕が若いころ、親しくしてもらっていた五島組の大野福次郎親分と偶然兄弟分だったんです。僕がのちに波谷さんの『最後の博徒』をつくらしてもらったとき、そんな話をして懐かしかったですけどね。ともかく『仁義なき戦い』は、それで映画化できることになったんです」

こうして確実に映画化実現の見通しが立って、俊藤が「仁義なき戦い」の監督として白羽の矢を立てたのが、深作欣二であった。「現代やくざ　人斬り与太」の演出を買ってのことだった。

俊藤がその旨を初めて深作に話したのは、ちょうどその2作目にあたる「人斬り与太　狂犬三兄弟」を撮影中のときだった。

撮影も最終段階に入り、仕あげにかかっていたころ、深作は東京撮影所で俊藤から、

「話がある」

と声をかけられた。

「いま週刊誌に連載されている『仁義なき戦い』というのを知っとるか?」

と聞かれて、深作は、

「ええ、よく知ってます。毎週読んでますから。あれは面白いですね」

と答えた。

「どや、やる気あるか？」

「えっ？」

「もう東映でな、映画化権をとってあるんや」

深作には初めて知ることだった。

「東映でやるなら、ぜひやりたいですね」

深作は一も二もなく答えた。


「俺のホンは絶対に直すな」


深作欣二は「週刊サンケイ」に連載されている飯干晃一の「仁義なき戦い」をずっと愛読していて、

〈あっ、これはまた、面白い世界が展開されだしたなあ〉

と思っていた。

何より原手記者の美能幸三という元組長が、自分の元の親分に対して、歯に衣着せることなく、遠慮会釈なしに痛烈に批難しているところが面白かった。

そこには、いままで東映がつくり続けてきた任俠路線の義理と人情、男の美学や浪漫とはかけ離れた、自我と欲望をむきだしにしたドロドロしたヤクザの世界が赤裸々に描かれていた。まさに監督として自分がやりたいテーマと素材が凝縮されている感があった。

俊藤浩滋から、「仁義なき戦い」の映画化の話を聞かされ、

「どや、やる気あるか？」

といわれて、即座に、

「ぜひやりたいです」

と答えたのも当然のことであった。

同時に深作は俊藤から、

「おまえさんがやった『人斬り与太』の2本、あのタッチの延長を生かしていけばいいんだ」

との示唆も受けた。

深作は後年、「仁義なき戦い」との出会いを、

「原作をチラッと読んだだけで、すぐにピンピンと来た。それまでの右往左往、私自身のなかでの試行錯誤が、一つの出口を教えられたということだったような気がする。だから、運がよかったというか、自分が否応なくたどってきて頭打ちになったときに、その原作にぶつかった。それまで京都撮影所との馴染みはなかったのに、京都を足場にしてつくって

いた俊藤さんから話があったというのは、何か全部運がよくてスーッと自然に川の流れみたいになって、出口に流れ着いたというようなことだったかも知れない」

と振り返ることになる。

一方、俊藤浩滋にしても、

〈「仁義なき戦い」は現代劇の実録やから、京都撮影所をメインにしてる監督では感覚が違うやろ。これは東京で撮ってる深作欣二以外にない〉

との確信めいたものがあった。ところが、東映サイドは、

「深作？　あかん。もっとええ監督いるだろ。おもろいもん撮れる監督につくらそう」

と一斉に反対した。深作は理屈っぽい感覚の、あまり当たらない監督と見られていた。なかでも深作反対派の急先鋒は、脚本を書いた笠原和夫だった。笠原は自著でこう述べている。

《作さん（注・深作）は、世の中にこれ程の好人物が居るだろうかと思う程心根の優しい神の如き人柄である。が、一度強情を張ると悪魔の如く退くということを知らない。西の加藤泰、東の深作欣二と云ったら鬼神も三舎を避けると云われている。十年程前、ある作品でたった一度の顔合せをして、案の定、正面衝突してメロメロになってしまい、ついに東京オリンピックを見損ったという世紀の痛恨事の体験がある。そんな男に、打合せもな

しにぶっつけ本番ホンを渡したらどういう騒動が持ち上がるか、私は責任はとれない、直しには応じられない、京都撮影所の連中は深作を舐《な》めている、と、とにかく思いつくままの悪口雑言を並べ立てて防戦これ努めた》（幻冬舎アウトロー文庫「仁義なき戦い」）

そのため、東映本社も京都撮影所も、深作ではない、他の監督を立てることでいったんはほぼ決まりかけた。

だが、俊藤は、「仁義なき戦い」はあくまで深作でいく——と譲らなかった。

それでも、前の件でほとほと懲りている笠原は、

「どうしても深作でいくなら、オレのホンは絶対に直させるな」

とプロデューサーの日下部五朗に申しわたした。

さっそく日下部が深作に脚本を送って、その旨を伝えたところ、本人から、

「いやあ、面白い。このままいきます」

との返事が返ってきたのだった。

かくて監督は深作欣二で正式に決定し、次に配役をどうしようかとなったとき、日下部が考えたのは、主役に渡哲也の起用であった。

が、ちょうど渡は肺を病んで熱海の温泉病院に入院中の身だった。

日下部が病院へ訪ねていってその件を依頼すると、渡は、

「残念ですが、あと2、3年は療養しなければならないそうですから、とても無理です」

と答えた。

日下部は、

〈うーん、渡哲ちゃんがダメとなると、誰がいいだろうか〉

と思案をめぐらしたとき、パッと浮かんできた役者が菅原文太であった。文太も週刊誌の連載を読んでいて、やりたがっているという話も伝わってきていたからだ。

〈あ、そうか。文ちゃんがいいなあ〉

文太の主役が決まった瞬間であった。こうして深作欣二監督、笠原和夫脚本、菅原文太主演という名トリオによる記録的ヒット作となった「仁義なき戦い」が生まれる。

すぐにシリーズ化も決まって、2年間で「仁義なき戦い　広島死闘篇」「仁義なき戦い　代理戦争」「仁義なき戦い　頂上作戦」「仁義なき戦い　完結篇」の5本、さらに「新仁義なき戦い」「同　組長の首」「同　組長最後の日」と3本、「その後の仁義なき戦い」（工藤栄一監督、根津甚八主演）という作品まで含めれば、合計9本製作される。

なおかつ平成12年秋には「新・仁義なき戦い。」（阪本順治監督、豊川悦司・布袋寅泰主演）が公開されて、「その後の仁義なき戦い」から実に21年ぶりに復活し、平成15年2月15日には「新　仁義なき戦い／謀殺」（橋本一監督）が公開され、「仁義なき戦い」人気はいまだ根強いものとなっている。

「仁義なき戦い」シリーズは興行的に当たったばかりでなく、映画評論家やジャーナリズムからも高い評価を受けた。

昭和48年1月に封切られた「仁義なき戦い」は同年度の「キネマ旬報」ベスト・テンの第2位、同年9月封切りの「仁義なき戦い 代理戦争」が同8位、翌49年1月の「仁義なき戦い 頂上作戦」は49年度の第7位、「その後の仁義なき戦い」(54年5月)は54年度の第10位にそれぞれ選出されているのだ。キネ旬ベスト・テンに選ばれるなどというのは、東映ヤクザ映画では内田吐夢の「人生劇場 飛車角と吉良常」(昭和43年度第9位)を唯一の例外としてかつてなかったことだった。

ところで、脚本を書いた笠原和夫は、初めて試写を観たとき、出来ばえに満足するどころか、深作の演出に腹が立ったというのだから興味深い。

《……そしたらあんた、もうねえ、画面がポンポン飛ぶでしょう? まともなシーンが出てこないから頭に来ちゃってさ、深作の顔も見ないで企画室に上がっちゃったわけ。で、戻ってくる企画部員に「何だ、あの映画は?」って怒ったんだけど、皆は「いや、あれは傑作だ!」って言うんだよね。面白くないって言ってるのは、シナリオ書いた俺だけなんだよ》(杉崎J太郎・植地毅「仁義なき戦い 浪漫アルバム」徳間書店)

しかも、試写を観て最初は憮然としていた笠原も、しばらくして映画館で観たときには、《けっこう面白いんだよな、これが》と感じたというのだから、なんともおかしい。

そんな笠原の最初の反応について、深作はこう解説してくれたものだった。

「脚本どおりっていっても、キャメラワークまでは、これはおのずから脚本家と監督の間にはある諒解が成立してるもんだということはないですからね。撮ってる過程のなかでどんどん変わっちゃう……というか、こういうカット割りで撮りますということはないわけ。だから、僕は脚本に忠実に撮ったつもりでいるけれども、それはやっぱりイメージ上の食い違いということで、笠原君も頭にきたんでしょうね。何だ、こりゃ、と」

笠原が最初に感じた、自分の脚本と映像のイメージ上の違いというのは、テンポの速さもさることながら、揺れに揺れる画面、役者の顔もまともに映らないような手持ちキャメラを多用する深作の独特の演出――とも、大いに関係があったと思われる。

深作もこう述べている。

「以前、ニュース映画ってあったでしょ。あれを観てるとき、やっぱり手持ちキャメラっていうのはいいなあ、と。つまり、非常にリアリスティックな状況を迫力をもって捉えられる。たとえば、人を殺したり殺されたりというような状況――問答無用に撃ち殺すだけでなく、傷つきながら逃げるヤツがいる。追っかけるヤツがいる。そういうシーンというのは、キャメラを据えてスタティックに撮ったら、嘘っぱちになるに決まってるんですよね。手持ちキャメラで追っかけて、ブレるから面白いんでね」

手持ちキャメラの醸しだす、あたかもニュース映画のような臨場感あふれる生々しい迫力に、観客はカーッと熱くなり、興奮をかきたてられたわけである。

「仁義なき戦い」はアンチヒーローの群像ドラマであるだけに登場人物も多く、何よりスターから脇役、チョイ役に至るまで個性派役者がズラッとそろって、誰もが生き生きと演じている。

とりわけ菅原文太、小林旭、松方弘樹、北大路欣也、千葉真一、梅宮辰夫といったスターたちに伍して、これほど脇役陣が持ち味を出し、およそスターを食いかねない勢いで熱演、怪演を見せて印象に残る映画というのも珍しいのではないだろうか。金子信雄、成田三樹夫、田中邦衛、加藤武、山城新伍、室田日出男、そして当時はまだ無名の川谷拓三、志賀勝、小林稔侍をはじめとするピラニア軍団。

なかでも出色は、全篇を通じて登場する、セコくてズルくて裏切りや謀略の限りをつくし、それでいて観客の笑いを誘わずにはおかない異色の悪親分、山守組組長の山守義雄役を演じた金子信雄であったろう。

この山守義雄組長のモデルとなった実在の広島の元親分は、映画化の企画が持ちあがったとき、まだ健在であった。

懲役1年半の刑を終えて出所しており、組は解散し、自身も引退していたとはいえ、映画化の件は当人にとって決して愉快な話ではなかったはずである。

試写を観た三代目山口組の田岡一雄組長（映画では丹波哲郎が演じた明石組組長のモデルとされる）が、帰りしなにポツンと、

「よおまあ、若い者が黙っとるこっちゃな……」

と漏らしたとの話も伝わっている。

血糊をつけてパチンコ休憩

義理と人情の任侠美学や様式美をぶち壊すようにして登場した「仁義なき戦い」。何よりアンチヒーローの群像劇として、笠原和夫の脚本には実に多くの多彩な若者たちが登場してくる。

それをキャスティングするにあたって、深作欣二が起用したのは、京都撮影所の大部屋俳優たちのなかでも、決して優等生ではない、むしろ威勢のいい、はみだし連中ばかりで

あった。

　とはいえ、京都撮影所で撮るのは初めてだったから、深作は彼らに馴染みはなかった。そこで、くすぶってはいても、面魂がそろっている面々を見て、深作は演技課の者や助監督に、

「彼らのなかでいちばん乱暴なのは誰だ？　札つきであればあるほどいいんだけどな」

と訊ねた。その答えをもとに、役どころを順番に決めていったのだった。

　こうした大部屋の札つきグループが、この「仁義なき戦い」をきっかけに、どんどん頭角を現わし、のちに〝ピラニア軍団〟として一躍脚光を浴びることになる。室田日出男、川谷拓三、志賀勝、小林稔侍、片桐竜次、成瀬正孝、野口貴史、岩尾正隆らをはじめとする16人ほどのメンバーである。

　彼らのほとんどは、それまでチョイ役に就くことはあっても、監督に芝居をつけられた経験はなかった。せいぜい助監督から、

「監督がこういってるから、こうやって」

と言われる程度であった。

　それが深作の「仁義なき戦い」となって初めて、

「そこが違う、ここはこうだ」

と名のあるいっぱしの俳優同様に、監督から直に演技指導されるのだから、彼らの意気込みも違ってきた。

深作も1部2部3部とシリーズを重ねていくにつれて、彼らのパーソナリティやキャラクターを掴んでいったが、最初はまるでわからなかったから、誰をも一緒くたに処するしかなかった。

いままで監督からろくに声をかけられたこともない大部屋俳優の彼らにすれば、同じように撮影現場に放りこまれて芝居をさせられ、セリフをいわされ――という緊張感はいまだ味わったことのないもので、それは快感でもあっただろう。彼らは俄然やる気になった。

深作も彼らにキャメラを向けて、

「君、もっと出てこい、文ちゃんの前へ！　……そうそう、前でいいんだ。遠慮するな」

と大声で命じた。

すると彼らも、スターの前でも臆せず堂々と演じるようになった。それを文太や松方弘樹、梅宮辰夫といったスターたちも当然のことと受けとめたから、撮影現場は活気づき、きわめていい雰囲気となったのだった。

スター俳優たちに伍して、彼ら――ピラニア軍団が「仁義なき戦い」で見せた体当たりの演技はいまも語り草になっており、彼らはまるで水を得た魚のようにスクリーンを縦横無尽に駆けまわっている。どつきどつかれ、日本刀を振りまわして斬り刻まれ、拳銃を乱射し、体中に撃ちこまれ、果てはボロボロにリンチを受け、見事な殺されかたを演じているのだ。

とりわけ川谷拓三は、3作目の「仁義なき戦い　代理戦争」での熱演が注目を浴び、一挙にスターダムを駆けあがっていく。

1作目の撮影が始まる前、深作は初めて川谷を紹介され、何度か一緒に酒を飲む機会があった。そのうちに川谷がつい深作に、

「ワシ、もっといい役ができると思うてましたんやけど……」

と愚痴をこぼした。深作は怒り、

「ふざけるな。オレはおまえさんの実力なんかはわからん。この映画が始まりなんだ。京都にいる連中は皆そうだ。おまえさんより先輩も大勢いるだろ。みんなと一緒に用意ドンなんだよ。嫌だったら辞めろ」

ときついことを言うと、川谷はたちまちシュンとなった。

川谷ばかりでなく、ピラニア軍団のなかには、京都の酒場でバッタリ深作に会うと、

「偉そうなこと言うてるけど、現場に入ったら、ワシらなんかハナもひっかけんのや。どの監督さんもそうや」

とからんでくる者もいた。

これには深作も、

「上等だ。よし、おまえ、名前は？　キャスティングするからな。いっただけのことはしてくれや。しなかったら、文句なしに替えるぞ」

と応じて、セリフのある少し大きな役を割り振った。

そのうえで、撮影に入ると、深作は相手を、

「何をすくんでるんだ!?　いってることと違うじゃないか！」

と一喝して煽った。

そうすると、相手もカーッときて、演技にもさらに気合いが入ってくる。深作の作戦成功で、現場にもうんと熱気が出てくるのだった。

そもそもピラニア軍団というのは、あまりの酒癖の悪さにどこからも忘年会に誘ってもらえない連中が、

「それじゃ、自分らでやるよりしょうがない」

と、志賀勝や川谷拓三らを中心に集まってきたのが始まりであった。いずれも映画への情熱は人後に落ちないが、一癖も二癖もある酒乱派や武闘派がそろっていた。

殺陣師の上野隆三も彼らとは深く関わっていて、いわばピラニアを結成するきっかけと

なった飲み会の発起人のようなものだった。

「仁義なき戦い」はバイオレンスシーンやアクションシーンの連続で、擬斗を担当した上野の出番も多く、ピラニア軍団同様、上野のいれこみかたも並大抵のものではなかった。

失敗談もあって、「仁義なき戦い」の何作目のときであったか、たまたま担当の撮影が昼過ぎに終わったので、ブラッと撮影所近くのパチンコ屋へ寄ったことがあった。夏だったから半袖スタイルで玉を弾いていると、隣りで打っている中年の男がチラチラ上野のほうばかり見ていた。

気にも留めずに玉を打っていると、「仁義なき戦い」へ出演中の俳優が入ってきて、上野を見つけ、

「あれ、上野さん、もう○○は殺したんですか？」

と訊いてきた。○○というのは「仁義なき戦い」の登場人物の役名で、つまり、もう仕事は終わったのか――という意味だった。

「おお、ぶち殺してきた」

上野が答えると、

「どんな殺しかたをしたんですか？」

俳優がさらに訊くから、

「あいつはいろんな悪いことばっかりしとるから、丸太ん棒で撲殺や」

と答えた。顔をパチンコ台のほうに戻して、上野がふっと隣りを見ると、いつのまにか男はいなくなっていた。

直後、支配人が飛んできて、

「上野さん、ちょっとこっちへ」

と呼ぶ。「仁義なき戦い」の撮影で、よくその店を使わせてもらっていたから、支配人とは馴染みになっていた。

「なんや」

「上野さんのこと、警察に電話せいっていってきた客がおるで。人を殺してパチンコしに来てるのおるからって」

「ハハーン、さっきの隣りの客やな。けど、何でやろ?」

「上野さん、袖口見てみぃ」

支配人にいわれて、上野が着ていたシャツの袖口を見ると、撮影で使った血糊がベッタリついたままだった。

「あっ、こらあかん」

その血糊を見て最前のような会話を聞けば、何も知らない客が真っ青になるのも無理はなかった。

「仁義なき戦い」でシブい持ち味を出して好演し、ピラニア軍団のリーダー格として注目を浴び、以後、川谷拓三とともにグンと売り出していったのが室田日出男である。

実はこの室田、東映の第4期ニューフェイスで、佐久間良子、山城新伍、山口洋子、花園ひろみらと同期生。本来なら役者としてエリートコースをたどるべきはずだったのが、不器用で血気盛んな性分が災いしたのか、エリートならぬピラニア軍団の兄貴分として慕われる運命をたどったのだった。

その一の舎弟分であり、室田と凸凹コンビを組んだのが川谷拓三であった。川谷のハングリー精神は半端なものではなかった。

役者としてのデビューが、顔もろくに映らない死体役だったという川谷の役者根性は、深作監督と初めて出会った「仁義なき戦い」でも、いかんなく発揮されたようだ。

1作目で土居組のチンピラ役を演じた川谷を見て、

〈ああ、こいつは動けるな〉

と感じた深作は、2作目の「広島死闘篇」では1作目以上に大きな役に起用している。

ただ、川谷は当時やや太り気味で、170センチに満たない身長で70キロぐらいの体重があったから、深作が、

「おまえさんなあ、そら、重すぎるぞ。60キロ切らないと動きに軽味出てこないよ」

と言うと、川谷は即座に、

「痩せます」

と答えた。

「けど、10キロ落とすのは無理だろ。もう間にあわんだろ」

実際、撮影までいくらも時間がなかった。それでも川谷は、

「いや、痩せます」

と言い張った。

すると、川谷は本当に10キロ減量してきたから、さすがに深作も驚いた。聞くと、一時は脱水症状を起こしかけて危なかったという。

川谷は撮影に入ってからも危うく死にかけた。兇暴なヤクザ大友勝利役を演じた千葉真一にさんざんリンチを受け、ボロクズみたいに殺される役を演じたのだが、ボートで海の上を引っ張りまわされるシーンがあった。

ボートのうしろにくくりつけたロープで手を結わえられたまま、川谷は海の上に放りこまれ、そのうえでフルスピードで走るボートに引っ張りまわされるのだ。

スタッフとすれば、川谷は海面を跳ねるような状態になって大事にはなるまいと考えて

いた。

ところが、実際にやってみると、川谷はそのままズボッと海中に沈んでしまった。あわててボートを止め助けたからよかったものの、そうでなかったら一命を落とすところだった。

そうした川谷の命がけの演技も、現場に熱気とエネルギーを与え、作品に迫真のリアリティを与えたのは間違いなかった。

ギャラ40万円からスタート

その日、菅原文太が「週刊サンケイ」（昭和47年5月26日号）を東京駅のキヨスクで買い求めたのは理由があった。たまたま同誌の表紙に、イラストレーター・和田誠の手による自分のイラストが載っていたからだった。

それはまさにそのとき東映で一斉公開中の「現代やくざ　人斬り与太」のワンシーンで、血染めの右腕に出刃包丁を手にし、ダボシャツ、下駄スタイルで立ち尽くす文太の全身像が描かれていた。キャプションに「新やくざスター　菅原文太」とあった。

イラストとはいえ、自分が週刊誌の表紙を飾ることなど、かつてなかったことだから、つい喜んで買ってしまったのだ。そうでなければ、その週刊誌を手にとることもなかっただろう。

この日の京都行きは、ゲスト出演する、若山富三郎の「極道」シリーズ第8弾「極道罷り通る」の撮影のためであった。新幹線に乗って改めて週刊誌の表紙を眺めると、自分のイラストの立ち姿と並ぶようにして縦書きに一行クレジットされた、やたら大きな文字が目に飛びこんできた。

《新連載　仁義なき戦い　飯干晃一》——とあった。

「仁義なき戦い」の6文字が太文字でとりわけ大きく印刷されており、いやでも目立った。そのタイトルに強いインパクトがあり、無性に魅かれるものがあった。

目次ですぐに該当ページを探して読んでみると、果たしてこれがまたすこぶる面白かった。連載2回目とあった。

こんなとき、映画人の考えることは一つである。これをなんとか映画化できないものか、いや、是が非でもやりたいものだ——と。

文太は、この日ほど新幹線が京都へ着くのが待ち遠しいと思ったことはなかった。

京都へ着くと、東映京都撮影所へすっ飛んでいき、

「俊藤さんはどこ?」

とスタッフに訊いた。

松竹で燻《くすぶ》っていた文太を東映に引っ張って一躍スターに育てあげた俊藤浩滋プロデューサーのことで、文太にとって恩人ともいえる存在であった。

「ああ、俊藤さんなら、いつものところで麻雀やってますよ」

との返事が返ってきたので、文太は撮影所近くの俊藤行きつけの雀荘へと向かった。

急いでそこへ駆けつけると、「ポン！」「チー！」とやっている俊藤の姿がすぐに目に入り、

「俊藤さん、これ読んでください」

と文太は「週刊サンケイ」を手に、息せき切って俊藤のもとへと近づいた。興奮ぎみの文太の様子に、俊藤は怪訝そうに、

「お、何だ、どうしたんだ？」

と振り返った。

「いや、ともかくこれ、読んでみてください」

文太は週刊誌を掲げて、再びいった。

「わかった。そこへ置いといてくれ」

どうやら俊藤は麻雀で負けているようだった。だいぶ佳境に入って熱くなりかけている。

翌日、撮影所入りした文太は、俊藤に会うなり、

「昨日の週刊誌、読んでもらえましたか」

と聞いてみると、

「何だっけな？」

との返事で、文太は苦笑せざるをえなかった。

そこで仕方なく「週刊サンケイ」をもう一度買ってくるや、

「これです」

と表紙に大きく書かれた「仁義なき戦い」の文字を指さしながら、文太は読んでくれるよう、再び俊藤に頼んだ。

「わかった。どれどれ」

と今度はすぐにも目を通してくれそうな気配であった。

それから間もなくして、俊藤は文太に、

「おい、これ、おもろいなあ」

と感心して告げたことから、

「映画にしてくださいよ」

「そうやなあ、考えてみよう」

という話になったのだった。俊藤と文太の記憶は明らかに違っていたわけである。

一方で、深作欣二や日下部五朗も同じように週刊誌に連載開始当初から強い関心を見せて読んでおり、それほどその原作は衝撃的なものであったのは間違いない。

菅原文太は昭和8年、仙台市生まれ。早稲田大学中退後、ファッションモデルを経て、昭和33年、「白線秘密地帯」（石井輝男監督）で新東宝からデビュー。吉田輝雄、寺島達夫、高宮敬二とともに、〝ハンサム・タワーズ〟で売り出したが、昭和41年、新東宝の倒産によって松竹に転じた。「血と掟」「男の顔は履歴書」などの出演で知りあった安藤昇の紹介で、東映入りしたのは昭和42年秋のことだった。もっぱら松竹で撮っていた安藤昇が俊藤浩滋にスカウトされ、東映で初めて「懲役十八年」（昭和42年2月、加藤泰監督）を京都で撮るとき、安藤が、

「おう、文ちゃん、遊んでるんなら一緒に京都に行かねえか」

と誘い、文太も暇だったから、

「飯食わせてくれるんならいいですよ」

という調子で、気軽についていったのが始まりだった。

京都では安藤のマンションに居候して、撮影所にもくっついていった。何度か俊藤とも顔をあわせているうちに、

「安藤さんについて来てんのは誰や」

と俊藤が気にとめるようになって、

「燻っているんなら、うちに来るか」

「ぜひお願いします」

という話になったのだった。

当時、松竹での文太のギャラは20万円であったが、東映に入るに際して、担当から、

「菅原さんは松竹でギャラはいくらでしたか？」

と訊かれ、書類を提出しなければならない段になって、文太は、

〈ここは正直に申告しないほうがいいだろ〉

と考え、かわいがってもらっていた松竹の橋本宣伝部長を訪ねていった。

「橋本さん、東映にギャラの書類を出さなきゃならないんで、倍ぐらいにしといてくださいよ」

「おお、そうだな。いいよ」

その書類を東映に持っていくと、

「おっ、ずいぶん高いなあ」

と担当は反応したが、作戦は成功し、文太のギャラは40万円からのスタートとなった。

が、東映はシブいことで知られている。最初は脇役や悪役から始めてそのうちに主役に抜擢され、「現代やくざ」「関東テキヤ一家」「まむしの兄弟」シリーズなどで人気を不動のものとし、東映の看板スターとなってからも、ギャラはそれほどあがるわけではなかった。「仁義なき戦い」で記録的なヒットを飛ばしても、アップした額はスタート時の5倍程度――というから、ハリウッドの映画スターのギャラを知っている者からすれば、ちょっと信じられない。

ともあれ、「仁義なき戦い」の出現は東映ヤクザ映画の流れを変え、任俠路線から実録路線への大転換をもたらした。深作・文太コンビは大ブレイクしたのである。「仁義なき戦い」で京都撮影所に初見参した深作欣二のバイタリティ、エネルギッシュな仕事ぶりは、京撮の雰囲気をも変えてしまったようだ。

菅原文太がこう振り返る。

「まあ、じっとしてないんだ。檻の中のクマやライオンみたいにウロウロ歩いて、現場の机のコップ一つでも置き直したりね。キャメラ据えたら覗いて、『おい、足らんぞ。映像が薄いぞ』と。濃密なものをやっぱり求めていた、一枚一枚のカットにね。

オレなんかもそういうのが好きだから。ただ顔を映されるというのはあまり好きじゃないほうだから。いろんな夾雑物があるなかで動いたり映ったりするほうが面白いじゃないですか。そういう点では一致したんだね、オレとサクさんの感覚は。サクさんはカメラ台の上にキャメラをほとんど置かなかったから。全部手持ちでやらしてた。だから、いつも画面が揺れていて、『それ、もっと動け！　おまえ、動かなきゃダメだ！』なんていって、キャメラマンも体力がなきゃできないんだけど、そういうのはこっちも大好きなほうだからね。そういう点は一致して仕事にエネルギーのようなものが出てきたんじゃないのかな」

深作組は事前に入念に打ちあわせをしてから撮影に臨むというより、撮影現場で何かあれば徹底的にディスカッションするということのほうが多かったという。そうなると撮影を一時中断して意見を戦わせることになるわけだが、文太と深作の場合、感覚が一致していたからか、現場でぶつかりあうことはまったくなかった。

文太が、

「サクさん、こうしようか。どうだろう、こういうのは？」

と提案すると、

「おう、面白いなあ。やってみてくれ」

となったし、深作が、

「これでいってくれよ」

といえば、文太にも異存なく、いわば阿吽《あうん》の呼吸であったわけだ。

それはたとえば、室田日出男や川谷拓三でも、

「こういうの、やっていいですか」

とアイデアを出すと、深作は面白がって受けいれる監督でもあったという。

「まあ、サクさんのほうが定型がなかった監督ともいえるんじゃないのかな（笑）。俳優に好きにやらせて、そのなかのいいものを見つけて、『それだあ！』てなことというからね、あの人は。『それっー！』と。『バカヤロー、違う！』とか『ダメだあ！』なんて掛け声はしょっちゅうだったから。それでも、誰も深作さんの怒声にビビるヤツもいなければ、逆にみんな、あの人の叫び声が心地よかったんじゃないのかな。だから、生き生きとしてみんなも動けたと思う。それはやっぱり愛情があったんだろうなあ、サクさんに。俳優に対する愛情なのか、その役に対する愛情なのかわからないけど、分け隔てしなかったよなあ。オレにも拓ぼんにもまったく同じように接していたから、公平に扱ってくれるというのが、みんななんともいえず心地よくてね。もうそうなると深作さんの術にはまってしまっているわけだから。何もいわなくても、勝手に一人ずつが動いてくれるというような雰囲気になってくるんだなあ、現場が」

との文太の述懐は、なぜ「仁義なき戦い」という傑作が生まれたのか、いみじくもその

秘密を語っているようでもあった。

時代を反映した映画だった

代表作となった「仁義なき戦い」との出会いを、深作欣二は、

「自分としても初めて非常に身近なテーマでした。リアリスティックに一つの戦後史を、自分のなかでの欲望、あるいは時代感覚と本当に等身大に描ける素材にめぐりあうことができたということでしたね」

と述べたものだが、では、なぜあんなに大ヒットしたのだろうか——との問いには、こう答えたのだった。

「時代の流れ——日本自体が敗戦を経験しながら高度経済成長を昇りつめ、それでもどっこいそうはうまくいかなくて、こぼれ落ちる人間のほうが多かった。朝鮮戦争に便乗した一つの膨張が崩れ去っていく。神武景気だ何だかんだというお祭り騒ぎのなかでも、絶えずそういう貧しさは底流になって流れてたと思うんです。

それでも'60年初頭の安保闘争のころはまだ元気がよかったんですけど、'60年代末になるとだんだんおかしくなってくる。それを反映して、今度は学生運動そのものも行き詰まっ

てくる。'70年代初頭の連合赤軍事件によっていっせいに大衆は離れていくわけだけど、学生たちと一緒になってワッサワッサやっていた時期は'60年代の末まで続いた。物情騒然という感覚は世の中にもあって、だからヤクザ映画がもてはやされた。

それも一つの時代の産物だったと思うけど、そういう社会情勢にうまい具合にマッチするように、この『仁義なき戦い』というのは原作が生まれ、映画の企画が生まれた。任俠映画というものがある行き詰まりを感じさせ、『仁義なき戦い』的なものを期待されるムードになってきてた。すべてが必然的なムードになって、社会に勢いを持って流れこんでいったんだと思います」

主演俳優として深作と絶妙のコンビを組んだ菅原文太にも、同様に、いまに至る「仁義なき戦い」の根強い人気の理由を訊ねると、

「何なんでしょうかねえ……。いろいろ意味づけをする人はいるけど、単純に面白いからじゃないかな」

との明快な答えが返ってきた。

そのうえで文太は、脚本を書いた笠原和夫の功績の大きさを挙げる。

「監督もそうだし、俳優もそうだし、津島利章氏の音楽もそうだったけれど、やっぱりいい作品に出会うと、何か触発されてくるもんがあるんだろうなあ。自分にない力が湧き起

こってくるということはあるからね。どうにもならないシナリオで仕事に入ると、もうみんなやる気をなくしてタラタラやっていくからつまんないものになるしね。そうじゃなくて、原作やシナリオがよければよいほど、監督以下スタッフも俳優も自分の持っている以上のものが出てくる。それでいうと、笠原さんの『仁義なき戦い』は、一つ一つのセリフに至るまで、本当によく行き届いて書いてあったからね。非常に研ぎすまされてた」

確かに「仁義なき戦い」は名セリフ・名言の宝庫といってよく、笠原和夫の脚本は掛け値なしの傑作として世評名高い。プロデューサーの日下部五朗も、「広島弁のシェイクスピアといった感のあるセリフ」と評し、「あれだけ下品な言葉遣いを芸術にまで持ちあげた脚本」といいきっている。

例をあげれば――、

「おやじさん、いうとってあげるが、あんたは初めからわしらが担いどる御輿じゃないの。組がここまでになるのに、誰が血流しとるんや。御輿が勝手に歩けるいうんなら歩いてみないや、のう!」(「仁義なき戦い」より)

「なにが博奕打ちなら! 村岡が持っちょるホテルは何を売っちょるの、淫売じゃないの。いうなりゃあれらはおめこの汁で飯食うとるんで。のう、おやじさん、神農じゃろうと博奕打ちじゃろうとよ、わしらうまいもん喰ってよ、マブいスケ抱くために生まれてきとるんじゃないの」（『仁義なき戦い　広島死闘篇』）

当時、東映本社宣伝部次長として『仁義なき戦い』の宣伝を担当した小野田啓も、同作品の大ヒットは、深作同様、時代の流れと大いに関係があると見ている。

任侠路線から実録路線への転換は、まさに時代を反映していた――と。

「任侠映画が受けたのはちょうど世の中が大量生産に向かって高度経済成長をひた走っていた時分で、体を壊しても会社のためにやれば必ず報われるんだという時代です。会社のため社長のためというのと、任侠路線の組のため親分のためというのがちょうど合ってた。『仁義なき戦い』というのは経済が冷えてきて、会社のためにどんどんやって体壊して長期療養などして出てきたら、自分のすわる場所がなくなっていたという時代で、組のため親分のため人殺しまでして刑務所に入って出てきたら、みんな高度経済成長に乗っかってそれぞれ独立して一派をなしてるのに、文ちゃん扮する広能昌三は身の置き場がないという状況とピッタリ重なってた。誰を信じていいのか、信じる相手がいないという時代を、まさに『仁義なき戦い』は反映してたわけですね」

高度経済成長の終焉と軌を一にするようにして任侠路線も終焉したわけだが、もうひとつ、この時期、一気に火が消えかけようとしているものがあった。東映任侠路線の一番の支持者であった学生たちによって担われてきた学生運動である。

その決定的な契機となったのが、「仁義なき戦い」が封切られる前年3月に発覚した連合赤軍の大量粛清事件であったが、以後、学生運動の世界も血で血を洗う「仁義なき戦い」の様相を呈していく。

とりわけ革マル派と中核派の党派対立が激化して内ゲバが横行、まさにそれは双方の間に屍を累々と積み重ねていく情け容赦のない殺しあいで、その苛烈さ、残酷さは「仁義なき戦い」の映画さながらであった。

時代の転換と、任俠路線から実録路線へという東映ヤクザ映画の路線転換は奇しくも重なったわけである。

「仁義なき戦い」が変えたのはそれだけではなかった。

小野田啓が総指揮をとった宣伝・広告——ポスターやパンフレット、チラシづくりにおいても、大転換をもたらしたのだった。

たとえば宣伝ポスター用のスチールを撮る場合、東映はスター中心主義で、時代劇黄金期の片岡千恵蔵、市川右太衛門両御大の時代から、アングルや顔の大きさまで決まっていた。それを間違えると、スターの不興を買い、つむじを曲げられると撮影の協力さえしてもらえなくなることもあった。

ところが、「仁義なき戦い」において、菅原文太は、

「もうオレの顔なんか映ってなくたっていいんだ。とにかく作品のムードが出てるものならそれでいいから、オレの顔の大きさなんかにはこだわる必要はないよ。小さくても何でも構わんから」

と思いきったことを口にした。

これには小野田も意気に感じ、文太の姿勢に応えるべく、

「それならいっそ従来の東映のスチールマンではなく、外のキャメラマンを使うべきだ」

と提案した。

〈会社のスチールマンは、俳優さんをきれいにカッコよくカチッと撮るということだけで何十年もやってきた人。今度の映画はそこから脱しなきゃいかん。むしろ外のカメラマンのほうが鮮度が出るんじゃないか〉

との考えからだった。

「仁義なき戦い」という画期的な作品に取りくむ以上、宣伝ポスターにおいても新しいことを試みよう――との意気ごみは、小野田にも文太にも共通のものであった。

かくて富山治夫というカメラマンが起用され、ポスターやパンフレット、チラシ、ビデオジャケットに、菅原文太のイメージを決定づける、インパクトの強いスチール写真の数々が生まれるのである。

ポスターも斬新なものができあがった。たとえば、広島の町を上から超感度で撮ったものを全面に引き、真ん中に白のハンカチを置き、その上に拳銃を置いた構図のポスター。拳銃がどんと大きく真ん中にあり、俳優たちは下のほうに小さく映っているだけというポスターは前代未聞であっただろう。

それを別のポスターでは、拳銃ではなく一本のドスで表現したり、あるいは文太が海に入って日本刀を抜き、背中の鯉の刺青を見せてうしろ向きに立っているポスターは評判になった。

新聞広告の一つには、死んだ男たちの顔写真を並べてみな×印をつけたものもあった。文太一人が×印がついておらず、

《こいつだけがなぜ生き残った!?》

と強烈な惹句がかぶさっているのだ。その惹句をつくった関根忠郎は、「仁義なき戦い」の企画が出てきたとき、

〈おっ、これだ。この世界だ、まさに僕がやりたかったのはこういう映画なんだ。僕の題材がきたなあ〉

と感じるものがあり、意気ごみも違ったのである。

それまでは師である先代惹句師橘喜代次の、歌舞伎に対する深い教養から生まれた七五

調の韻を踏んだ惹句に倣い、見よう見真似でつくってきた。
が、「仁義なき戦い」が、任俠映画の持つ様式美をうち破って登場してきたように、惹句もそれまでの七五調なり定型をうち破って、何か新しいものをうち出さなければならないのは明らかだった。
〈ようし、かえって僕の特性が出せる〉
関根は燃えた。
《ゴッドファーザーから
バラキ、そして今、
衝撃の話題は
日本の
〈仁義なき戦い〉へ！》
《仁義にツバ吐くヤクザの実態
裏切り・復讐・憎悪・謀略
血で血を洗う抗争の日々
昭和20年代、広島を舞台に
くりひろげられたやくざ戦争を

鮮烈に再現する！》

《殺れい！　殺ったれい！

〈暴力〉の生きざま・死にざまをえぐる》

《〈盃〉は騙し合いの道具ではなかった筈だ……！》

《原爆廃墟の砂の上

広島暴力抗争20年目の

凄まじい炸裂……！》

《決着をどうつける？

広島暴力抗争、最後の

岐路に立つ男たち……》

——とまあ、気合いの入った名惹句の数々をつくりあげたのだった。

第六章

山口組三代目

「興行的には絶対成功する」

「仁義なき戦い」が大ヒットしたころ、それまで二人三脚で任侠映画の一時代を築いてきた岡田茂社長と俊藤浩滋プロデューサーとの関係が、おかしくなったことがあった。

「仁義なき戦い」が当たったことで、岡田が、

「鶴田浩二や高倉健はしばらくやめや。もう任侠ものはつくらん。実録路線で行く」

とぶちあげたため、当然ながら俊藤が、「それはないやろ」と異議を申したてたのだ。鶴田や高倉がブームを支えて東映のためにどれだけ身を粉にして働いてきたか、その苦労を目のあたりにしていたからだった。

それでも変わらぬ岡田の方針に、俊藤は怒り、ついには肚を括った。岡田と袂を分かち、東映を離れて自分のプロダクションで独自に映画をつくることまで決心したのだ。

これには東映の関係者も心配し、二人を仲直りさせるためにいろんなお偉がたが奔走することになった。

結局、東急の五島昇会長や関東東映会の佐々木進会長らの情理をつくした説得もあって、二人の関係は修復され、元のサヤに戻った。俊藤は製作全般を見る参与のゼネラル・マネ

ージャーになることで落ち着いたのだった。

仲直りの第1弾が、昭和48年8月に封切られた「山口組三代目」であった。

俊藤はこう語った。

「当時、山口組三代目という親分に対しては、たとえていうなら、一般の人にとって一種のカリスマ的存在、普通の主婦でも、幻みたいな感覚で興味持っとったわけ。山口組の記事は、もうずっと週刊誌から何から毎日のように出るくらいやったですからね。三代目の映画をやれば、興行的には絶対成功すると思ってた。それで僕は高倉（健）を連れて、三代目のところへ映画化のお願いに行ったわけです。田岡三代目は快く承諾してくれてね。そしたら、僕らよりちょっとあとに、岡田社長のほうからも、三代目の息子さんの田岡満氏をプロデューサーにして映画を一緒につくらせてほしいという申し出があった。それで『山口組三代目』という映画はできたんです」

タイトルからしてズバリ「山口組三代目」であり、三代目の田岡一雄組長をはじめ、山口組幹部や関係者など、登場人物がすべて実名というのだから、いまならとても考えられない話である。企画が成立した時点でヒットは約束されていたも同然といっても、過言ではなかったであろう。

原作は三代目の半生を綴った「田岡一雄自伝」で「週刊アサヒ芸能」に連載され、のちに「①電撃篇」「②迅雷篇」「③仁義篇」の3部作の単行本となって徳間書店から刊行されている。

映画「山口組三代目」のプロデューサーをつとめた、三代目の長男である田岡満がこう振り返る。

「当初、東映のほうからは、飯干晃一さん原作の『山口組三代目』で映画化をお願いしますという話があったんやけど、うちの親父は『知らん』と。飯干さんは親父に対して何の取材もなしにあれを書いているわけ。新聞記者時代、県警のほうにコネクションをつけてあっちのサイドからの資料で書いてた。山口組三代目というのは、言うたら固有名詞でしょ。それを勝手に本のタイトルに使うて、いっぺんの挨拶もない。どういうこっちゃ、彼の原作ではあかん、と。そこから、『じゃあ、親父さん、本を書いてください』となって、『アサ芸』への連載が決まったんですよ。で、親父の映画やから誰も文句はいわんでしょうけど、何かあったら困るし、いろんな打ちあわせも必要になってくるというので、私がプロデューサーをやらせてもらうことになったわけです」

かくて「山口組三代目」は封切られ、監督は山下耕作、脚本は村尾昭、キャストは主演の高倉健の他に、菅原文太、丹波哲郎、松尾嘉代、水島道太郎、山本麟一、桜町弘子、待田京介らが共演した。

続いて小沢茂弘監督による続篇の「三代目襲名」は、翌49年8月に公開され、脚本は高田宏治、1作目同様、主演の田岡三代目役の高倉健、フミ子夫人役の松尾嘉代の他、〝ボンノ〟こと菅谷政雄役の安藤昇、地道行雄役の渡瀬恒彦、大木実、田中邦衛らが共演、芸達者が顔をそろえた。

とくにフミ子夫人役を演じた松尾嘉代は、昔から夫人にさんざん世話になった経験を持つ三代目山口組の古参幹部の間では、

「姐さんの若いころに雰囲気がそっくりや」

と評判で、いずれも映画を観終えたあとは、感無量の面持ちであったという話も伝わっている。

実はこのフミ子夫人役、当初のキャスティングでは、新人女優の中村英子が抜擢されていた。

東映は、前年3月に「関東緋桜一家」を最後に引退した藤純子の後釜をつくろうと、「ポスト藤純子」という触れこみで何人かの新人を売りだそうとしていた。

なかでも期待度ナンバーワン、「ポスト藤純子」に最も近い新人と呼び声も高かったのが、中村英子であった。

中村英子は同年9月に封切られた「木枯し紋次郎　関わりござんせん」（中島貞夫監督、

菅原文太主演）で女優デビュー。2カ月後に早くも「緋ぢりめん博徒」（石井輝男監督）で主役の座を射とめているのを見ても明らかなように、東映の力のいれかたも違っていた。

その後、「仁義なき戦い」などに出演したあとで、「山口組三代目」の三代目の妻フミ子役に起用されたのだった。

フミ子夫人といえば、同作品のプロデューサーをつとめた田岡満の母親にあたる女性である。当然、田岡は息子として、

「うちのお袋はこれこれこういう女や」

と女優にいろいろ教えなければならない立場になって、二人は自然に仲よくなっていく。やがてロマンスへと発展し、結婚へと至るのだが、それはあとの話である。

その前に、中村英子のキャスティングに対して、まだ早い段階で、俊藤浩滋が、

「ちょっとあかんかなあ」

と難色を示した。

「三代目の映画、新人で撮るのは構へんのやけど、どうも絵ヅラ的に甘いような気がする。ここはやっぱりベテランを持ってこよう」

と主張し、高倉健との共演も多かった松尾嘉代に白羽の矢を立てたのだった。

そのうえで、俊藤は、

「満ちゃん、悪いけどな、あかんようになったから、彼女に言うとってくれる?」

と最も嫌な役まわりを田岡に頼んだ。

いくら親しさを増していたとはいえ、

「この役、あなたには降りてもらいます」

などというのは、誰だって嫌に決まっている。

それを田岡は心を鬼にして告げることになるわけだが、そんなことがあったにもかかわらず、二人は逆に急接近していくのだから、縁はわからない。憎まれ役を田岡に押しつけた俊藤が、案外二人の縁結びの神であったかも知れない。

映画が完成して試写を観たとき、田岡も、

〈さすが俊藤さんや。松尾嘉代さんが相手で、健さんも芝居が光ってる。これを新人の若い女の子なんかもっていったら、ちょっと芝居合わへんかったかもなあ……〉

と納得できるのだった。

自分の自伝映画を観た田岡三代目は、息子にはとりたてて何の感想も述べなかったが、娘の由伎には、街の映画館で一緒に観たときに感慨を漏らしている。

《お父さんの映画の見方は、シビアだった。実際と違うとか、同じとかいうのではなく、これは映画だから、映画として面白いかどうかというとらえ方をする。

私が、「きれいすぎるなぁ」と言ったら、父も「うん、きれいすぎるなぁ。事実を、いくら事実どおりに描いても、きれいすぎると信じがたくなるかも知れんなぁ」と言っていた。

当時は、「仁義なき戦い」のような、〝きたないヤクザ〟のほうがほんとうなのだ、というような風潮があった。

「ヤクザがきれいに、人間的に描いてあると、あれは作り話やと、思われるのやろうなァ」

お父さんはつくづく感慨深く言葉をついだ》(田岡由伎「お父さんの石けん箱」KKベストセラーズ)

三代目はヘタな愛好家以上に映画を見る眼を持っていたのは確かである。

というのは、俊藤浩滋によると、2作目の「三代目襲名」を京都撮影所の試写室で一緒に観たとき、三代目は、

「前(1作目)のと比べたら、ちょっと情感足りないな」

との感想を述べたというのだ。

1作目「山口組三代目」の監督は山下耕作で、2作目は小沢茂弘であった。山下耕作はまさに〝花〟に象徴されるように情感を出す監督で、小沢茂弘はテンポのいいアクション

の監督として知られている。

「そのあたりの差が、情感が足らんかなという、三代目の感想になったんやろね」

とは俊藤の弁だったが、なかなかの観賞眼であろう。

面白い話があって、まだ昭和30年代のころと思われるが、三代目が何かの用事で練馬区大泉の東映の東京撮影所へ赴いたことがあった。当時はまだ山口組も全国的に有名なわけではなく、田岡一雄の顔を知らない者も多かった。

東京撮影所長も、三代目を何者とも知らないで会って、何か感じるところがあったのだろう、

「いいマスクをしてますね。どうですか、うちの役者になりませんか」

とスカウトしたというのだ。

「ありがとうございます。ですが……」

と三代目は鄭重に断わったのだが、後日、自分のスカウトした相手が三代目と知って、東京撮影所長は仰天することになる。

娘の由伎が、「山口組三代目」の映画で父の役を演じる高倉健と会って、

「健さん、かっこいいわねえ」

と母のフミ子にしみじみと漏らしたとき、母からは、

「お父さんの若いころはあんなもんじゃなかったわ」

との答えが返ってきたという話も伝わっているが、これは単に三代目夫人の惚気《のろけ》ということで済ましていい話ではなかったかも知れない。

ともあれ、「山口組三代目」はセンセーショナルな話題を呼んだ。


「あんたはヤクザやないのか」


昭和48年8月に公開された「山口組三代目」は空前の大ヒットとなった。「仁義なき戦い」より当たったというのだから、いかに客が入ったか、推して知るべしであろう。

ここに至って、さすがに警察が黙っていなかった。

俊藤浩滋によると、

「『山口組三代目』を封切って3日目くらいに、警察が気づいたようで、タイトル見てびっくりしたんでしょう。こんな映画つくるのを見逃すとはけしからん、とその方面の関係者は怒られたらしい。それまで警察というのは、そんなに厳しくなかったわけやね。わりと鷹揚なもんでね。なにしろ、昔は京都撮影所で映画を撮る折、太秦の交番にピストルを借りに行ったこともあるくらいですよ。もちろん実弾は入ってないけど、巡査が一人ついてね。で、撮影が済んだら、その巡査が拳銃を持って帰ったっていう嘘みたいな時代がありましたよ。ともかく当局が、それまで映画製作に関与するようなことはなかったんです」

ということで、当局が、東映のつくる実録ヤクザ映画に対して、にわかに目を光らせるようになったのは、この「山口組三代目」以降のことといわれる。

そのため、そうした当局の目を意識して自主規制したのか、続篇ではタイトルから「山口組」の名が消え、「三代目襲名」となった。本来なら「山口組三代目　襲名篇」となるところであったろう。

事件が起きたのは、2作目「三代目襲名」の封切り（49年8月）から3カ月後のことだった。

東映本社と俊藤の東京の自宅が家宅捜索され、岡田茂社長が警視庁から呼びだしを受けたのだ。さらに俊藤と京都撮影所の高岩淡所長が、1週間毎日、兵庫県警に呼びだされ調べを受けることになる。

東映が発行した「三代目襲名」と「あゝ決戦航空隊」（同年9月封切り、山下耕作監督、鶴田浩二主演）の共通前売り券が、商品券取締法に引っかかるというものだった。

警察とすれば、三代目の長男である田岡満が2部作ともプロデューサーとして名を連ねていたので、カタギの息子を通して巨額の裏金が山口組に流れていると考えたようだった。だが、田岡満には企画料——プロフィットシェアという契約通りの歩合が入っているだけで、裏金でも何でもなかった。

俊藤も生前、こう述懐してくれたものだ。

「警察は、山口組がそうとう組の資金を東映からとってるんじゃないかと疑ったわけですよ。僕は、それは違うと言いました。山口組の映画をつくらしてもろてね、反対に儲かったのは東映株式会社なんやということを、僕は正直に主張したわけですよ。それが当局には気にいらないわけで、僕に山口組に巨額のカネが支払われているということを言わせたかったんですよ。それからは映画つくろうとするたびに当局から呼びだしですよ。シナリオもどこから手に入れるのか、必ず持ってましたもんね」

岡田茂も、ざっくばらんにこう語った。

「『山口組三代目』は大当たりしたけど、おまわりさんにやられてなあ。それでオレも新聞記者を集めたところでつまらんことを喋ったよ。『ゴッドファーザー』のアメリカがよくて、なぜ日本ではいかんのだ、と。そうだあとみんなが言うもんだから、つい乗っちゃってな（笑）、2本もやったから、警察のほうも怒った、怒った。

それで3作目をつくろうとしたときに、警察が会社に入りこんで、そのうちに警視庁だけでなく兵庫県警が出てきたから、うちは山口組にカネ払ってない、儲けたのはうちだ、って（笑）。そんなに儲けてないけどね。それでも警察は、山口組に何億流れとるだろうというから、調べてくださいよ、カネの問題なら、あんたら考えてることと全然違う、と。で、なんぼ調べても出てこないから、警察もわかったんやな」

警察の圧力は田岡満にまで及んで、会社が家宅捜索を受け、マスコミが大々的に報じた。結果、田岡満が芸能会社を閉めざるを得なくなり、東映の新進女優であった夫人が自殺にまで追いつめられたのも、そうした警察のやりくちと無関係だったとは決して言いきれない。

当局とすれば、その潰滅を目標に掲げている日本最大のヤクザ組織である山口組の映画がつくられたことで、面子をなくし、躍起になったのは間違いない。

さすがに東映がシリーズ3作目として企画していた「山口組三代目　激突篇」の製作は中止を余儀なくされている。

ところで、俊藤浩滋と高岩淡とが1週間兵庫県警へ通い、連日調べを受けるハメになったときのこと。兵庫県警は俊藤を任侠界の一員扱いにして、こんなやりとりがあったという。

「あんたは現役のヤクザ者やないのか」

「何でですか」

「神戸のチンピラがみんな『兄貴』とか『兄さん』言うとるやないかい」

「むこうは何言うとるか知りませんけど、現役やったら、襲名披露とか何かの書状とかに1回でも私の名前出てますか」

俊藤の場合、任俠社会にあまりにも精通し、知己も多く、顔が広かったがゆえに、警察でなくても、現役もしくは元組員と誤解する者も少なくなかった。

俊藤と任俠界の住人とのつきあいは、たまたま戦時中、近所に住んでいて知りあい、友人となった男との縁が始まりだった。その友人こそ、のちのヤクザ界のスーパースター、〝ボンノ〟こと菅谷政雄であった。

当時、俊藤は神戸の本山から大阪・堂島の「日本マグネシアクリンカー」という会社へ通うサラリーマンだった。

マグネシアクリンカーとは溶鉱炉の内側に塗る軽石状の耐火剤のことで、軍需品の一種。その会社は、それを満州（現・中国東北部）から輸入し、全国の軍需工場へ送っていたという。

俊藤が話してくれたことによると、

「満州の大連から船で運んできた品を陸あげして、それを作業員がカゴでかついで貨車へ運ぶんですよ。ひとかごが何キロとか何十杯で何トンになるとか、だいたいスコップでなんぼっていう目分量。運ぶ者もできるだけ軽く運びたい。そうすると、貨車に積みこんだあとに、当然品が残るわけよ。それが余禄ちゅうのかな、それを軍需工場の連中がみな欲しがってくるわけ。それを分けてやってね、軍手とか砂糖とかいろんなもの、ようけもらいましたよ。そんなもんいっぱいあるもんだからさ、近所に住んでいた菅谷なんかが来てね、仲良くなったんやね」

その〝ボンノ〟こと菅谷政雄に誘われて、俊藤は、神戸・御影にあった五島組の賭場へと出入りするようになったのだった。

初めて触れる博奕打ちの世界であった。戦争真っ只中の時代である。

「会社の帰りね、菅谷が僕を待っとるわけや。菅谷は全然博奕はダメ。ものすごくヘタ。一緒に行ってね、いつもすっからかんで帰ってくる。また行くわけやね（笑）。夜12時ごろに終わるんだけど、1年くらい続いたかな」

俊藤にとって、この賭場での見聞や体験が、初めてプロデュースした本格的なヤクザ映画「博徒」へとつながり、のちの東映任俠路線を確立するうえでどれだけ生かされたかはいうまでもあるまい。

五島組の賭場へ俊藤を導いてくれた友人の菅谷政雄は、当時、すでに愚連隊として名を馳せていた。

菅谷は幼少のころから腕白で、信仰心の厚い両親が寺参りへ連れていっても暴れん坊ぶりは収まらず、和尚が、「これ、煩悩、いたずらをしてはいかん」と一喝。以来、両親は〝煩悩〟をもじって「ボンノ」と愛称で呼ぶようになり、周囲もそれにならうようになったという。

戦後は一派40人を従え、自ら首領となり、在日アウトローを吸収して〝国際ギャング団〟を組織、阪神間の軍需物資倉庫を荒らしまわった。昭和34年1月、懲役18年の刑を7年残して仮出所。同年11月、三代目山口組田岡一雄組長の盃を受けた。やがて若頭補佐となり、傘下組織53団体、構成員約900人を擁し、組内の序列ナンバー4にまで昇りつめたが、傘下の組長射殺事件を問われ、昭和52年4月、絶縁処分を受けたのだった。

「三代目襲名」では、この〝ボンノ〟こと菅谷政雄の役を安藤昇が演じている。また、翌昭和50年10月に封切られた「神戸国際ギャング」（田中登監督、高倉健主演）は、若かりしころの菅谷政雄をモデルにした作品であった。

この映画が公開された1年半後の52年4月、前述のように菅谷は山口組から絶縁される。絶縁というのはヤクザ社会における永久追放を意味し、復帰の道はほぼ閉ざされることになる。

それでも菅谷は引退も解散もせずにしばらく渡世を張り続けた。

山口組と対立したまま意地を張り続けたのは、絶縁状の差出人が「山口組三代目田岡一雄」の名ではなく、「山口組幹部一同」となっていたことで、

「ワシを絶縁にできるのは親分の田岡だけや。こんなチラシになんの意味があるかい」

とのいい分があったからだった。

菅谷は出資法違反に問われて昭和54年9月から府中刑務所に服役するのだが、56年1月、面会に行った俊藤は、菅谷の変わりはてた姿に息を呑んだ。髪の毛が真っ白で、顔も土気色で見る影もなかったからだ。

それから1週間ほどして、兵庫県警から俊藤に電話がかかってきた。

「菅谷のところへ何しに行ったんや?」

「むこうから会いたいいうし、友だちやから会いに行ったよ」

「引退するとか、そんな話は出なかったか?」

「私はヤクザやないから、そんな話はしてないよ」

菅谷の動向が注目されていた時期だったのだ。

結局、昭和56年5月に出所した菅谷は、田岡三代目に詫びをいれ、引退を表明。そのわずか1カ月後の7月23日、三代目は心臓病を悪化させ死去。後を追うように菅谷も11月25

日に肝臓癌のために世を去ったのだった。

4年で人気が落ちた実録路線

10年あまり続いた高度成長の終焉と軌を一にするように東映任俠路線にも陰りが見え、代わって登場したのが「仁義なき戦い」であり、実録路線への転換が速やかに行なわれた。実録路線が隆盛をきわめた昭和48年から52年にかけて――'70年代中ごろというのは、日本にとっても大きな転換期であり、激動の時代を迎えていた。経済成長が止まって、いわゆるマイナス成長が始まり、国際的な事件の直撃も受けた。

「仁義なき戦い」が登場した年の10月には、〝石油ショック〟に見舞われる。ペルシャ湾岸6カ国が原油の大幅な値上げを決め、アラブ産油国が生産制限の方針を決めたのだ。石油消費量の99・7%を輸入に依存する日本の受けた打撃はことのほか大きく、まさにショックだった。街からはネオンが消え、深夜テレビの放映がなくなり、主婦たちがスーパーに買い溜めに押しかける〝トイレットペーパー騒動〟も起きた。

昭和51年2月には、アメリカ上院多国籍企業小委員会で、ロッキード社副会長のコーチャンが、同社航空機売りこみ工作のため、丸紅、あるいは全日空経由で田中角栄前首相をはじめ政府高官に工作資金を渡したと証言、〝ロッキード事件〟が火を噴いた。8月までの間に、これらの関係者が贈収賄、外為法違反、偽証容疑で東京地検に逮捕されるという大汚職事件に発展したのである。

騒然とした時代であった。石油ショックの年の昭和48年には、3月と4月、国労・動労の順法闘争で上尾駅や首都圏39駅で民衆の暴動が起き、8月、韓国の元大統領候補金大中の誘拐事件が東京で起きた。

49年には、ルバング島から小野田寛郎元陸軍少尉が帰国し、原子力船むつが事故を起こし、死者8人、負傷者376人を出す三菱重工ビル爆破事件が起き、佐藤栄作前首相がノーベル平和賞をもらい、田中角栄首相は金脈問題で総辞職に追いこまれた。

日本赤軍ゲリラの跳梁も目立ち、47年5月、26人を殺し、73人を負傷させたテルアビブ空港乱射事件、49年9月、オランダのフランス大使館襲撃事件、50年8月、クアラルンプールのアメリカ、スウェーデン両大使館占拠事件、52年9月、パリ発東京行き日航機ハイジャック事件などをたて続けに引き起こしている。

一方で、過激派学生・労働者による血で血を洗う内ゲバ殺人も頻発し、学生運動は末期的症状を呈していた。

ロッキード事件が起きた昭和51年は、ロッキード一色にジャーナリズムが塗りつぶされた年であり、この年の流行語のトップになったのが、「記憶にございません」であった。

任俠路線のあとを受けた実録路線がヒットし、量産されたのは、まさにこうした時代だった。

「仁義なき戦い」(昭和48年1月、深作欣二監督、菅原文太主演)、「やくざと抗争　実録安藤組」(同3月、佐藤純彌、安藤昇)、「実録　私設銀座警察」(同7月、佐藤純彌、安藤昇)、「山口組外伝　九州進攻作戦」(49年4月、山下耕作、菅原文太)、「仁義の墓場」(50年2月、深作欣二、渡哲也)、「県警対組織暴力」(同4月、深作欣二、菅原文太)、「日本暴力列島　京阪神殺しの軍団」(同5月、山下耕作、小林旭)、「実録外伝　大阪電撃作戦」(51年1月、中島貞夫、松方弘樹)、「沖縄やくざ戦争」(同9月、中島貞夫、松方弘樹)、「北陸代理戦争」(52年2月、深作欣二、松方弘樹)……といった作品が次々と生みだされるのだ。

だが、およそ10年間続いた任俠路線に比べ、実録路線の人気はそれほど長く持たなかった。客に飽きられるのも早く、せいぜいが任俠路線の半分にも満たない、4年ほどの命脈しか保てなかったのである。

そんな時期——実録路線が急速に下火になりかけていたころ、任俠路線と実録路線の折衷とでもいっていいような異色の大作が製作された。

昭和52年1月に封切られた「やくざ戦争　日本の首領」である。

この作品を企画した日下部五朗は、先に俊藤浩滋の下で「山口組三代目」2部作をプロデュースして大ヒットさせたものの、個人的にはもうひとつ物足りなさが残った。

〈こういった二宮金次郎のヤクザ版的なものではなく、もっとドロドロした権力と暴力が渦巻く「ゴッドファーザー」のようなヤクザの世界を描けないものだろうか。ああいうものをやってみたいな〉

という気持が強かったのだ。

昭和47年に公開されたフランシス・コッポラの「ゴッドファーザー」は記録的なヒットとなり、日本でも大きな話題となった作品であった。

そこで日下部は、旧知の飯干晃一に、大阪を舞台に和製ゴッドファーザーといった趣きの原稿を書いてもらうことにした。

結果、大阪を本拠とする日本最大ヤクザ組織中島組のドン・佐倉一誠とその家族、そしてドンの右腕である辰巳という若頭を中心に展開される物語ができあがった。

日下部は当初、このドン・佐倉を鶴田浩二、若頭・辰巳を高倉健のキャスティングで考えていた。

これには俊藤浩滋も大いに乗って、

「それで行こう」

となり、その線で企画を推し進めることになった。

だが、高倉健はこの時期、もはや任侠映画に見切りをつけていたような感があった。前年の51年に東映を離れてフリーとなり、東宝で森谷司郎監督の「八甲田山」、松竹で山田洋次監督の「幸福の黄色いハンカチ」を撮り、ともに52年度のキネマ旬報ベスト・テンの4位と1位に選出されるという、変わらぬ大スターぶりを見せつけていた。

〝任侠映画スター高倉健〟というイメージ払拭を図っていたのも確かであっただろう。

結局、高倉健の出演はなくなり、ドン役に予定していた鶴田浩二を若頭の役に持ってくることで、新たにドンをやる俳優を急遽探さなければならなくなった。

誰にしようか、二、三の役者の名前が出たあとで、俊藤が提案したのは、

「佐分利信はどうか」

という思いもよらない俳優の名であった。

「まさか佐分利さんがやりますかねえ」

監督の中島貞夫も、予想もしないキャスティングに、「まむしの兄弟」の川地民夫のときのような驚きがあった。どう考えてもヤクザ映画とは結びつかない、超ベテランの大物俳優である。

ところが、日下部五朗が出演交渉にあたると、佐分利は意外にも乗ってきた。

こうして佐分利ドン、鶴田若頭というキャスティングが決まり、鶴田若頭の妻に市原悦子、武闘派の斬り込み隊長に千葉真一、関東の大組織の理事長に菅原文太、ドンの女婿の病院長に高橋悦史、ドンの金庫番に松方弘樹、他に梅宮辰夫、渡瀬恒彦、成田三樹夫、田中邦衛、金子信雄、西村晃といった豪華俳優陣となったのだった。

監督は中島貞夫、脚本は高田宏治であった。

《ドンをやってもろうた佐分利信が良かった。あの重厚さは何ともいえんもので、さすがにキャリアの重みが違うと思う。

それと鶴田浩二。親分に尽くし抜いて生きて、しかしこのまま事態が突き進んでいったら親分が捕まってしまうと考えるから、あえて親分の意に逆ろうて、組の解散を言う。そういう渡世の男の苦しみを、鶴さんは素晴らしく演じた》（「任俠映画伝」）

実録路線に対しては自ら批判的な意見も公言して、作品にもいっさい出演しなかった鶴田浩二にとって、「日本の首領」は、「あゝ決戦航空隊」以来、3年ぶりの映画出演となった。

同作品はもとより実録ではなくフィクションなのだが、鶴田が演じた辰巳若頭は、三代目山口組・田岡一雄組長のもとで若頭をつとめ、山口組全国進攻の立役者となった地道行雄がモデルとされる。

昭和39年から開始された警察庁による〝頂上作戦〟によって、全国の主だった組織が軒並み解散に追いこまれるなか、山口組は頑強に抵抗、三代目は、

「たとえ自分一人だけになっても山口組は解散しない」

との強い意志を貫いていた。これに対して、

「局面打破には山口組の解散しかない」

と主張していたのが、若頭の地道であった。そのため、地道は三代目の不興を買い、また別の事件で親分に対する裏切り行為も発覚したことで一挙に組内での人望が失われて失脚、失意のままに肺癌のために世を去っている。

映画ではむろんそうした事実がそのまま描かれるわけではないが、組の解散をめぐる親分と若頭の確執がドラマの重要な縦軸となって、鶴田若頭はドンの女婿である高橋悦史病院長に薬殺される運命をたどるのだ。

脚本を書いた高田宏治がこう振り返る。

「あれは地道さんがモデルですよね。それまで俊藤さんは、地道さんという人ははっきりいって山口組を裏切ったという事実があるので、ずっと手を触れなかったんですよ。まあ、そのころは私も俊藤一家で一人前になってましたから、いろいろ話しあったなかで、これ

はいままでのいわゆる任侠映画じゃない、こういう言葉をあの人は使わなかったけど、一般映画としての市民権——芸術的価値とまでいかないけれども、映画的な市民権を持たそうじゃないかということで、俳優さんも反対を押しきって佐分利信さんにしてね、それで地道さんの役に鶴田浩二を据えたわけですね。そこで鶴田浩二の世界のなかでは、地道さんを、あの裏切りを、どういうふうに任侠映画的な美学で彩るかということをやってくれ——というのが、俊藤さんの私に対する宿題だったんです。それで音楽も黛敏郎さんにしたりね。だから、仕立てを一般映画的にしたんですよ、あれは」

初めて音楽に金をかけた映画といわれるほど、黛敏郎のテーマ曲はオーケストラによる本格的なもので、その荘重な音楽は強烈な印象を残している。

また、俊藤にとって、佐分利信の起用は、自分でも会心のヒットだったと見え、晩年まで事あるごとに、

「あれはワシが持ってきよったんや、みなが反対しよったけど。ああいうもんや、キャスティングいうのは」

と自慢していたという。

任俠路線＝俊藤美学だった

「やくざ戦争　日本の首領」のラストで、若頭役の鶴田浩二が、病院長の高橋悦史から毒薬を注射されて死んでしまう。そのあとベッドの枕元で、妻役を演じた市原悦子が、

「つらかったやろう。もう誰もあんたを苦しめるわけにはいかへんわ」

と絞りだすようにつぶやくのだ。

実はこのセリフ、高田宏治の脚本にはないもので、撮影中、俊藤浩滋が、

「ここでこのセリフを入れてくれんか」

と監督の中島貞夫に提案したものだった。

「あ、これはいいですね。悦ちゃんだからいえる。他の女優がやったら浮いちゃうけど、市原悦ちゃんだったら大丈夫でしょう」

と中島も答えた。中島は市原悦子とは親しかった。

それにしても、この市原といい、医者役を演じた高橋悦史といい、あるいは佐分利信や2作目3作目に登場する三船敏郎といい、東映ヤクザ映画ではおよそ異色の顔ぶれであった。すべて俊藤のキャスティングだった。

俊藤は、その市原のシーンについて、こう述べている。

《私が現場にずっと付いていて、何かもっと感情がグッと出てこないものかと思い、台詞を直した。というのは、毒薬を打たれたことは本人も嫁はんも知らんけど、あの男が生きているあいだは地獄やったということをいちばん知っているのは嫁はんなわけで、その感情を出したかった》（「任俠映画伝」）

というわけで、あの泣かせるシーンとなったのだった。

それは俊藤が高田宏治に出した注文——、

「鶴田若頭のドンに対する裏切り、組織に対する裏切りというものを、どう任俠映画的な美学で彩るか？」

ということへの自分なりの答えであったのかも知れない。

高田宏治がこう言う。

「俊藤さんという人は、最後の最後までカッコいいヤクザに対する強い憧れというのがありましたね。たとえば、これはあとの話になるんだけど、「民暴の帝王」（平成5年6月、和泉聖治監督、小林旭主演）をやったときも、小林旭が自分の意に背いたヤツを殺して埋めてしまうシーンがある。そのとき、私の台本にはないけど、『そこで手をあわせろ』と俊藤さんは言うんです。そんなことして何になるんだ、と私なんか思うんだけど、俊藤さんにはそういう意識がすごくあったですよ。だから、カッコいいヤクザへのこだわり、それはもう最後まで抜けなかったですね。私がどうホンを書いても、カッコよく直してしまうんですよ」

東映任侠路線というのは、とどのつまりは俊藤美学であった——と証言する東映関係者が多いのもむべなるかな。

だから、利害関係で親分を裏切ったり、兄弟分を殺したりするような、ヤクザの最も汚い部分を刺激的に描いた実録路線には、どちらかというと乗り気ではなく、あまりやりたくなかったのも確かなようだ。

ともあれ、「日本の首領」は大ヒットし、同じ年の10月に第2部「日本の首領　野望篇」、翌53年9月には第3部「日本の首領　完結篇」がつくられる。

いずれも監督は中島貞夫、脚本は高田宏治で、主人公のドン役を佐分利信、2部3部では東のドン役として三船敏郎が東映初出演、豪華な顔ぶれとなっている。

とりわけ3部の「完結篇」はすごかった。東西のドンに扮した佐分利信と三船敏郎に加えて、政財界の黒幕役の片岡千恵蔵まで登場、映画界の大御所二人に国際的大スターという組みあわせで、めったに見られるものではなかった。

ポスターの惹句には、

《黒い政権を争う巨頭3人——

誰が「最後の首領」を名のるか!?》

とあった。

その3人の大スターが一堂に会するシーンがあって、中島監督とすれば、甚だやりにくく、気が重かった。3人一緒となると、どう対応していいのかわからず、

〈どうしたもんかなあ……〉

とセットに入る前まで気を揉むことになった。

時代劇の黄金期に助監督をつとめていた時分、オールスター作品を撮るときなど、やはりスターの扱いで大いに気を遣ったことがあった。

片岡千恵蔵や市川右太衛門をはじめ、トップスターが顔をそろえるとあって、撮影所ではいつにも増してスタッフがピリピリと神経をとがらすのがつねだった。大スターにはそれぞれ役者の取り巻きがいて、グループをなし、離れたところで出番を待っている。

スタッフが声のかけかた一つ間違えると大変なことになったのだ。スターがムクれてしまって撮影にならなかった。一番最後に声をかけなければならない相手が、最も格上のスターという暗黙の慣例もあった。

そういうことを経験していたので、中島は、さて、どうしたものか、と考えこんでしま

ったのだ。

が、そのうちに、

〈まあ、いいや。しばらく3人がどういう関係か、見てやろう〉

と成りゆきにまかせることにした。

やがて3人ともセット入りし、中島が撮影の準備をしながら黙ってそれとなく様子を見ていると、三船敏郎が椅子を持って近づいてきた。

「監督、どうぞどうぞ」

と中島に勧めるのだ。

〈そうか、三船さんはお二人には近寄りたくないわけだな〉

と思いつつ、中島がさらに様子を見ていると、佐分利信はサッと片岡千恵蔵のところへ行って、

「佐分利でございます」

と鄭重に挨拶している。

それに対して、千恵蔵は、

「おお」

といって軽くうなずいたにすぎなかった。

これには中島も驚いた。歳は御大のほうが上だけど、役者としてはどっちが格上なのか、映画人としてはどうか、また差があるとしたらいったいどれほどのものなのか――などとあれこれ思案を巡らしていた中島にすれば、拍子抜けするほどだった。それはもう一目瞭然であった。

〈ああ、そうか、やっぱり映画のなかでは圧倒的に御大なんだな〉

ということがわかって、中島は途端に気が楽になった。

「日本暗殺秘録」以来、かわいがられ、心安くしてもらっており、「御大、御大」とわりと好きに芝居をつけることのできる相手が片岡千恵蔵であった。

その千恵蔵から先に撮り始めれば、あとの二人はだいたいそれで動かせるということがわかったのである。異色の大物俳優が3人も顔をそろえたがゆえの監督の気の遣いかたであったわけだ。

もう一つ「日本の首領」が記念すべき作品となったのは、それまで東映は2本立て興行専門だったのが、この2時間を超える大作を機に、1本立てが始まったことである。

また、この大作路線は「日本の○○」シリーズとして、「日本の仁義」（昭和52年5月、中島貞夫監督、菅原文太主演）、「日本の黒幕」（昭和54年10月、降旗康男監督、佐分利信主演）が続けて製作された。

「日本の首領 完結篇」が公開された年の6月、同年のキネマ旬報ベスト・テンで第8位となった、高倉健主演の異色作が封切られた。

降旗康男監督、倉本聰脚本の「冬の華」である。

倉本聰のかねてからの、

「一度、健さんの脚本を書きたい」

とのラブコールに、高倉健が応え、実現したものであった。

同作品は、ヤクザ版「あしながおじさん」とでもいうべき物語で、哀感を帯びたクロード・チアリのギター曲が流れ、殴り込みの場面では、唐獅子牡丹ならぬチャイコフスキーのピアノ協奏曲第一番がかぶさるなど、

「これは裕次郎の〝ムードアクション〟ならぬ高倉健の〝ムード任俠〟」

と評したある映画評論家の弁もうなずけるような、不思議な味わいの作品に仕あがっていた。

むろん俊藤浩滋のプロデュースであったが、この「冬の華」が俊藤と高倉健が一緒に組んだ最後の作品となった。

これは俊藤も自著で述べていることだが、その前の「神戸国際ギャング」で二人はちょっとした意見のくい違いがあったという。

「神戸国際ギャング」は〝ボンノ〟こと菅谷政雄をモデルにした作品で、俊藤は当時、日活ロマンポルノで注目を集めていた鬼才・田中登監督を起用した。役者のキャスティングばかりか、監督や脚本家、あるいは音楽家の起用にもこうした例は多々見られ、感性が柔軟であった俊藤の面目躍如たるものがあった。

それかあらぬか、「神戸国際ギャング」では、めったに見られない健さんのベッドシーンも出てくる。

《そしたら、健ちゃんはこれがものすごく気にいらん。エロっぽいセックス・シーンなんか高倉健のイメージに合わんということやろう。「切ってくれ」「切ってくれ」と言うた。だけど、私にしてみれば、菅谷政雄のキャラクターを出すためにわざわざ入れたシーンやから、譲るわけにはいかない。健ちゃんの意向を蹴って、とうとう切らなかった》（前掲書）

それで私に不信感を抱いたのと違うかな――とも俊藤は述べているが、それから「冬の華」を経て、二人は長い間顔をあわせなかったという。

そんな高倉健がひょっこり京都の俊藤邸を訪ねてくる。7年ぶりの再会であった。

《「ご無沙汰しています」

健ちゃんは玄関に突っ立って、そう言うたきり、ボロボロ涙を流して言葉が出ない。私

も胸がジーンと熱くなって「まあ上がれよ」と言うと、「いやあ……」とただ涙ながらに立っている》（前掲書）

変な意地を張っていたけれど、本心では二人とも会いたくてたまらなかったのだから無理もない。

結局この日は、二人とも感極まってひと言も喋れずに別れたという。

俊藤は亡くなるまで、事あるごとに、

「健ちゃんと映画を撮りたい」

といい続けた。

「役者として最高なのは高倉」

とも語った。

平成13年10月12日、肝不全のため、俊藤が84年の生涯を閉じたとき、高倉健は訃報を聞くや真っ先に駆けつけ、俊藤の眠る枕辺で、

「時世時節は変わろうとままよ　俊藤浩滋は男じゃないか」

と、彼が好きだった人生劇場の替え歌を捧げたという。

死に顔も「いい男だなあ」

激動の昭和50年代も間もなく終わろうとしていたころ、東映で久々に製作された任俠映画が大ヒットした。昭和59年11月に封切られた「修羅の群れ」（山下耕作監督、松方弘樹主演）である。

関東の巨大組織である稲川会の稲川聖城総裁をモデルにした大下英治原作（「週刊アサヒ芸能」連載）の映画化で、「山口組三代目」の系譜に連なる、実録をベースにした任俠映画――〝実録任俠映画〟とでも呼べるジャンルの作品であった。この路線上に生まれたのが、翌60年11月の「最後の博徒」（山下耕作監督、松方弘樹主演）であり、平成11年2月の「残俠」（関本郁夫監督、髙嶋政宏主演）であっただろう。

「修羅の群れ」は主役の松方弘樹をはじめ、鶴田浩二、若山富三郎、菅原文太、北大路欣也、北島三郎、丹波哲郎、天知茂といった豪華キャストからなるオールスター映画となった。

同作品は〝任俠映画のドン〟俊藤浩滋の企画によるもので、当初は稲川会・稲川聖城総裁のところへ何度映画化を頼みに行っても、

「ヤクザ者の映画なんてとんでもない」

と断わられたという。その際、稲川総裁が、

「田岡の叔父さんならわかるけど、オレは違うんだから」

という意味のことを言ったのが、強く俊藤の印象に残った。

なるほど、田岡三代目は稲川総裁の親分にあたる鶴岡政次郎という人と兄弟分であったから、「叔父さん」には違いない。だが、東西の両雄といわれ、稲川聖城という任俠人も当時から大変な力を持った親分であった。

〈その親分をして、自然に「叔父さん」と深い尊敬の念のこもった言葉が口をついて出る。こりゃ、すごいもんだな〉

との感慨である。

ともあれ、「修羅の群れ」の映画化は実現し、大ヒットしたのだった。当然ながら、ヒットすればシリーズ化というのは東映の常套手段であったが、案に相違して、続篇は製作されなかった。

俊藤は続篇への熱い思いを、かつてこう語ってくれたものだった。

「あの映画はいってみれば、〝怒濤篇〟いうてね、稲川総裁の若い時分の、元気いっぱいの〝動〟の世界なんですよ。もう1本、僕は〝首領篇〟いうて、まったく、〝静〟の世界

——任侠映画の究極の男と男の美学みたいなものを、どうしても撮りたかったんです」

では、どうしてつくれなかったのかといえば、

「時代状況や世間の風あたりが厳しかったし、決定的だったのは、つくりたいという僕に対し、稲川総裁が自ら、『やめときなさい。世論に逆らってまでヤクザの話を撮ることない』とのひと言。それでやめたわけですよ」

とは俊藤の弁であったが、確かに当時、ヤクザ界は関西を中心に荒れに荒れており、予断を許さぬ状況であった。

「修羅の群れ」が公開されて約2カ月後に勃発したのが、一和会ヒットマンによる四代目山口組・竹中正久組長射殺事件で、以後、血で血を洗う〝山一抗争〟がおよそ4年にわたって展開されていくのだ。とても続篇を製作できるような状況ではなかったのである。

だが、「修羅の群れ」の続篇を撮りたいという俊藤の思いは、後年、実を結ぶ。

平成13年夏、俊藤はリメーク版「修羅の群れ」を完成させており、それが数々の任侠映画をヒットさせてきた伝説のプロデューサーの遺作となったのだった。

ところで、59年11月に公開された「修羅の群れ」には、前述のオールスターの他、張本勲や小林繁といった元プロ野球のスターもゲスト出演して話題を呼んだが、主役の松方弘樹は、この一作を契機に役者として大きく飛躍することになる。

翌60年につくられた「最後の博徒」においても、松方は、「仁義なき戦い」でお馴染みの広島ヤクザ戦争の渦中の人物・波谷守之をモデルにした主人公・荒谷政之の役を演じ、押しも押されもせぬ看板スターとなった。

一方で、長い間東映任俠路線を支えてきた鶴田浩二も、両作品にゲスト出演、「修羅の群れ」では主人公を一貫して陰から支え続ける兄貴分の横山新次郎役、「最後の博徒」では波谷守之の生涯ただひとりの兄貴分・菅谷政雄の役に扮し、変わらぬ円熟した演技を見せている。

鶴田にとって、この「最後の博徒」が文字通り最後の映画出演となった。2年後の昭和62年6月16日、肺癌のために62年の生涯を閉じたのである。

その鶴田に引っ張られて、「修羅の群れ」ではモロッコの辰の舎弟役、「最後の博徒」では鶴田扮する菅谷政雄の側近役を演じ、日活へ移籍して以来、実に十数年ぶりの東映出演となったのが、鶴田が自ら「最後の弟子」と認めた岡崎二朗であった。

岡崎が鶴田と十数年ぶりに再会したのは、「修羅の群れ」より少し遡る1、2年ほど前のことだった。そのころ、岡崎は大阪の中座で公演中の「唄子・啓助劇団」に出演しており、大阪プラザホテルに宿泊していた。そのホテルの廊下で、取り巻きや付き人を連れた鶴田とバッタリ鉢あわせしたのである。鶴田も大阪・梅田のコマ劇場で「人生劇場」を公演中で、なんと岡崎と同じホテルの隣りの部屋に宿泊していたのだ。

再会といっても、岡崎が日活に移る前、東映にいたのはわずかな期間で、鶴田とは共演したこともなければ、口をきいたこともなかった。

岡崎が「狼と豚と人間」で東映からデビューした昭和39年、練馬の東映東京撮影所ですれ違ったのが、鶴田との初めての出会いだった。

鶴田はセットから紺の着流しで表へ出てきて、恨めしげに空を見やると、裾をパッとめくって小雨の中を歩いてきた。そこをすれ違ったのだが、岡崎の目から見ても、その姿は男の色気にあふれていた。立ち姿から所作まで、すべて絵になっていた。

〈ああ、これが大スターというものか〉

と、岡崎は最初から強烈な印象を持った。

ついぞ話をする機会もなかったとはいえ、その第一印象はずっと消えることなく、むしろ日活へ移ってからのほうがより鮮明になって、鶴田という大スターのすごさを実感できるようになっていた。

その鶴田とホテルの廊下で十数年ぶりに再会したのである。思わず岡崎は最敬礼し、

「御無沙汰してます。以前、東映にいました岡崎二朗と申します」

と挨拶していた。

「おお、久しぶりやないか。何やってるんだ?」

「いま、中座で舞台やってます」

「オレも舞台だ。ちょっとお茶でも飲むか」

「はい」

もともとが鶴田の大ファンなのだから、岡崎は喜んで応じ、この再会を機に、鶴田は何かと岡崎をかわいがるようになった。自分の出演する舞台やテレビ、映画となると、必ず引っ張ってくれたのだ。

「おまえはオレの弟子やないんだぞ」

と鶴田は岡崎に言い、人には、

「これ、オレの弟だから」

と紹介するようになっていた。仕事ばかりか、私生活のうえでも、鶴田と岡崎はそういうつきあいかたになったのだった。

「最後の博徒」では、私生活の関係さながらに、岡崎が鶴田の側近役を演じ、息のあったところを見せている。

だが、「最後の博徒」の撮影のときから、鶴田の躰は病魔に蝕まれていた。肺癌の末期で、ひどい咳をしながらも煙草を喫うので、まわりの者が心配し、岡崎も鶴田の娘に会っ

たとき、

「お父さんの煙草やめさせたほうがいいよ」

と言うと、

「あかん、あかん。言うても聞かへん。咳きこみながらでも喫うとるわ」

との答えが返ってきた。死ぬまでその頑固さは直らなかったようだ。

それでも岡崎が、咳きこんだ鶴田の顔をふっと見ると、往年の張りはなくなったとはいえ、相応の皺が刻まれていて、

〈ああ、いい顔だなあ〉

と思わずにはいられなかった。

宣伝部の佐々木嗣郎も、昭和33年に東映京都撮影所に入社して、初めて鶴田と会ったのは38年の「次郎長三国志」の撮影のときであったが、

〈世の中にはこんないい男がいるのかなあ〉

としみじみ思った一人だった。そのとき、鶴田は俳優部屋の奥の鏡台の前にすわり、メーキャップをしている最中であった。取り巻きがまわりに大勢いるなか、佐々木は直立不動で立ち、

「初めまして、宣伝の佐々木と申します。今度作品の担当をさせていただきます」

と鶴田の背に挨拶すると、鶴田は鏡台の前でもうひとつ手鏡を持ち、細かい目尻や眉を描いていた。その手を止め、振り返りもせずに、手鏡の中に映る佐々木を覗いて、

「おお」

と答えた。

そのとき手鏡にアップになった鶴田の顔をもろに見てしまった佐々木の、前述の感想となったのだった。

〈なんて二枚目なんだろう〉

佐々木とて中村錦之助や大川橋蔵、東千代之介など、東映の多くの美男スターを見知ってはいたが、鶴田は格別であった。

「今日、午後からポスター撮りをしたいんですが、いかがでしょうか」

佐々木の頼みに、鶴田はひと言、「いや」と拒んだ。

佐々木が呆然としていると、間もなく撮影開始の合図があり、鶴田は立ちあがり、付き人たちも準備にかかった。

そこで初めて鶴田と向きあった佐々木が再び同じことを頼むと、鶴田は、

「オレは撮らないよ。嫌だよ」

と拒否するので、佐々木が、

「そう言われましても……」

と困っていると、

「君ねえ、さっき、オレになんて言った？　いかがでしょうかじゃないだろ。お願いしますと言えないの？」

と鶴田が言えので、佐々木はただちに、

「すみません。私が言い間違えました。今日午後からポスター撮りをお願いします」

と言い直すと、

「よっしゃ」

と鶴田は今度は快く応じ、それ以来、佐々木をものすごくかわいがるようになった。鶴田とはそういう男であった。

その出会いからおよそ四分の一世紀を経て、佐々木が再び、

〈ああ、やっぱりいい男だなあ〉

と痛感させられたのは、慶応病院でその死に顔を見たときだった。

昭和62年6月16日、東映任侠路線を支えた昭和の大スター・鶴田浩二は永遠の眠りに就いたのである。

女性客が押し寄せた「極妻」

平成6年が明けて早々、東映はヤクザ映画路線の撤退をめぐって揺れに揺れていた。

発端は、前年暮れの社内会議で、岡田茂会長が、ヤグザ映画の撤退を指示したことだった。

それでなくても、東映はもうそのころになると年に数えるほどしかヤクザ映画をつくっていなかったのだが、その年に公開された「極東黒社会」（馬場昭格監督、役所広司主演）、「修羅場の人間学」（梶間俊一監督、高嶋政伸主演）、あるいは前年（平成4年）の「継承盃」（大森一樹監督、真田広之主演）といった作品が、まるで客が入らず、惨憺たる結果に終わっていた。

その事態を憂慮しての岡田会長発言となったわけだが、一部マスコミに「東映がヤクザ路線撤退」と報道され、騒ぎに火が点いたのだった。

当時の高岩淡社長も、

「これは岡田会長の励ましの言葉。公式発言ではない」

と否定したうえで、

「努力してダメなら決断しなければならない」

と表明したことが事態の深刻さを物語っていた。

そうした折も折、同年1月26日にクランクインしたのが、「首領《ドン》を殺《と》った男」(5月14日公開、中島貞夫監督、松方弘樹主演)であった。

東映京都撮影所では、「これが最後かも知れない」と危機感を強め、本社サイドも、

「これがコケたらヤクザ映画をやめる」

といったものだから騒動はさらに大きくなり、日本の大手マスコミばかりか、アメリカのワシントン・ポスト紙までが報道するほどであった。

かくてヤクザ映画の存亡を賭けて「首領を殺った男」が製作されたのだが、東映はそうした騒ぎを逆手にとって、

「最後のヤクザ映画」

とのキャッチフレーズで売り込みをかけるあたりはさすがに抜け目なかった。主役の松方弘樹や共演の川谷拓三、多岐川裕美の他、菅原文太、山城新伍、梅宮辰夫の友情出演も決まって、並々ならぬ意気ごみで取りくんだのも確かだった。

はたしてかつてあれほど隆盛を極めたヤクザ映画は絶滅してしまうのか。数々の名作に酔い、血湧き肉躍らせ、熱い声援を送り続けてきたファンにとって、看過できる事態では

なかった。

それにしても、いったいなぜヤクザ映画はそこまで衰退してしまったのだろうか。

時代は折しも、ヤクザ組織を「暴力団」と指定してヤクザ、イコール絶対悪と規定した暴対法（暴力団対策法）なる法律が施行されたばかりであった（平成4年3月1日）。ヤクザというのは悪いヤツばかりで任侠なんて嘘だ——という悪の観念でしか見なくなったことも、多くのファン（とくに女性）が任侠映画から離れる一因となったのかも知れない。

一方で、バブル経済が崩壊して、その後遺症としてイトマン事件など大きな経済事犯も起こり始めていた。世の中万事カネ——という拝金主義の風潮が、表社会も裏社会をもおいつくしていた。そうしたことも任侠映画の衰退と大いに関係していたのであろうか。

「任侠映画が下火になってきた大きな原因は、実録（路線）のせいですよ」

と当時語ってくれたのは、俊藤浩滋だった。

「われわれがつくってきた映画っていうのは、反体制側視点でね、世のため人のためにやろうっていう男らしい男を描いてきたわけでしょ。『こういう男がいたらいいのにな』という理想像なんですよ。ところが、実録というのは、そういうものがないんですよ。長続きしなかった。

お客さんが来てくれる映画のパターンというのは、はっきりしてるんです。泣きがあって、笑いがあって、浪漫があって、夢があって、最後にヒーロー精神というようなね、こういうことはわかりきったことなんですよ」

さて、では、東映がヤクザ映画の命運を賭けて製作した「首領を殺った男」は、どんな結果をもたらしたのであろうか。

起死回生の逆転打となり得たのか、それとも期待はずれに終わったのか。運命やいかにというところだが、結果はヒットには至らなかった。

だが、それによって30年の歴史を誇る東映ヤクザ路線の幕が閉じられたかといえば、そうはならなかったことは、すでにファンには周知の事実であろう。

とくに当時ドル箱シリーズとして人気を集めていたのが「極道の妻《おんな》たち」で、昭和61年に1作目が公開されて以来、平成10年に封切られた「極道の妻たち　決着《けじめ》」まで10本製作されている（その後も、このシリーズは姐役を岩下志麻から高島礼子に受け継がれてつくられ続け、現在に至っている）。

「極道の妻たち」は、ノンフィクションライターの家田荘子が文字通りヤクザ社会の裏側で生きる妻たちの生態をルポした同名の作品が原作となっている。「週刊文春」に連載された、そのドキュメントを日下部五朗がたまたま目にしたのは、京都から東京へ向かう新

幹線の中であった。一読して、日下部は、

〈ああ、そうか、ヤクザの家庭生活とはこういうものなのか。まさに知られざる世界だけど、リアリティがあって、これは面白いな〉

と思ったのである。さっそく映画化の話を、家田荘子に申し込むと、すでに松竹からオファーがあり、テレビからも声をかけられているという。

そこで日下部は、東映本社近くの喫茶店で家田に会い、

「おこがましいけれど、この手の映画をつくらせたら、うちにかなう会社はありませんよ。自信もあります」

と押しに押し、ついには口説き落とすことに成功した。

こうして「極道の妻たち」は五社英雄監督、高田宏治脚本、岩下志麻主演で昭和61年11月15日に封切られ、大ヒットしたのだった。

当たった要因の第一は、姐さん役に岩下志麻という、あまりヤクザ映画とは縁のない大物女優を起用したこと――とは多くの関係者が指摘するところである。それも企画にあたって、日下部がいの一番に考えた戦略であった。

〈時代は広く女性に受けいれられる映画を求めているのだ。いままで一般の主婦やＯＬは、ヤクザ映画を観たいと思っても、映画館の入口まで来て躊躇して入れなかった。岩下志麻

が姐さんをやれば、そういう抵抗感はなくなり、安心して観られるはずだ。それこそヤクザ映画に市民権を持たせることだ〉

日下部の戦略は当たって、それまでヤクザ映画を観たこともない、普通の主婦や女子学生、ＯＬといった女性客がどっと映画館に押し寄せた。男をアゴで使い、機関銃をぶっ放し、男まさりの胸のすくような啖呵を吐く姐さんに、女性たちはカタルシスを満足させたのである。

当然ながら、「極道の妻たち」は一般の女性には受けたものの、本物の親分たちにはいたって評判が悪かったようだ。

俊藤浩滋はこの作品にはいっさいタッチしていなかったのだが、ある日、親しくしていた大物親分から、

「ヤクザの世界をバカにしたらいかんよ」

と怒りの電話を受けた。

大物親分は続けて、

「われわれも東映映画のファンで、映画を観ては、みんなああいうふうな男になりたいなと考えてきたんだ。それをヤクザの世界をバカにするようなあんなもの、どうしてつくるんだ。ワシらの世界は、女が物いえば、男はみんなアホに見えるんや。女は亭主立てるた

め、うしろでジッと我慢してるもんなんや……」

もともと抗議というより、親しい関係のなかでのやりとりには違いないが、親分とすれば多分に腹立ちもあったのだろう。

「極道の妻たち」はただちにシリーズ化され、2作目が十朱幸代、3作目は三田佳子が姐役を演じたが、4作目は再び岩下志麻となり、以後10作目まで岩下が姐さんを演じることになる。

監督は1作目こそ五社英雄がメガホンをとったが、2作目以降は土橋亨、降旗康男、山下耕作、中島貞夫、関本郁夫といった監督たちによって撮られている。

1作目を撮った五社英雄は、日下部に対して、

「これだけ大ヒットしたのになんで2作目、オレじゃないんだ?」

とムクれたという。

そこにはプロデューサー日下部の意地のようなものがあった。「仁義なき戦い」で懲りていたのだ。つまり、「仁義なき戦い」の映画化を発案し、それを実現するにあたって、何度も広島に足を運んで、原手記者の元美能組美能幸三組長を説得し、現役の組関係者との交渉や調整、段取り……等々にどれだけ血のにじむような苦労をしたことか。

それなのに映画ができあがると、注目されるのはすべて監督で、深作欣二の「仁義なき

戦い」となってしまう。むろんプロデューサーの役割は縁の下の力持ちであるというのは、日下部にもよくわかっている。が、それにしても、やはり少しばかり間尺にあわないとの思いが強かった。確かに深作監督はすごいけれど、オレだってその何分の一かは貢献してるんだぞ——という思いである。

その伝で、今度もまたぞろ映画が注目されて監督だけがスポットライトを浴び、五社英雄の「極道の妻たち」になってしまうのは、少しばかり癪であった。そこでプロデューサーの片意地を通すことにして、2作目以降、いろんな監督に代えたのだった。

今度ばかりは多少なりとも日下部の「極妻」にしたかったのだ。

それはともかく、当時の東映は、「極道の妻たち」シリーズ以外のものは軒並みダメで、「ヤクザ路線撤退」が取りざたされるような厳しい状況にあったのは間違いなかった。そんな状況下、〝任侠映画のドン〟俊藤浩滋は、意気軒高であった。

「僕はまだまだこれから撮りますよ。だってね、アメリカでも大ヒットするのはみな男のシャシンですよ。男性路線というのは、あくまでも続くと僕は思います。

でね、このヤクザ界の話っていうのは、サラリーマンの世界と違って、ギリギリの世界で生きてる人たちでしょ。やっぱり面白いですよ。ひとつ間違えれば、小指とられたり命とられたりするわけです。サラリーマンの世界みたいに、失敗したら会社辞めたらええ、戯になったらええ、という世界と違いますからね。だから、そういう意味では、まだまだ僕は悲観してないですよ」

この言葉通り、4年後、俊藤は極めつきの任俠映画を完成させることになる。

魂が揺さぶられるような感動

それは東映任俠映画ファンにとって、まさに夢の空間であり、このうえない至福のときであった。

会場には、「博徒」「日本俠客伝」「兄弟仁義」「昭和残俠伝」「緋牡丹博徒」「仁義なき戦い」「日本の首領」「冬の華」「修羅の群れ」「激動の1750日」……といった数々のヒット作品のポスターが展示され、任俠路線を彩ったスターたちが、ズラッと勢ぞろいしたのだ。

松方がいる、旭がいる、北島三郎がいて、里見浩太朗、山城新伍、長門裕之、宍戸錠、待田京介、川地民夫といった渋い脇役陣がいる。他に「総長賭博」の桜町弘子、健さんと共演が多かった星由里子、「日本の首領」の二宮さよ子などの女優陣、あるいは悪役で活躍した遠藤太津朗、名和宏、今井健二、室田日出男、八名信夫、三上真一郎といった顔ぶれもある。

いや、俳優陣ばかりではなかった。岡田茂会長、高岩淡社長をはじめ、小沢茂弘、深作欣二、笠原和夫、高田宏治など、任俠路線を支えてきた監督や脚本家、並びにプロデューサー等々のスタッフ、及び関係者が一堂に会して、会場は約300人であふれ返ったのだ。

そしてこの日の主役は誰あろう、〝任俠映画のドン〟俊藤浩滋であった。平成11年2月9日午後6時半から、東京・千代田区のパレスホテルで開催された「俊藤浩滋を励ます会」でのことである。

これは4日後に封切られる俊藤プロデュースの最新作「残俠」(関本郁夫監督、高嶋政宏主演)の公開と、映画評論家・山根貞男との共著「任俠映画伝」(講談社)という自伝の出版を記念して催されたものだった。

もともと自身にスポットライトがあたる、この手のパーティなど大の苦手で、企画があってもいまだかつて乗ったことのない俊藤であったが、すべては「残俠」のパブリシティと割りきってのことだったようだ。それほど「民暴の帝王」(和泉聖治監督、小林旭主演)以来、6年ぶりにプロデュースするこの作品(しかも、本格的な任俠映画となると、ずいぶん久し振りであった)に賭ける意気ごみは並々ならぬものがあった。

このとき、82歳の俊藤にとって、「残俠」は288作目となる作品であった。キャストも、主役の高嶋政宏を中心に、天海祐希、高橋かおり、水野真紀、中井貴一、中条きよし、加藤雅也、ビートたけし、松方弘樹が顔をそろえる超豪華版となった。

さて、パーティ会場では、岡田会長、高岩社長、山根貞男の順に挨拶が続き、それが終わると、会場中央に設置されたスクリーンで、「残俠」の予告篇が上映された。「これぞ任俠映画」という極めつきのシーンの連続に、皆の目が釘づけとなる。

そのあとで「残俠」の関本監督や俳優陣がステージにあがり、映画のヒットを祈願し、多くの人の支援を訴えると、会場からは力強い拍手が湧き起こった。

会は進行し、宴もたけなわとなって、いよいよ主役である俊藤が挨拶に立つ段となった。

司会者に促され、秀夫人とともに再び壇上にあがった俊藤は、感無量の面持ちで語り始めた。

「……右を見ても左を見ても、一緒に仕事をした仲間の皆さまがたです。今日まで約300本の映画を撮ることができましたのも、皆さまがたの温かい御声援と御協力のお陰でございます。また、本日、大巨匠のマキノ雅弘、先ごろ亡くなりました山下耕作、鶴田浩二、若山富三郎がこの席にいないことを非常に残念に思っております。

日本の映画界はいまどん底でございます。どうかお集まりの皆さまがたで英知を絞り、どうかお客さんの入る映画、劇場のドアが壊れるような映画をつくっていただきたいと思います。私は映画が好きです。今後も映画製作に従事したいと思います……」

このとき、パーティ出席者の一人でもあった私は、至福の時間に浸りながらも、この伝説のプロデューサーとの出会い、あるいはわが任侠映画体験というものを、なんともいえない感慨で振り返らずにはいられなかった。

私が初めて東映任侠映画に出会ったのは高校2年の夏、昭和44年のことだった。作品は、「懲役三兄弟」「緋牡丹博徒　二代目襲名」「旅に出た極道」という、いまから考えると、超豪華3本立て、最高の組みあわせであった。

それは単に「面白い」などという次元を超えていた。まさに何をするにも情熱を持てずにいた、シラケきった田舎の一高校生の脳天を直撃し、見事に〝空気〟を入れられることになったのである。私は魂が揺さぶられるような感動を味わい、以来、東映任侠映画の虜になってしまったのだった。

来る日も来る日も私の映画館通いは続いた。私が通いつめた「菊水館」という田舎の古ぼけた小さな汚い映画館は、封切りから3、4カ月遅れの作品が入ってきていた。ちょうど「新宿昭和館」のような雰囲気の東映ヤクザ映画専門館で、毎週3本立て、水曜日ごとに作品が替わった。入場料は当時、２３０円。

1階観覧席は、よく地方の駅に置かれているような木のベンチであり、2階には畳が敷かれていた。観客はいつも数えるほどしかいなくて、ときとして2階の畳の座席からはイビキの音が聞こえ、舞台下手の戸が出入りのたびにきしんだ音をたて、絶えず便所の臭いがただよってきた。

冬になると、館内に石炭ストーブが焚かれ、上映中、係のおばさんが石炭を入れたバケツを持って現われ、ガラガラと大きな音を響かせて石炭をくべるのだ。

わが〝ニュー・シネマ・パラダイス〟は、このような理想的な環境にあった。

そんななか、いつから俊藤浩滋という名に気がついたのであっただろうか。

やがてその人がいなければ東映任俠路線というものが生まれもしなければ確立もしなかったこと、また、鶴田、高倉、若山、文太、松方といったスターたちを育てた名伯楽であり、何よりわが青春時代、恋い焦がれ憧れ続けた緋牡丹お竜さん――藤純子の実父であることも、間もなく知った。

その名はずっと私の胸の中で、神にも等しい存在として刻印されてきたのである。

その伝説の大プロデューサーから私に突然電話が掛かってきたのは、平成2年11月2日朝のことだった。

「もしもし、私は東映の俊藤といいますが」

の声に、私の胸は高鳴り、

「——えっ？　俊、俊藤さんて、まさか、あの有名な俊藤さんですか？」

いわずもがなのことまで訊いて、わが耳を疑わずにはいられなかった。私の人生に多大な影響を与えてくれた、いや、もしかしたら人生を半ば決定づけてくれたといっても過言ではないような人からの電話なのだから、さもありなん。もとよりこちらが一方的に名前を知っているだけで、一面識もなかった。

数日後、初めて都内のホテルでお会いしたところ、氏の用件というのは、

「京都の会津小鉄会の図越利一総裁をモデルにした映画をつくりたい。ついてはその原作を書いてくれないか」

とのありがたいお話であった。私に否やのあるはずもなく、お引き受けすることになったのだった。

それが「残俠」であった。

かくて翌3年4月から、実録小説「残俠」は週刊誌に連載され、同年12月に完了するや翌4年4月には単行本として刊行される運びとなったのである。

だが、映画化にあたってはすんなりとはいかず、陽の目を見るまでそれから7年待たなければならなかった。

それだけに私にとっても感慨は格別なものがあった。なにしろ、東映任俠映画より他に

神はなし、任侠映画だけしか頭になかった——のが、私の青春のようなものだったのだから。

その任侠映画の原作を、他ならぬ俊藤プロデューサーのお声がかりで、よりによってこの自分ができることになろうとは……信じられなかった。川谷拓三がまだ大部屋俳優時代、「仁義なき戦い　代理戦争」で初めてポスターに自分の名前が載ったのを見て、感激のあまり、

〈もう死んでもいい〉

と思ったというが、「残俠」を観て、タイトルバックで自分の名がクレジットされるのを見たときの私も、似たようなものだったかも知れない。

さて、「残俠」のパーティでは、多くの関係者がスピーチに立ったが、笠原和夫の挨拶が強く印象に残った。

「……37年間、現役のライターでやってますうちに腎臓を一つ取り、胃の腑を取り、脾臓も取り、胆嚢も取り、そしていま、前立腺癌、C型肝炎、残った腎臓は透析を受けてます。こういうボロボロの体になってしまったのは、ひとえにこちらにいらっしゃる俊藤プロデューサーの酷使の表われであります。ただ、私は、この肉体の受けた傷を、男の向こう傷だと思っております。戦場で受けた向こう傷こそ、男が男であるための一番の最後の証し

だと思っております。そういう意味で、この向こう傷を与えてくださった俊藤浩滋さんに、私はいま、欣然として感謝の言葉を捧げたいと思います」

この「総長賭博」「仁義なき戦い」の脚本家は、このパーティから3年後の平成14年12月12日、肺炎で死去している。75歳だった。

俊藤浩滋は「残俠」を撮ったあとも、ますます意気盛ん、

「企画は4本あるんや」

といっこうに衰えぬ映画への情熱を吐露した。

翌々年の平成13年夏には、リメーク版の大作「修羅の群れ」を完成させた。現場には必ず顔を出してつきっきりで撮影を見守るという、変わらぬ姿勢を貫いて健在ぶりを発揮していた。11月には新作の撮影も控えていた。

ところが、9月に入って体調を崩し、京都市内の病院に入院、胃癌と診断されて手術を受けた。術後の経過は良好であったが、10月1日に容体が急変、12日、意識が戻らぬまま帰らぬ人となった。84歳だった。

任俠映画を日本の大衆娯楽映画の王道に押しあげた最大の功労者、任俠美学と男のドラマを頑なに描き続け、紛れもなく一時代を築いた伝説のプロデューサーは、21世紀の幕開けに永遠の眠りに就いたのである。

参考文献

「東映ビデオコレクション劇映画総解説」、俊藤浩滋・山根貞夫「任俠映画伝」講談社、小沢茂弘・高橋聰「困った奴ちゃ」ワイズ出版、「映画芸術」昭和44年10月号、石堂淑朗「日本読書新聞」昭和40年10月11日号、「シネアルバム　藤純子」芳賀書店、松島利行「風雲映画城」講談社、三島由紀夫「我慢としがらみ」――鶴田浩二の情念的世界――「映画芸術」昭和44年3月号、大高宏雄「仁義なき映画列伝」鹿砦社、山下耕作・円尾敏郎「将軍と呼ばれた男　映画監督 山下耕作」ワイズ出版、笠原和夫「小説新潮」平成14年6月号、斎藤龍鳳～緋牡丹お竜さん江～「新宿プレイマップ」昭和46年4月号、田山力哉「藤純子のすべて」芳賀書店、横尾忠則―男友＝高倉健への恋慕―楠本憲吉編「任俠映画の世界」荒地出版社、橋本治「第19回東大駒場祭ポスター」、鈴木邦男　かわぐちかいじ「テロルの系譜」（ちくま文庫）の解説、笠原和夫・荒井晴彦・絓秀実「昭和の劇　映画脚本家・笠原和夫」太田出版、鈴木則文「仮説・兄弟仁義」「映画芸術」昭和46年2月号、高田宏治・西谷拓哉「高田宏治　東映のアルチザン」カタログハウス、マキノ雅弘「映画渡世・地の巻　マキノ雅弘自伝」平凡社、笠原和夫「ノート『仁義なき戦いの三百日』」「仁義なき戦い」幻冬舎アウトロー文庫、杉作J太郎・植地毅「仁義なき戦い　浪漫アルバム」徳間書店、田岡由伎「お父さんの石けん箱」KKベストセラーズ、飯干晃一「仁義なき戦い」「週刊サンケイ」（昭和47年5月26日号）、家田荘子「極道の妻たち」「週刊文春」、大下英治「修羅の群れ」「週刊アサヒ芸能」、山平重樹「残俠」「週刊大衆」　他

写真提供

東映株式会社
人生劇場　飛車角（5頁）、昭和残俠伝　唐獅子牡丹（93頁）、緋牡丹博徒　一宿一飯（１９９頁）、日本俠客伝　刃（２７１頁）、仁義なき戦い（３４３頁）、山口組三代目（３９５頁）
人生劇場　飛車角（１３６頁上）、昭和残俠伝（１３６頁下）、昭和残俠伝　唐獅子仁義（１３７頁）、昭和残俠伝　人斬り唐獅子（１３８頁）、昭和残俠伝　唐獅子仁義（１３９頁）、日本俠客伝　浪花篇（１４０頁）、昭和残俠伝　唐獅子仁義（１４１頁）、網走番外地（１４２～１４３頁）
緋牡丹博徒　一宿一飯（３２８頁）、女渡世人　おたの申します（３２９頁）、緋牡丹博徒　お竜参上（３３０～３３１頁）、緋牡丹博徒（３３２頁）、修羅の群れ（３３３頁上）、三代目襲名（３３３頁下）、仁義なき戦い（３３４～３３５頁）
ＪＡＳＲＡＣ　出０４００１１９-４０１

本書は2004年1月徳間書店より刊行された『任侠映画が青春だった』を改題・加筆したものです。

徳間文庫カレッジ

2015年2月15日　初刷

高《たか》倉《くら》健《けん》と任《にん》侠《きょう》映《えい》画《が》

著　者　山平《やまだいら》重樹《しげき》

発行者　平野健一

発行所　株式会社徳間書店
東京都港区芝大門2-2-1 〒105-8055
電話　編集 03-5403-4350　販売 048-451-5960
振替 00140-0-44392

印　刷　図書印刷株式会社

製　本　東京美術紙工協業組合

ブックデザイン　アルビレオ

ISBN 978-4-19-907028-0
乱丁、落丁本はお取りかえいたします。